innland
Helsinki
Tallinn
Sankt Petersburg
Estland
Riga
Lettland
Moskau
Kasan
Nishnij Nowgorod
Russland
Litauen
Vilnius
Minsk
Weißrussland
Saratow
Kasachstan
Don
Wolgograd
Wolga
Kiew
Charkiw
Ukraine
Dnipro
Donezk
Don
Rostow
Moldawien
Chişinău
Odessa
Kaspisches Meer
Rumänien
Bukarest
Donau
Schwarzes Meer
Georgien
Tiflis
Baku
Armenien
Jerewan
Aserbaidschan
Bulgarien
Sofia
Skopje
edonien
Istanbul
Türkei
Ankara
iechenland
Iran
Adana
Aleppo
Euphrat
Tigris
Athen
Syrien
Bagdad
Zypern
Irak
Libanon
Beirut
Damaskus
Kreta
e e r
Amman
Israel
Jerusalem
Kuwait
Jordanien
Alexandria
Kairo
Nil
Saudi-Arabien
Ägypten
9737E_7
© Schroedel

Online-Schlüssel
EVW8-S5BA-S098

ZEIT FÜR GESCHICHTE

Gymnasium
Baden-Württemberg

5/6

Volker Habermaier
Birger Hass
Andrea Kimmi-Bühler
Herbert Kohl
Roland Wolf
Sandra Wolff

Schroedel

ZEIT FÜR GESCHICHTE
Geschichtliches Unterrichtswerk für Gymnasien
in Baden-Württemberg, Band 5/6

bearbeitet von Volker Habermaier, Birger Hass, Andrea Kimmi-Bühler, Herbert Kohl, Roland Wolf, Sandra Wolff in Zusammenarbeit mit der Verlagsredaktion

mit Beiträgen von
Hans-Wilhelm Eckhardt, Miriam Litten-Likus, Ilse Moshagen-Siegl, Friedemann Neuhaus, Bernd Zaddach

Zu diesem Schülerband gibt es Lehrermaterialien in gedruckter Form (ISBN 987-3-507-36592-61) sowie digital (BiBox).

Druck A[1] / Jahr 2016
Alle Drucke der Serie A sind im Unterricht parallel verwendbar.

Redaktion: Kerstin Meyer
Umschlaggestaltung und Layout: Ganzschönmutig|Esther Sejtka, Braunschweig
Druck und Bindung: westermann druck GmbH, Braunschweig

ISBN 978-3-507-**36590**-2

INHALT

Hier findest du eine „Zeitreise“.
Hier übst du, mit Materialien umzugehen.

INHALT

70 Leben in der griechischen Polis

108 Das Römische Reich

164 Neue Religionen – neue Reiche

194 Anhang

Liebe Schülerin, lieber Schüler,

In diesem Schuljahr beginnt für dich ein neues Fach: Es ist ZEIT FÜR GESCHICHTE! Beim Stöbern in dem Buch mit diesem Namen, das nun vor dir liegt, fällt dein Blick wahrscheinlich zuerst auf die Bilder und du bemerkst die vielen Texte. Diese ersten beiden Seiten helfen dir, mit dem Aufbau des Buches vertraut zu werden und dich darin zurechtzufinden.

Die Einheiten mit Auftakt und Einstieg

ZEIT FÜR GESCHICHTE ist in fünf Einheiten gegliedert. Die erste Einheit heißt „Alles hat Geschichte“ und führt dich in das neue Schulfach Geschichte ein. Die folgenden Einheiten behandeln geschichtliche Themen aus dem alten Ägypten, vom Leben der Griechen und Römer und davon, wie das Mittelalter in Europa begann.

Alle Einheiten beginnen mit einer Doppelseite, die dir als *Auftakt* das Thema in Bildern vorstellt. Dir wird sichtbar, worum es auf den folgenden Seiten geht. Vielleicht erinnern dich die Bilder an bekannte Orte oder Dinge ...

Bei den geschichtlichen Einheiten folgt dann eine Doppelseite, die dir den *Einstieg* ins Thema leicht macht: Jede erzählt von einer wichtigen Begebenheit oder einem interessanten Problem, das mit dem Kapitel zu tun hat – z. B. von griechischen Kindern in Stadt und Land oder von der Reise eines Pilgers nach Jerusalem. Am Ende jedes Einstiegs erfährst du, was du auf den folgenden Seiten *kennenlernen und üben* kannst.

Geschichtliches in Darstellungen und Materialien

Die Einheiten sind in *Kapitel* eingeteilt, z. B. „Mensch und Gott zugleich: der Pharao“ (Seiten 42–45). Jedes Kapitel enthält einen einführenden Text, in dem die Autorinnen und Autoren des Buches Informationen über Zusammenhänge geben.

Für einige Kapitel haben sie *Zeitreisen* geschrieben, die in der Vergangenheit spielen. Die Begebenheiten, die sie dir vor Augen führen, sind ausgedacht. Sie hätten sich aber ähnlich ereignen können. Damit du sofort erkennst, wo du es mit einer Zeitreise zu tun hast, sind diese besonders hervorgehoben. Ihren Beginn zeigt das aufgeklappte Buch an – ihr Ende zeigt eine gepunktete Linie an.

M2 Menschen als Besitz?

Der Philosoph Aristoteles (384–322 v. Chr.) schrieb über die Sklaven:

So ist jedes Besitzstück ein Werkzeug zum Leben und der gesamte Besitz eine Masse solcher Werkzeuge und der Sklave ein lebendiges Besitzstück. Manche Lebewesen zeigen schon bei ihrer Geburt so große

In den meisten Kapiteln folgt auf den Darstellungsteil ein Materialteil. Darin findest du z. B. Texte, die aus vergangenen Zeiten überliefert wurden, sogenannte Textquellen. Du erkennst sie an dem **M**. Es bedeutet: *Material*.

Weitere Materialien, mit denen du im Geschichtsunterricht arbeiten wirst, sind Karten, Schaubilder sowie Abbildungen von Fundstücken, Gebäuden oder Kunstwerken. Auch sie sind mit einem **M** gekennzeichnet.
Bei der Arbeit mit ihnen helfen dir oft Informationen aus dem Darstellungstext weiter. Besondere *Hinweise zum Umgang mit Materialien* sind mit einer Lupe gekennzeichnet.

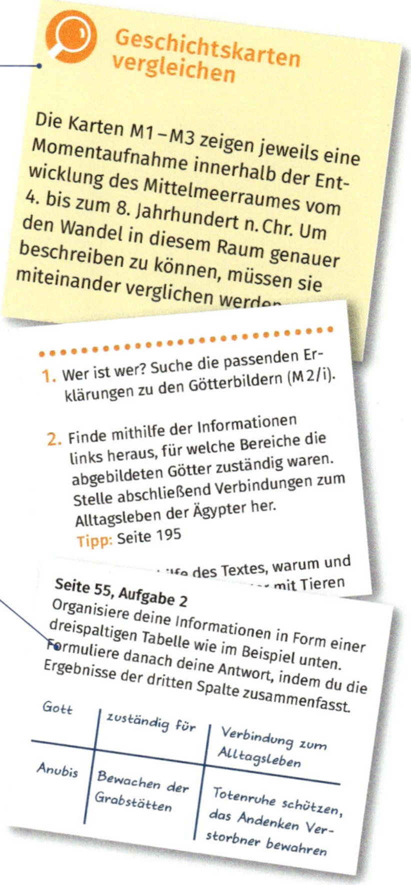

Geschichtskarten vergleichen

Die Karten M1–M3 zeigen jeweils eine Momentaufnahme innerhalb der Entwicklung des Mittelmeerraumes vom 4. bis zum 8. Jahrhundert n. Chr. Um den Wandel in diesem Raum genauer beschreiben zu können, müssen sie miteinander verglichen werden.

1. Wer ist wer? Suche die passenden Erklärungen zu den Götterbildern (M 2/i).
2. Finde mithilfe der Informationen links heraus, für welche Bereiche die abgebildeten Götter zuständig waren. Stelle abschließend Verbindungen zum Alltagsleben der Ägypter her.
Tipp: Seite 195

Seite 55, Aufgabe 2
Organisiere deine Informationen in Form einer dreispaltigen Tabelle wie im Beispiel unten. Formuliere danach deine Antwort, indem du die Ergebnisse der dritten Spalte zusammenfasst.

Gott	zuständig für	Verbindung zum Alltagsleben
Anubis	Bewachen der Grabstätten	Totenruhe schützen, das Andenken Verstorbner bewahren

Aufgaben bearbeiten – allein oder zusammen, mit oder ohne Tipps

Aufgaben sind von den anderen Textsorten durch eine Punktleiste abgehoben. Die meisten kannst du allein oder mit einem Partner/einer Partnerin bearbeiten. Manche Aufgaben sind für *Gruppenarbeiten* gedacht: Zusammen übt ihr, ein Thema zu erarbeiten, eure Ergebnisse zu präsentieren und mit den Ergebnissen anderer Gruppen zusammenzuführen.

Die Verben, mit denen ausgedrückt wird, was bei den einzelnen Aufgaben zu tun ist (man nennt sie *Operatoren*), sind auf einer Ausklappseite ganz hinten im Buch erklärt. Für einige Aufgaben findest du zudem im Anhang *Tippkarten* vor, die dir Starthilfen für die Bearbeitung geben. Zusätzliche, manchmal etwas zeitaufwendige, manchmal etwas knifflige Aufgaben sind mit einem + gekennzeichnet.

Überprüfe dich selbst – orientiere dich

Am Anfang jeder Themeneinheit erfährst du, was du kennenlernen und üben kannst – am Ende jeder Themeneinheit findest du ein Angebot zur *Selbstüberprüfung:* Hier kannst du herausfinden, ob du die Inhalte und Methoden der Einheit verstanden hast. Lösungsmöglichkeiten sind im Anhang des Buches zusammengestellt.

Darüber hinaus findest du zum Abschluss eine *Zusammenfassung* der Kapitelinhalte. Hier kannst du die Zusammenhänge noch einmal nachlesen und dich grob orientieren.

SELBSTÜBERPRÜFUNG

Wenn du die vorangegangenen Seiten bearbeitet hast, solltest du folgende Aufgaben lösen bzw. Fragen beantworten können. Schreibe die Lösungen in dein Heft. Ob du richtigliegst, erfährst du auf den Seiten 205/206.

M 1 In der römischen Provinz, Rekonstruktionszeichnung

1. Finde die passenden Begriffe für folgende Umschreibungen:
a) der politische Mittelpunkt Roms, ursprünglich ein Marktplatz
b) erfahrener römischer Politiker, der eine Toga mit Purpurstreifen trug
c) Ausspruch, mit dem ein römischer Beamter ein Gesetz verhindern konnte
d) von den Römern neu eroberte und verwaltete Gebiete
e) Vater der römischen „familia"
f) Angehöriger der römischen Unterschicht, der vom Staat mit Getreide versorgt wurde
2. Erkläre, wofür folgende Männer bekannt sind:
Romulus – Hannibal – Tiberius Gracchus – Augustus
3. Vergleiche die römische Hochkultur mit dem alten Ägypten und arbeite Gemeinsamkeiten und Unterschiede heraus.
4. Stelle zusammen, was deiner Meinung an Rom als „fortschrittlich" bezeichnet werden kann.
5. Betrachte die Rekonstruktionszeichnung M 1 und erkläre, welche Themen der römischen Zivilisation und des römischen Lebens hier dargestellt werden.

\+ Hältst du eine solche Szene für wirklichkeitsgetreu? Begründe!

Nützliches im Anhang

Auf den Seiten 194–213 haben wir *nützliche Hinweise* zusammengestellt:
- Tippkarten mit Starthilfen zu einigen Aufgaben,
- Hinweise zum Umgang mit Materialien,
- Hinweise zu Arbeitsweisen im Unterricht,
- Lösungsmöglichkeiten zu den Selbstüberprüfungen,
- ein kleines Lexikon mit Erklärungen zu wichtigen Begriffen. Sie sind in den Texten mit einem ↑ gekennzeichnet.
- ein kurzes Register. Es hilft dir, wichtige Begriffe, die im Buch vorkommen, zu finden, wenn du dich über eine Sache informieren möchtest.

Und nun: Nimm dir ruhig ZEIT FÜR GESCHICHTE!

Alles hat Geschichte

1. a) Sieh dir die Memory-Bilder genau an. Überlege dann, inwiefern die Behauptung, die über den Seiten steht, zutrifft.
   b) Manche Bilder gehören paarweise zusammen. Finde mit deinem Nachbarn heraus, welche es sein könnten. Sucht Oberbegriffe für diese Bildpaare.
   c) Tragt abschließend die Ergebnisse eurer Überlegungen in der Klasse zusammen und formuliert gemeinsam, was ihr unter Geschichte versteht.

2. Gestalte ein Titelbild für deine Geschichtsmappe mit selbst ausgesuchten Bildern.

Eine Entdeckung

Die Unterschriften sind geleistet, das Geld ist überwiesen. Nun gehört das Haus der Familie Reinhardt. Gespannt treten die vier hinein. Überall kahle Räume, die im Kopf schon mal eingerichtet werden. Nach und nach schauen sie sich alles an, bis sie schließlich auf dem Dachboden angelangt sind. Ganz hinten in der Ecke, an einer dunklen Stelle, entdeckt Hanne eine Kiste. Sie ist offenbar vergessen worden. Neugierig zieht Jakob die Kiste ins Licht und Hanne öffnet sie.

Sie enthält ein Sammelsurium verschiedenster Gegenstände, z.B. ein Zeugnisheft für die Klassen 1 bis 4, ein Bild, das eine Gruppe gut angezogener junger Menschen zeigt. Auf der Rückseite steht: „Mein Abitur 1964“. Weiter findet sich darin ein Wehrpass von der Bundeswehr, ein Teller mit dem Schriftzug „25-jährige Betriebszugehörigkeit, Eisen- und Hartgusswerk Concordia“, ein Jugendherbergsausweis sowie ein Bild, das offenbar ein Kind gemalt hat. Darauf steht: „Unsere Familie“, und unter einer Person steht: „Papa“ und „Herzlichen Glückwunsch, deine Marie“. Dann sind noch eine Türklinke und ein Brief von einer Frau in der Kiste.

Auf Spurensuche

„Das sind bestimmt Erinnerungsstücke des früheren Besitzers“, sagt Hanne. „Wie kommst du denn darauf?“, fragt ihr Bruder. „Schau doch“, antwortet sie, „auf den Zeugnissen steht sein Name.“ Alle sind jetzt ganz aufmerksam. Sie haben ein etwas schlechtes Gewissen, weil sie so neugierig sind. Trotzdem versuchen sie nun, aus den Gegenständen etwas über den früheren Hausbesitzer zu erfahren.

Dem Zeugnisheft können sie entnehmen, dass er von 1951 bis 1955 zur Grundschule ging. Als sie sich die Noten ansehen, stellen sie fest, dass er ein recht guter Schüler war. 1964 hat er Abitur gemacht, darauf weist das Foto hin. Danach ist er viel gereist; die Orte, die er besucht hat, sind in

dem Jugendherbergsausweis notiert. Bei der Bundeswehr war er von 1964 bis 1966. Weiter sehen sie, dass er mindestens 25 Jahre bei der Concordia gearbeitet hat, allerdings kann man dem Teller nicht entnehmen, wann er dort angefangen hat. Das Mädchen Marie hat eine Familie mit vier Personen gezeichnet. Als dieses Bild gemacht wurde, hatte die Familie also vermutlich zwei Kinder. Den Brief hat der Mann offenbar von seiner späteren Frau erhalten. Mit Mühe können sie den Poststempel entziffern: 8. September 1965. Zumindest seit dieser Zeit kannten sich die beiden. Um zu wissen, ob sie da schon ein Paar waren, müssten sie den Brief lesen. Das verbieten die Eltern aber.

Bleibt die Türklinke. Damit kann keiner etwas anfangen. „Vielleicht“, sagt Frau Reinhardt, „stammt sie aus einem früheren Haus der Familie.“ Das bleibt aber eine Vermutung.

All die verschiedenen Gegenstände sagen also etwas über die Vergangenheit aus. Wenn man diese Aussagen verbindet, entsteht eine Art Geschichte des Mannes, der sie aufbewahrt hat.

1. Formuliere in einem ersten Schritt anhand der Bilder Vermutungen über die Person, der die gezeigten Dinge gehören.

2. Stelle in einem zweiten Schritt in einer Tabelle gegenüber, was man mit Sicherheit über die Person sagen kann (Spalte 1) und was Vermutung bleiben muss (Spalte 2).

Was wir wissen	Was wir vermuten

3. Untersuche jetzt die Fundstücke genauer und sammle anhand des Textes weitere Angaben zu den folgenden Lebensstationen des früheren Hausbesitzers:
   - Geburt,
   - Schulzeit,
   - Familie,
   - Arbeitsleben.

   Schreibe die Informationen in einem kurzen Text auf.

Auf den folgenden Seiten erfährst du,
- *was „Geschichte“ überhaupt ist und wozu man sie braucht.*
- *welche Arbeitsweisen Geschichtsforscher anwenden.*
- *was ihre wichtigsten Untersuchungsgegenstände sind.*
- *wie man die Zeit geschichtlich berechnet und einteilt.*
- *wie die Menschen der Altsteinzeit gelebt haben und wie man ihr Leben erforschen kann.*

Außerdem übst du,
- *eigene Fragen an die Geschichte zu stellen.*
- *Sachquellen der Steinzeit zu erforschen und Vermutungen über ihre Verwendung anzustellen.*
- *über das Leben von frühen Menschen zu berichten.*
- *deine Geschichte und die deiner Familie in einem Zeitstrahl darzustellen.*

Was Fundstücke verraten können

„Was man doch von so ein paar Gegenständen alles erfahren kann", staunte Jakob, nachdem sich Familie Reinhardt mit ihren Fundstücken ausgiebig beschäftigt hatte (Seiten 10/11). „Ja", sagte Frau Reinhardt, „man muss aber die Informationen, die darin stecken, erkennen und sie dann richtig verbinden."

Dieses Verfahren wenden alle ↑**Historiker**, wie Geschichtsforscher genannt werden, an. Sie suchen nach Überresten der Vergangenheit, entnehmen ihnen Informationen und verbinden sie zu einer Geschichte. Manche Informationen sind dabei eindeutig, wie das Zeugnisheft aus der Grundschule, das Familie Reinhardt gefunden hat. Andere Informationen lassen nur Vermutungen zu, wie die Türklinke. Wieder andere Informationen muss man mit Vorsicht übernehmen, wie bei dem Kinderbild der kleinen Marie. Wir nehmen an, dass die Familie damals zwei Kinder hatte, aber es können später noch weitere Kinder dazugekommen sein. Möglich ist auch, dass Marie einen Cousin gezeichnet hat, der gar kein Kind dieser Familie im engeren Sinn war.

M1 Eine Urkunde aus dem 14. Jahrhundert. Mehrere Städte haben durch sie ein Bündnis bestätigt. Jede Stadt hat ihr Siegel unter die schriftliche Vereinbarung gesetzt.

Fundstücke als „Quellen"

Für Historiker sind alle Dinge, die einmal von Menschen benutzt oder angefertigt worden sind, ↑**Quellen**. Das können Gegenstände wie Werkzeuge, Kleidungsstücke, Möbel, Waffen, Schmuck oder Bauwerke sein. Diese Quellen werden als **„Sachquellen"** bezeichnet. Als Quellen können aber auch Bilder oder Texte dienen. Zu den **„Textquellen"** zählen Briefe, Tagebücher, Akten oder alte Geschichtsdarstellungen, **„Bildquellen"** sind alle Arten von bildlichen Darstellungen, von den frühen Höhlenmalereien bis hin zu den heute beliebten Selfies.

Quellen deuten – aber wie?

Historiker gehen sorgfältig mit Quellen um und prüfen kritisch, welche Informationen sie ihnen entnehmen können. Gibt es vielleicht Widersprüche zu anderen Quellen, die sie bereits kennen? Dann müssen sie schauen, wie sie mit diesen Widersprüchen umgehen. Immer wieder bleiben aber auch Vermutungen. Manchmal wird dann zufällig eine neue Quelle gefunden, die eine Vermutung bestätigt oder aber zeigt, dass sie falsch war. Dieses Verfahren der Untersuchung von Quellen nennen Historiker „Quellenkritik". Wenn Historiker beim Auswerten von Quellen zu unterschiedlichen Ergebnissen kommen, muss man prüfen, welcher Meinung man sich eher anschließt.

Zu den wichtigsten Aufbewahrungsorten von Quellen gehören Museen und Archive, z. B. Gemeinde- oder Stadtarchive. Heute finden wir viele Quellen auch im Internet.

Eine Sachquelle untersuchen

M2 Ein etwa 50 Jahre altes Spielzeug

Gegenstände, die früher gebraucht wurden und die wir heute gefunden haben, nennen wir „Sachquellen". M 2 zeigt einen Kaufmannsladen, mit dem Kinder gespielt haben. Er ist eine solche Sachquelle. Durch ihn erfahren wir nicht nur, was früher ein Kinderspielzeug war, sondern auch, wie Läden aussahen. Es gab eben noch nicht die Supermärkte, wie wir sie heute kennen. Wenn du genau hinschaust, kannst du erkennen, dass der Laden aus mehreren Regalen bestand, in denen die Waren standen. Eine Verkäuferin nahm die Wünsche der Kunden entgegen und holte die Waren herbei. Sie legte sie auf den Tresen, auf dem auch die Kasse stand. Nach dem Bezahlen gab sie dem Kunden die Ware.

Oft ist schwer zu erkennen, was Sachquellen uns „erzählen" könnten. Das liegt daran, dass sie meist nicht in den Zusammenhängen auftauchen, in denen sie früher gebraucht wurden. Um eine Sachquelle auszuwerten, gehe so vor:

Schritt 1: Betrachte den Gegenstand und sage, worum es sich handelt. Du kannst ihn messen oder wiegen. Auch Zeichnen kann zu Erkenntnissen führen, denn manchmal macht es die Besonderheit eines Gegenstandes erst klar.

Schritt 2: Überlege, wofür der Gegenstand wohl gebraucht wurde. Wie funktionierte er? So kann auch deutlich werden, in welchen Lebenszusammenhängen er gebraucht wurde, z. B. bei der Jagd, im Haushalt, bei der Feldarbeit, bei Begräbnissen oder zum Spielen.

Schritt 3: Frage zum Schluss: Was lerne ich aus dem untersuchten Gegenstand über die Vergangenheit? Wie kann er mein Wissen über vergangene Zeiten verändern oder bestätigen?

1. Suche zu Hause verschiedene Quellen, die etwas über deine Geschichte erzählen können. Sortiere diese Quellen nach den im Text eingeführten Quellenarten „Sachquelle", „Textquelle" und „Bildquelle".

2. Schreibe anhand deiner Quellen eine kurze Geschichte über dich.

3. Bringe von zu Hause einen sehr alten Gegenstand mit. Setze dich mit ihm mithilfe der Methode „Eine Sachquelle untersuchen" auseinander. Stelle ihn dann als Sachquelle in der Klasse vor. Erzähle, warum der Gegenstand aufbewahrt wurde.
Tipp: Seite 194

Fragen an Funde aus früher Zeit

Wie gründlich und genau Wissenschaftler vorgehen müssen, wenn sie Fundstücke als ↑Quellen aus der Vergangenheit deuten wollen, lässt sich an der Erforschung der menschlichen Ursprünge erkennen. Sehr lange vor unserer Zeit haben Menschen bereits in unserer Gegend gelebt, zunächst von der Jagd und vom Sammeln, später dann auch von der Tierzucht und vom Ackerbau. Woher wir das wissen? Aus dieser Zeit liegen uns Überreste, also Sachquellen, vor. Die Menschen hatten noch keine Schrift und haben uns daher keine Texte hinterlassen.

Hier kommen die ↑Archäologen ins Spiel. Sie sind Experten im Aufspüren, Bergen und Erforschen von Überresten. Sie versuchen, die Fundstücke „mit Leben zu füllen“ und sich eine Vorstellung darüber zu machen, in welchen Zusammenhängen sie genutzt wurden. Das bezeichnet man als „Rekonstruieren“. Oft müssen sie dabei Vermutungen anstellen, da es an eindeutigen Beweisen fehlt. Einige solcher Überreste, mit denen sich Archäologen befassen, siehst du hier:

M1 *Unterkieferknochen eines Wildpferdes*

M2 *Wildpferd und Mammut. Elfenbeinschnitzereien*

M3 *Ein Faustkeil*

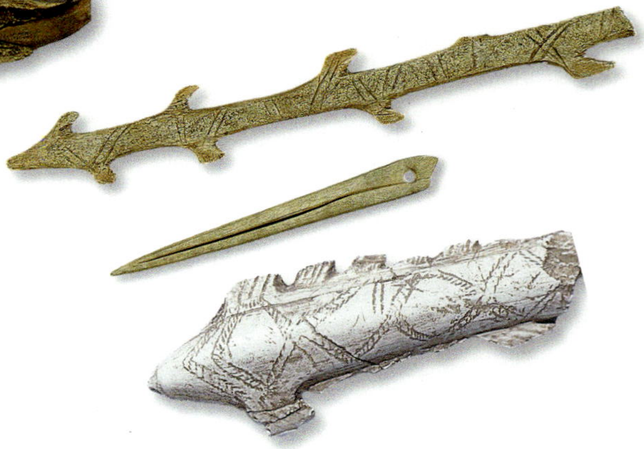

M4 *Nadeln und Harpunenspitzen aus Knochen und Geweih*

i

Das Erforschen von Vergangenheit beginnt mit ***Fragen****. Denn bevor Historiker ein Thema, Sachfunde oder Quellen untersuchen und deuten, klären sie zuerst:*

- *Was genau ist mein Thema?*
- *Was möchte ich dazu wissen?*
- *Welche Fragen könnten zu meinem Thema, der Quelle oder dem Sachfund wichtig sein?*

Fragen helfen, weitere wichtige Quellen zu finden oder – wie in Aufgabe 3 – ein Interview vorzubereiten.

1. a) Schaut euch zu zweit die Überreste genau an und formuliert zusammen erste Vermutungen über ihren möglichen Verwendungszweck.
   Tipp: Seite 194

   b) Zieht erste Rückschlüsse auf den Alltag der Menschen dieser Zeit.

2. Notiere dir zu den Gegenständen Fragen, die du einem Archäologen stellen würdest.

Ein Experte könnte Fragen zu Fundstücken folgendermaßen beantworten:

Was genau hat man an Ihrem Grabungsort gefunden?

Wir haben viele Skelett-Reste gefunden. Zum einen Knochen von Tieren, die es heute nicht mehr gibt – von Auerochsen, Waldelefanten und Waldnashörnern. Aber es gab auch Reste von Tieren, die wir heute noch kennen, wie die von Bären, Hirschen, Rehen, Wildschweinen, Löwen, Wildrindern, Wildeseln und Wildpferden (M1). Außerdem waren Reste von Feuerstellen zu erkennen, Steinwerkzeuge (M3) und lange Hölzer, die wir als Speere gedeutet haben. Wir haben daraus geschlossen, dass dort ein Lager von Wildpferdjägern war, denn die meisten Knochen stammten von Wildpferden.

Woher können Sie z.B. wissen, dass Hölzer Speere waren?

Im Grunde sehen sie so ähnlich aus wie die Speere, die heute in der Leichtathletik benutzt werden. Sie sind aus zähem Holz und haben eine Spitze. Tests mit Nachbauten haben gezeigt, dass sie hervorragend in der Hand liegen und gute Flugeigenschaften haben. Außerdem konnte man natürlich aus der Umgebung schließen, dass es Jäger waren, die hier gelebt hatten, und die brauchen eben Waffen.

Wie jagten denn die Menschen in der Frühzeit?

Zuerst haben die Menschen die Natur genau beobachtet. Das wissen wir von anderen Funden: Sie zeigen, dass Jäger sich zur Rentierjagd genau zu den Jahreszeiten an den Jagdplätzen eingefunden haben, wenn die Herden auf ihrem Weg nach Norden dort vorbeizogen. Ihre größte Waffe war aber vielleicht, dass sie gemeinsam jagten. So konnten sie sich in Treiber und Jäger aufteilen, wie bei heutigen Jagden, oder zu Hilfe eilen, wenn einer aus der Gruppe von einem Tier angegriffen wurde. Die Jäger stellten auch gemeinsam Fallen, mit denen sie versuchten, Großwild zu fangen.

***M5** So könnte eine Wildpferdjagd ausgesehen haben. Heutige Rekonstruktionszeichnung*

Welche Waffen und Werkzeuge hatten die Jäger und was haben Sie daran erkannt?

Durch Funde wissen wir, dass die Jäger Speerspitzen und Harpunenspitzen aus Mammutelfenbein, Knochen und Geweih (M 4) verwendet haben. Und deutlich verbessert wurde die Jagd noch einmal durch die Erfindung der Speerschleuder. Damit konnte man die Speere viel weiter schleudern als vorher. Die Materialien, die genutzt wurden, waren also Stein, Knochen, Geweih, Mammutelfenbein und Holz. Die Menschen hatten damals auch schon verschiedene Schneidewerkzeuge. Sie konnten z. B. Beile mit einem Holzschaft herstellen! Am berühmtesten sind aber wohl die Faustkeile (M 3). Die wurden massenhaft gefunden. Wegen der vielen Funde von Steinwerkzeugen nennen wir diesen Abschnitt der Menschheitsgeschichte ja auch ↑**Steinzeit**.

* *Kulturleistungen: Fähigkeiten, über die der Mensch nicht von Natur aus verfügt, sondern die er sich nach und nach angeeignet hat*

Wie erkennt man, ob ein Fund aus der Steinzeit ist?

Manchmal können wir von der Erdschicht, in der ein Gegenstand entdeckt wurde, auf sein Alter schließen. Darüber hinaus werden Fundstücke im Labor untersucht, um festzustellen, wie alt sie ungefähr sind.

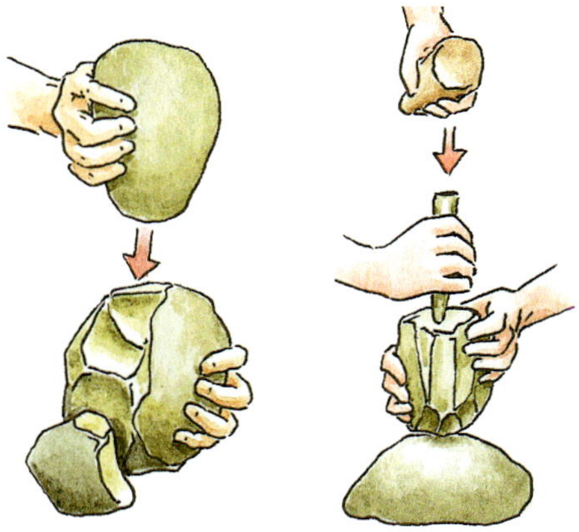

M 6 *Herstellung von Steinwerkzeugen:*
1 Der Stein wird mit einem Schlagstein geformt.
2 Der Stein wird mit einer Klinge geformt.

Außerdem vergleichen wir neue Fundstücke aber auch mit bereits erforschten. So können wir sie Zeitabschnitten – wir sprechen von ↑Epochen – zuordnen. Faustkeile und Speere wurden in der Epoche der Altsteinzeit verwendet, in der die Menschen als Jäger und Sammler lebten. Aus Bearbeitungsspuren können wir z. B. schließen, wie die Werkzeuge oder Waffen angefertigt wurden. Auch daran erkennen wir in etwa, wie alt sie sind. Später, als es Bauern gab, die Vieh züchteten und Äcker bestellten, wurden Werkzeuge noch sehr viel weiter entwickelt, z. B. zu Sicheln oder Steinäxten. Das kleine geschnitzte Pferd (M 2) ist übrigens etwa 40 000 Jahre alt, die Holzspeere sogar ungefähr 300 000.

Auf den Harpunenspitzen kann man Verzierungen erkennen. Hatten die Menschen damals schon einen Sinn dafür, Dinge zu verzieren, und auch Zeit?

Ja, Kunst gehört zu den Kulturleistungen*, die in der Steinzeit entwickelt wurden! In Höhlen auf der ganzen Welt hat man steinzeitliche Malereien entdeckt, aber auch viele kleine Plastiken aus der Steinzeit sind erhalten (M 2). Sogar Musikinstrumente aus dieser Zeit hat man gefunden!

Kunst diente aber wohl auch zur Beschwörung für eine gute Jagd, wie es die Höhlenmalerei zeigt (M 7). Diese Bilder sind für uns ganz wichtige Quellen, auch wenn wir sie noch nicht ganz entschlüsselt haben. Manche Gegenstände zeigen also, dass es so etwas wie eine Religion gegeben haben muss.

Was hatten die Menschen damals denn für eine Religion?

Das ist eine schwierige Frage. Zurzeit forschen etliche Wissenschaftler darüber. Sicher war es keine Religion, wie wir sie heute bei uns in Europa kennen. Wir nehmen an, dass die Menschen sich als Teil

der Natur verstanden. Sie sahen ihr Leben vermutlich eingebunden in die Abläufe der Natur, wie den Aufgang und den Untergang von Sonne und Mond, den Wechsel der Jahreszeiten und Geburt und Tod. Ihre Religion, so vermuten wir, war eine Naturreligion.

Zugleich meinten sie wohl, durch bestimmte Handlungen, die wir „Kulte" nennen, Entwicklungen beeinflussen zu können. Das kennen viele von sich selbst. Es gibt Situationen, die man beeinflussen möchte, obwohl man das eigentlich nicht kann. Etwa wenn ein Haustier sehr krank ist und man sich Sorgen macht. Es ist denkbar, dass jemand dann für sich sagt: Wenn es gesund wird, dann werde ich drei Wochen nicht Computer spielen. Man gibt also etwas, was einem wichtig ist oder was man gern macht, um etwas anderes zu erreichen, nämlich dass das Tier wieder gesund wird. Es ist ein Opfer, das man bringt. In ähnlicher Weise, so denken viele Wissenschaftler, haben sich auch die frühen Menschen verhalten.

3. Vergleicht die Ergebnisse der Archäologen mit euren eigenen Vermutungen zum Leben in der Altsteinzeit.

4. Wertet zu zweit das Interview aus.
a) Der eine Partner schreibt alle gesicherten Erkenntnisse heraus, der andere alle Vermutungen der Archäologen, also all das, was man eben nicht mit Sicherheit weiß.
b) Legt anhand eurer Ergebnisse eine Tabelle an, die zwischen Erkenntnissen und Vemutungen unterscheidet.
Tipp: Seite 194

\+ Besprecht und erklärt: Warum kann man manche Informationen als gesichert bezeichnen und andere nicht?

• Willst du mehr über die Altsteinzeit wissen, recherchiere zu den hier gezeigten Quellen im Internet unter www.kinderzeitmaschine.de.

M7 *Diese Wandmalerei wurde in der Höhle von Lascaux in Südfrankreich entdeckt. Sie entstand in der Altsteinzeit. Die Tiere wurden mit verschiedenen Farben über einen langen Zeitraum hinweg mehrfach übermalt.*

Wie Wissenslücken schließen?

Wie sah der Alltag der Menschen in der Altsteinzeit aus? Du hast gesehen, dass man vieles nicht genau weiß und dass es durchaus Wissenslücken gibt. Um sie zu schließen, bedienen sich Forscher auch des Vergleichs: Sie untersuchen z.B. das Leben von Menschen, die heute noch unter ähnlichen Bedingungen leben, wie man sie für die Steinzeitjäger annimmt.

Um herauszufinden, wie Menschen in der Eiszeit* ihr Überleben sichern konnten, haben sich Wissenschaftler beispielsweise mit den Lebensbedingungen der Inuit* in der Arktis befasst. Natürlich ist ihr heutiges Leben von der modernen Welt beeinflusst. Aber ihre ursprüngliche Lebensweise liegt noch nicht lange zurück. Zumindest die älteren Menschen können davon erzählen.

** Eiszeit: Zeitraum, in dem die Temperatur auf der Erde deutlich sinkt. Die letzte Eiszeit war vor etwa 20 000 Jahren, also in der Altsteinzeit.*

** Inuit: Bekannter sind die Inuit unter dem Namen „Eskimo". Diese Bezeichnung empfinden sie selbst aber als herabwürdigend, da sie so viel wie „Rohfleischesser" bedeutet. „Inuit" dagegen bedeutet in ihrer Sprache „Mensch".*

Ein Jahr bei den Inuit

Winter und Frühjahr waren geprägt von der Jagd auf den Seehund. Sobald das Eis trug, begann die Jagd. An Eislöchern warteten die Jäger auf die Tiere. Da die Temperatur dabei unter -50 Grad Celsius sinken konnte, mussten die Männer mit dicken Fellen und Anoraks (M4) bekleidet sein. Die erlegten Tiere wurden vollständig verwertet: Getrocknete Seehundfelle verarbeiteten die Inuit zu Kleidung oder deckten damit ihre Behausungen. Das Fleisch trockneten sie, um es besser aufbewahren zu können, aus den Knochen stellten sie Jagdwaffen (wie Speerspitzen), Werkzeuge (wie Nadeln) und Schmuck her.

M1 *Interviwe mit einer Inuit-Frau*

M2 *Ein Inuit wartet auf einen Seehund an seinem Atemloch.*

Im Sommer, wenn das Eis teilweise zurückgegangen war, sammelten Frauen und Kinder Seetang, Beeren und Kräuter. Die Männer jagten Rentiere. Mancher Jäger hoffte, dass ihm ein Jagdzauber zu Hilfe käme: Fand er die Spur eines Rentieres, schnitt er den gefrorenen Fußabdruck aus dem Boden und setzte ihn andersherum wieder ein, um es zur Umkehr zu zwingen.

Schon Ende Oktober mussten die Winterlager bezogen werden: Da Holz für die Inuit sehr schwer zu beschaffen war, errichteten sie kleine Hütten. Dafür verwendeten sie Steine, Gras und Erde, niedriges Gestrüpp und auch Walknochen. Mit Schnee wurden die Hütten abgedichtet. Iglus, Hütten aus Schnee, wurden dagegen nur auf Reisen angelegt.

Das Zusammenleben

Die Inuit lebten in Familien von 5 bis 6 Personen, die sich zu Jagdgruppen aus 6 bis 10 Familien zusammenschlossen. Unter harten Umweltbedingungen war ein harmonisches Zusammenleben der Gruppe überlebensnotwendig. Daher musste z. B. die Jagdbeute gerecht geteilt werden. Jeder, auch die Älteren, die nicht mehr selbst jagen konnten, bekamen ihren Anteil. Eine große Rolle spielten auch gemeinsame Festessen der Familien und ihrer Gäste. Für die Inuit sind diese Feste ein wichtiger Teil ihrer Tradition. Sie glauben, dass der gemeinsame Genuss aus Fremden Freunde macht.

Wenn ein Inuit gegen Regeln der Gemeinschaft verstoßen hatte, gab es Rituale, festgelegte Handlungen. Das waren z. B. Befragungen, die nach einem bestimmten Muster abliefen. Sie sollten den Frieden zwischen den Gruppenmitgliedern wiederherstellen. Kriegerische Auseinandersetzungen zwischen Gruppen scheint es kaum gegeben zu haben.

M3 *Das Kajak – ein Boot aus Tierhäuten*

i

*Der **Anorak** wurde aus Tierdärmen oder Fischhaut hergestellt. Imprägniert mit Fischtran, bildete der Anorak zusammen mit dem **Kajak** eine wasserdichte Einheit, die sogar beim Kentern trocken hielt.*
Dem Glauben der Inuit zufolge lebten die Tiere in den verarbeiteten Häuten weiter und übertrugen ihre Fähigkeiten auf den Träger der Kleidung.

M4 *Der Anorak – eine Erfindung der Inuit*

1. Notiere dir wichtige Merkmale des Alltags eines Inuit. Unterscheide dabei z. B. zwischen Nahrungsbeschaffung, Zusammenleben, Werkzeugen und Ähnlichem.

2. Vergleiche deine Ergebnisse zum Alltag der Inuit mit dem, was du über das Leben in der Altsteinzeit erfahren hast. Stelle dazu die Merkmale in einer Tabelle Menschen der Altsteinzeit und Inuit gegenüber. So wird der Vergleich am deutlichsten.

3. Diskutiert: Können wir die Erkenntnisse, die wir über das Leben der Inuit gewinnen, tatsächlich auf das Leben der Steinzeitjäger übertragen? Was spricht dafür, was dagegen?

Orientierung in der Zeit

In der Geschichte haben wir es immer mit Zeitabschnitten und Zeiteinteilungen zu tun. Du hast bereits von Lebensbedingungen in sehr früher Zeit und vom Leben der Inuit vor etwa hundert Jahren erfahren. Doch wie wird Zeit überhaupt gemessen und eingeteilt?

Natur beobachten und Kalender entwickeln

Das Bedürfnis, Zeit zu messen und sich in ihr zu orientieren, entstand aus der Beobachtung der Natur. Bereits in der ↑Steinzeit bemerkten Menschen, dass sich die Jahreszeiten in bestimmten Abständen wiederholen. Jeder kann sehen, dass die Sonne nicht immer gleich lang am Himmel steht und dass der Mond unterschiedliche Phasen hat. Man erkannte, dass es zum Überleben wichtig ist zu wissen, an welchem Punkt dieser Abläufe man sich gerade befindet. Dadurch konnte man z. B. den richtigen Zeitpunkt für die Aussaat bestimmen oder wusste, wann Pferdeherden an bestimmten Orten zu erwarten waren.

Die Menschen dachten früher möglicherweise, dass immer das gleiche Jahr wiederkehrt. In diesem Sinne haben sie schon vor vielen Tausend Jahren Kalender entwickelt. Auch im alten Ägypten und im alten China konnte man Kalender erstellen und die Zeit berechnen. Man orientierte sich dabei entweder am Stand der Sonne oder dem des Mondes.

***M1** Wissenschaftler vermuten, dass die Großsteinanlage in Stonehenge (Großbritannien) ein riesiger Kalender gewesen sein könnte.*

Verschiedene Kulturen – verschiedene Zeitrechnungen

Wer nicht davon ausgeht, dass immer das gleiche Jahr wiederkehrt, sondern dass „die Zeit vergeht“ und verschiedene Jahre aufeinanderfolgen, kann sich eine Art „Zeitstrahl“ vorstellen:

Wie die Jahre gezählt werden, hängt natürlich davon ab, wo man den Anfang setzt. Das ist recht willkürlich, funktioniert aber, wenn sich alle an die Abmachung halten.

Wir zählen ab „Christi Geburt“ und schreiben ältere Daten mit den Zusätzen „v. Chr.“ (vor Christus) oder „n. Chr.“ (nach Christus). Diese Zählung wurde aber erst 525 n. Chr. eingeführt, vorher zählte man die Jahre nach der Gründung der Stadt Rom. Doch unsere Zählung ist nicht die einzig gültige.

In islamischen Ländern zählt man die Jahre seit der Auswanderung des Religionsstifters Mohammed aus Mekka nach Medina. Nach unserem Kalender, der „Gregorianischer Kalender“* heißt, war das am 16. Juli 622. Und als wir das Jahr 2000 zählten, befanden wir uns nach der jüdischen **↑Zeitrechnung** bereits im Jahr 5760 „nach Schöpfung der Welt“.

Epochen als Orientierungshilfen

Um den Überblick über die Entwicklungen der menschlichen Lebensweisen zu verschiedenen Zeiten zu behalten, teilt man diese in Abschnitte ein. Diese werden ↑Epochen genannt. Das hilft uns dabei, ungefähr zu wissen, wo wir uns gerade auf dem „Geschichtszeitstrahl“ befinden. So folgte auf die Epoche der Altsteinzeit die Epoche der Jungsteinzeit, die in Vorderasien vor ungefähr 9 000 Jahren begann. Nach unserer Zeitrechnung bedeutet das ungefähr 7 000 Jahre vor Christi Geburt.

Eine Epochengrenze wird meistens dort gesetzt, wo eine auffällige Veränderung erkannt wurde. ↑Archäologen haben z. B. festgestellt, dass die Menschen in der Altsteinzeit vor allem als Jäger und Sammler umherzogen, in der Jungsteinzeit dagegen lebten sie in Siedlungen von Ackerbau und Viehzucht. Diese Veränderung der Lebensform haben ↑Historiker als wichtigen Einschnitt in der Geschichte der Menschheit gedeutet. Doch der Übergang von der einen zur anderen Lebensform war fließend. Das heißt, dass es Gegenden gab, wo Altsteinzeitjäger neben ersten Jungsteinzeitbauern lebten. So überschnitten sich zwei verschiedene Epochen. In diesem Buch lernst du zwei weitere Epochen kennen: die ↑Antike, also die Zeit der frühen Griechen und Römer, und das frühe Mittelalter.

** Der Gregorianische Kalender ist nach einem Papst benannt: Gregor XIII. (13.). Er führte eine neue Regelung der Schaltjahre in unserem Kalender ein.*

1. Erkläre, welche Vorteile es für die Menschen in der Steinzeit hatte, einen Kalender zu haben.
   Tipp: Seite 194

2. Denke dir ein Datum aus, das du an den Anfang deiner Zeitrechnung stellen willst, und berechne dann, in welchem Jahr du dich jetzt befinden würdest.

3. Erkläre die Begriffe „Zeitrechnung“ und „Epoche“.

\+ Überlegt, warum die Altsteinzeit als Epoche gilt, es aber keine „Epoche der Piraten“ gibt.

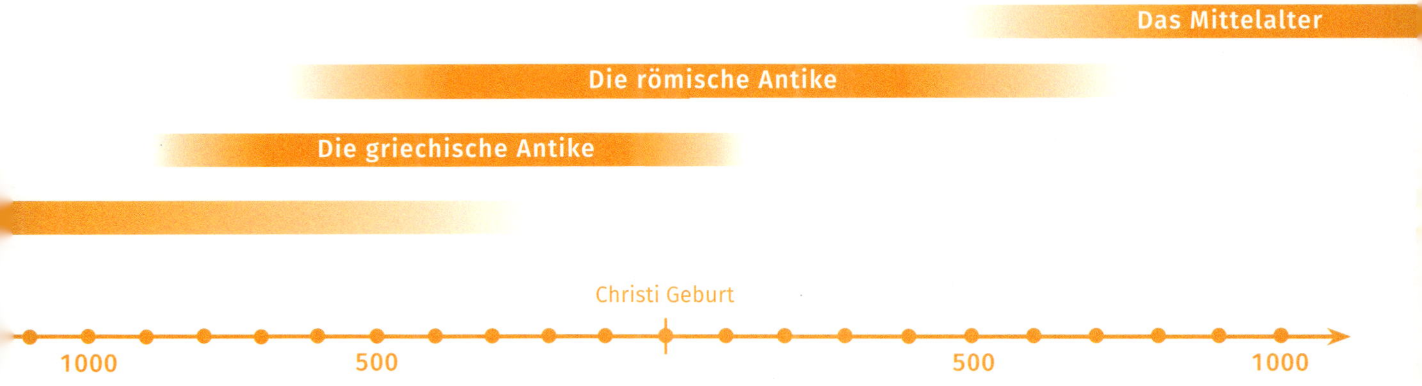

Einen eigenen Zeitstrahl anlegen

Klara auf ihrem Einschulungsfoto, 2010

Nehmen wir an, du möchtest jemandem „auf einen Blick“ einen Einblick in dein Leben geben. Dafür kannst du die Form des Zeitstrahls nutzen. Dabei wird ein Zeitraum auf einem Strahl dargestellt. Auf diesem werden immer gleiche Abstände abgetragen. Sie stehen für bestimmte Zeitabstände, z. B. jeweils für ein Jahr. Die tatsächlichen Abstände werden mithilfe eines Maßstabs überschaubar gemacht.

Wenn du elf Jahre alt bist und einen Zeitstrahl zu deinem Leben erstellen willst, dann könntest du z. B. für jedes Jahr einen Zentimeter als Abstand wählen. Den Anfang würde deine Geburt bilden.

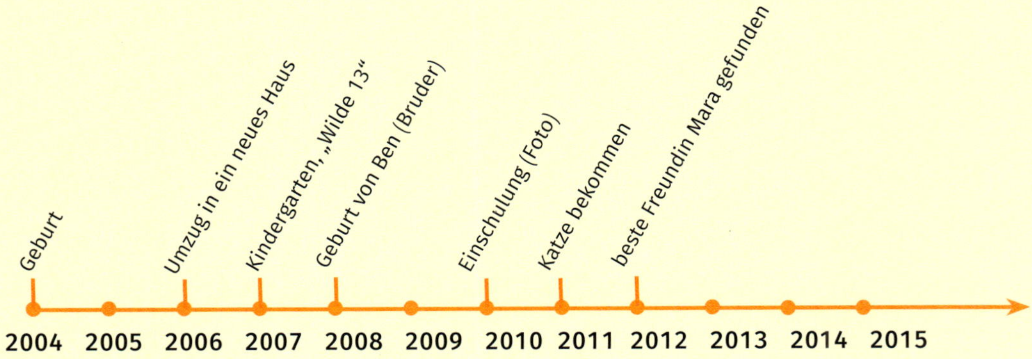

Legst du aber einen Zeitstrahl für das Leben eines Eltern- oder Großelternteils an, wirst du merken, dass der Platz auf deinem Blatt kaum ausreicht. Deshalb musst du den Maßstab ihres Zeitstrahls verändern: Wenn es für dein Leben noch möglich ist, für ein Jahr einen Zentimeter auf dem Strahl abzutragen, dann muss bei deinem Großvater vielleicht ein Zentimeter für fünf Jahre stehen. Nehmen wir an, er ist 69 Jahre alt, dann müsstest du die nächste durch 5 teilbare Zahl – die 70 – teilen. Das Ergebnis ist 14. Du musst also eine Strecke von 14 Zentimetern auf dem Strahl abtragen, um die Lebenszeit deines Großvaters zu erfassen.

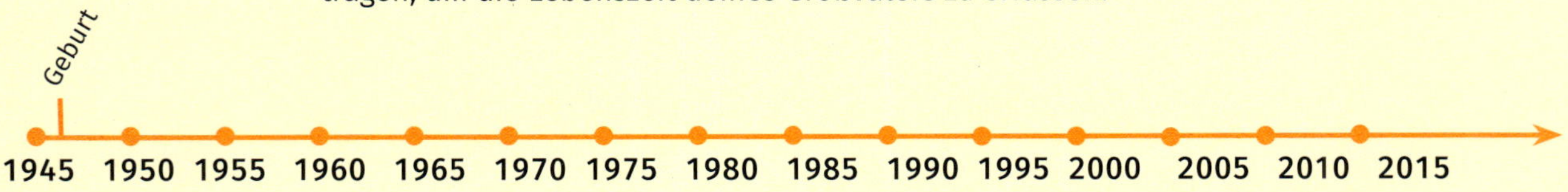

Wolltest du einen Zeitraum von 1000 Jahren darstellen, könntest du für 100 Jahre einen Zentimeter verwenden, du brauchst also 10 Zentimeter Platz, denn 1000 : 100 = 10. Hast du ein größeres Blatt, dann könnte ein Zentimeter für 50 Jahre stehen, denn 1000 : 50 = 20. Du bräuchtest dann also 20 Zentimeter Platz.

Jetzt ist die Zeit also eingeteilt. Etwas fehlt aber noch! Was ist in dieser Zeit wichtig gewesen? Was wichtig war, hängt davon ab, was du darstellen möchtest. Darüber wirst du dich zuerst informieren müssen.

Wenn du darstellen willst, wie sich deine Familie entwickelt hat, dann würdest du in den Zeitstrahl für deinen Großvater sicher eintragen: wann er geboren wurde, wann seine Geschwister geboren wurden, wann er geheiratet hat, wann Kinder und Enkelkinder zur Welt gekommen sind. (Auch du würdest also in dem Zeitstrahl für deinen Großvater auftauchen.) Wenn es um die berufliche Entwicklung deines Großvaters geht, werden die Zeitpunkte für seine Schulabschlüsse, seine Ausbildungszeit, die verschiedenen Beschäftigungsstellen und wann er vielleicht in Rente ging von Bedeutung sein. Alle gesammelten Ereignisse werden dem Zeitstrahl zugeordnet. Dabei versucht man, möglichst genau den Zeitpunkt zu treffen. Nun kann man auf einen Blick sehen, was für wichtige Ereignisse es gegeben hat und wie weit sie auseinanderliegen.

1935 Opa Paul * kommt in die Schule

1963 Die ganz Familie mit ihrem ersten Auto, einem „Käfer“

1. Zeichne einen Zeitstrahl, mit dem du die wichtigsten Stationen aus deinem Leben darstellst.

+ Ordne deinem Zeitstrahl verschiedene Quellen deiner Lebensgeschichte in Stichworten zu.

2. Erstelle einen Zeitstrahl für das Leben eines Großelternteils. Wenn es möglich ist, befrage sie persönlich nach ihren Erinnerungen.

2013 Opa Paul an seinem 85. Geburtstag mit Jordi, seinem ersten Urenkel

Lebensdaten von Opa Paul

1928 Geburt
1935 Einschulung in die Volksschule
1939 Oberschule Bad Wildungen
Januar 1943 Konfirmation
30.12.1944 zum Kriegsdienst als Flakhelfer
2.5. bis 7.8.1945 britische Kriegsgefangenschaft
1945–1947 Landwirtschaftsschule
1951 der erste Traktor
1953 Hochzeit mit Oma Helga
1954 1. Kind
1955 2. Kind
1958 das erste Auto: ein Käfer

Wozu überhaupt Geschichte?

Warum haben die Menschen im Mittelalter, zur Zeit der Ritter, ihre Städte mit Mauern umgeben, deren Reste noch mancherorts zu sehen sind?

Was verbirgt sich hinter den Gebäudenamen unserer Heimatorte, z. B. „Albert-Einstein-Gymnasium" oder „Martin-Luther-Kirche"?

Geben Ritterspiele oder ein Mittelaltermarkt uns glaubwürdige Eindrücke von der Vergangenheit?

Warum gibt es sehr alte Gebäude in der einen Stadt, während die Nachbarstadt von neuen Häusern und Plätzen geprägt ist?

Wenn wir die Augen offen halten, erkennen wir, dass wir ständig umgeben sind von Geschichte. Diese zu erforschen und zu erzählen ist die Aufgabe von ↑Historikern.

- Sie stellen Fragen an die Vergangenheit.
- Sie suchen ↑Quellen, die etwas zur Klärung dieser Fragen beitragen können.
- Sie untersuchen und deuten diese Quellen.
- Schließlich fassen sie die Ergebnisse in einer eigenen Geschichte über die Vergangenheit zusammen – sie erzählen also GESCHICHTE.

***M1** Der Marktplatz in Tübingen mit dem Rathaus*

***M3** Das Rathaus in Stuttgart*

***M2** Eine mittelalterliche Stadtmauer*

***M4** Ein Schaukampf bei Ritterspielen*

Auch wir können uns auf Spurensuche begeben, ähnlich wie wir das mit dem eigenen Sachfund und unserem persönlichen Zeitstrahl gemacht haben. Dadurch erfahren wir etwas über unsere Umgebung und darüber, warum sie so geworden ist, wie wir sie erleben.

Ein Beispiel zeigt der Vergleich der beiden Rathäuser von Stuttgart und Tübingen auf der linken Seite: Warum hat die Universitätsstadt Tübingen noch einen mittelalterlichen Marktplatz und ein sehr altes Rathaus (M 1), unsere Landeshauptstadt Stuttgart aber fast nur neue Gebäude (M 3)? Hier hilft ein Blick in die Geschichte: Im letzten Krieg spielte Stuttgart eine wichtige Rolle für die Herstellung von Kriegsmaterial. Deshalb war es häufig Ziel feindlicher Angriffe. Viele Gebäude wurden dabei zerstört. Sie mussten nach dem Krieg neu gebaut werden. Tübingen dagegen wurde verschont und behielt seinen mittelalterlichen Stadtkern.

Doch auch für aktuelle Probleme spielt die Geschichtswissenschaft eine wichtige Rolle. Ein gutes Beispiel zeigt sich im Umweltschutz: Wurde er von den Menschen in früherer Zeit noch kaum beachtet, so ist er für uns heute eine zentrale Aufgabe. Auch bei diesem Thema lohnt sich der Blick in die Vergangenheit: Wie ist das Problem der Umweltverschmutzung entstanden? Welche Versuche gab es früher, Gewässer oder die Luft sauber zu halten? Durch die Erforschung solcher Fragen können Historiker zu wichtigen Ratgebern heutiger Politiker werden.

1. Suche in deinem Heimatort historische Straßen- und Gebäudenamen und recherchiere in Lexika und im Internet ihre Bedeutung.

2. Führe ein kurzes Interview mit deinen Eltern oder Großeltern über ihre Meinung, ob und wozu man Geschichte braucht. Vergleicht eure Ergebnisse miteinander.

3. Fasse in einem eigenen Artikel für ein Kinderlexikon zusammen, was du über das neue Fach Geschichte erfahren hast. Gehe dabei auf die verschiedenen Quellenarten, die Arbeitsweise der Historiker und die Bedeutung der Geschichte ein.

i

Die Beschäftigung mit Geschichte nennen Experten „historisches Denken". Dazu gehört es, Fragen an die Vergangenheit zu stellen und bei der Suche nach Antworten Fundstücke, Texte, Bilder und andere Materialien aus der Vergangenheit zu untersuchen. Die Ergebnisse dieser Forschungen geben Hinweise auf frühere Ereignisse und darauf, was Menschen in vergangenen Zeiten wichtig war. Manchmal können sich Forschungsergebnisse von Historikern auch unterscheiden. Dann untersucht man die jeweiligen Standpunkte und ↑***Perspektiven*** *und wägt ab, welches Ergebnis man für überzeugender hält.*
Wenn wir etwas über wichtige Entwicklungen der Vergangenheit wissen und dabei lernen, uns in der Geschichte zu orientieren, kann dies uns z. B. helfen, fremde Menschen und ↑Kulturen besser zu verstehen.

Die ägyptische Hochkultur

Die Pyramiden von Gizeh wurden vor etwa 4500 Jahren errichtet – als Grabstätten der Pharaonen. Im Vordergrund die Sphinx, ein riesiger Löwenkörper aus Stein mit einem Königskopf.

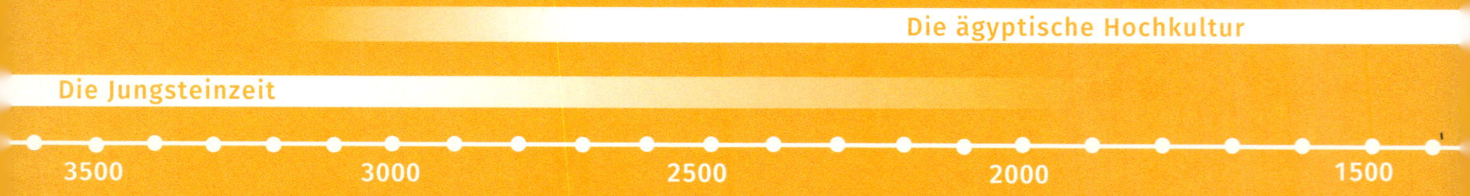

Wandmalerei in einem ägyptischen Grab, um 1200 v.Chr.: Ein Musiker unterhält den Verstorbenen und seine Ehefrau.

Dieser um 200 v. Chr. bearbeitete Stein wurde bei Rosetta am Nil gefunden. Er enthält einen Text in drei verschiedenen Schriften – zwei ägyptischen und der altgriechischen. Mit ihm gelang es Forschern, die Hieroglyphen zu entziffern.

Das um 2000 v. Chr. entstandene Holzmodell aus einem Grab zeigt eine Vorratskammer. Von oben schütten Bauern Getreide in den Speicher. Links sind Schreiber zu sehen. Was tun sie?

ZEITREISE Flucht an den Nil

„Samud, trödele nicht herum!“, rief der Vater, der zusammen mit den anderen der Gruppe die kleine Rinderherde vor sich her trieb. Schon sehr lange waren sie unterwegs, immer der aufgehenden Sonne entgegen. Wann hatte es wohl zuletzt geregnet? Die Savanne* mit ihren weiten Grasflächen und verstreuten Seen war grau geworden und die Wüste breitete sich weit vor ihnen aus. Sand, Stein und Geröll, so weit das Auge blicken konnte. Wasser gab es kaum.

** Savanne: Grasland mit vereinzelten Bäumen und Sträuchern*

i ***Zeitreisen*** *sind ausgedachte Geschichten, die in der Vergangenheit spielen. Die Autorinnen und Autoren von „Zeit für Geschichte“ erzählen darin von Begebenheiten, die sich ähnlich hätten ereignen können. Eine Zeitreise erkennst du an der Überschrift und an dem aufgeschlagenen Buch im Kreis. Das Ende jeder Zeitreise markieren orangefarbene Punkte.*

Samuds Großmutter wurde nicht müde, von früher zu schwärmen: „Das Leben war damals um vieles leichter. Meistens war die Jagd der Männer erfolgreich und auch für unsere Herde fanden wir gute Weideflächen.“ Jetzt sah es ganz anders aus: Mit dem Wasser waren auch die großen Wildtiere, von denen Samuds Stamm gelebt hatte, verschwunden. Auch wurde es immer schwieriger, für die eigene Herde frisches Gras zu finden. Samud und seine Gruppe hatten in letzter Zeit oft hungern müssen. Immer weitere Strecken mussten sie zurücklegen, um an Orte zu gelangen, an denen sie die Samen wilder Gräser sammeln und nach Wurzeln graben konnten. Viele Dörfer, in denen sie früher zwischendurch haltgemacht hatten, waren nach und nach aufgegeben worden. Immer wieder hatte Samud den Gesprächen der Erwachsenen darüber gelauscht. Hilflos versuchten sie, sich die anhaltende Trockenheit zu erklären.

M1 *Eine Gegend der Wüste Sahara heute. Vor einigen Tausend Jahren hinterließen Menschen dort Zeichnungen an Felsen. Sie belegen, dass Rinder gezüchtet wurden.*

Nun trieb sie die Verzweiflung dazu, die weiten Ebenen der einstigen Savanne zu verlassen und im Land am großen Fluss, dem Nil, eine neue Heimat zu suchen, wie es schon so viele vor ihnen getan hatten. Ob die Menschen dort sie bei sich aufnehmen würden? Manchmal konnte er sich das nicht vorstellen. Zu oft hatte seine Familie erlebt, wie der Kampf um die knapper werdenden Weidegründe den Menschen Streit und Tod brachten. Weshalb sollte es am Nil anders sein? Am abendlichen Feuer wurde erzählt, dass der Fluss zwar ihr Überleben sichern konnte, aber alles andere als ein einladender Ort war: Wilde und gefährliche Tiere lebten im Dickicht des Ufers, der Boden war schlammig und immer wieder sollten riesige Wasserfluten das Land unter sich begraben. All dies war ihnen fremd und doch hatten sie beschlossen, das Wagnis einzugehen. Alles war besser, als hier in der Wüste zugrunde zu gehen.

M2 Satellitenaufnahme des Flusses Nil. Mit etwa 6800 km ist er der längste Fluss der Erde – das ist mehr als die Entfernung zwischen Berlin und New York! In den Wüstengebieten der Sahara bilden die Uferbereiche des Nils eine bis zu 20 km breite fruchtbare Ebene.

1. a) Erkläre mithilfe des Textes und der Abbildungen, weshalb Samud und seine Familie ihr Leben verändern müssen.
   b) Beschreibe die Schwierigkeiten, die sie befürchteten.

2. Stelle Vermutungen darüber an, wie sich das Leben von Samuds Familie nach der Ankunft am Nil verändern könnte.

\+ Setze die „Zeitreise“ fort, indem du die Geschichte weitererzählst.

Auf den folgenden Seiten erfährst du,
- *wie am Nil ein mächtiges Reich entstehen konnte.*
- *wie das Zusammenleben der Menschen im alten Ägypten funktionierte.*
- *welche Rolle die Schrift dabei spielte.*
- *welche Bedeutung der Pharao in diesem Reich hatte.*
- *aus welchem Grund die Menschen Pyramiden bauten und ihre Toten in Mumien verwandelten.*
- *wie zur gleichen Zeit Menschen in anderen Gegenden der Welt lebten.*

Außerdem übst du,
- *ägyptische Schriftstücke zu verstehen und auszuwerten.*
- *mit einer Geschichtskarte umzugehen.*
- *ägyptische Bilddarstellungen zu deuten.*
- *ein Schaubild zu entwickeln, das dir den Aufbau der ägyptischen Gesellschaft verdeutlicht.*
- *Lebensweisen unter bestimmten Gesichtspunkten miteinander zu vergleichen.*

Der Nil – ein Fluss prägt den Lebensraum

***M1** Blick auf ein heutiges Dorf im Niltal*

1. Betrachte das Bild M 1: Was kannst du an ihm über das Leben am Nil ableiten?

Die Nilschwemme

Seit Beginn der Trockenzeit in Nordafrika vor etwa 7000 Jahren fiel in Ägypten über das Jahr verteilt nur sehr wenig Regen. Jeden Sommer allerdings überschwemmte der Nil weite Teile das Landes. Starke Regenfälle an seinen Quellen, die im Inneren Afrikas liegen, ließen den Fluss über die Ufer treten. In heutiger Zeit wird die Wasserversorgung in Ägypten mithilfe eines großen Staudammes, dem Assuan-Staudamm, geregelt.

Die jährlichen Überschwemmungen werden **„Nilschwemme“** oder „Nilflut“ genannt. Sie brachten schwarzen, fruchtbaren Schlamm mit nach Ägypten. Er lagerte sich in den Überschwemmungsgebieten ab. Dort sorgte er für einen guten Ackerboden, den die Menschen bewirtschaften konnten. Der Schlamm war die Voraussetzung dafür, dass am Fluss in der Wüste Leben entstehen konnte. Deshalb glaubten die Menschen, dass die Nilschwemme ein Geschenk der Götter sei.

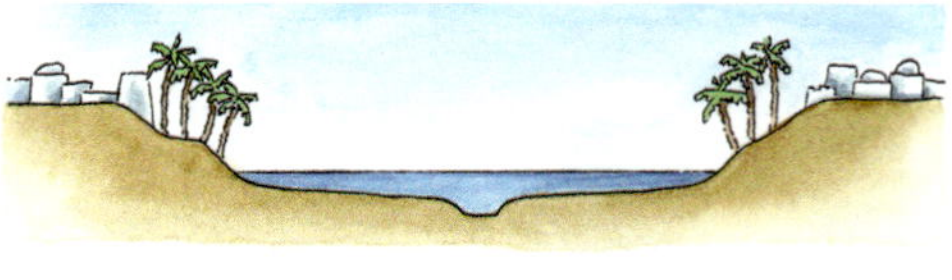

Juli–September

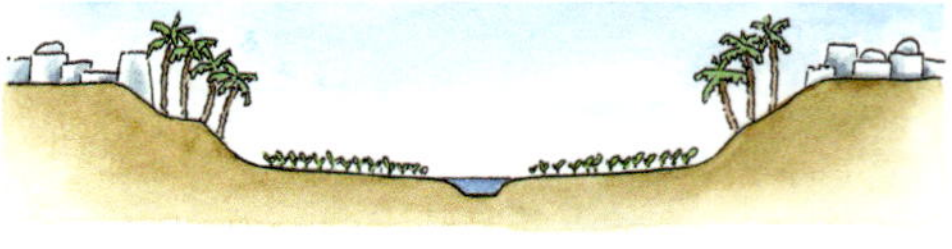

Oktober–Dezember

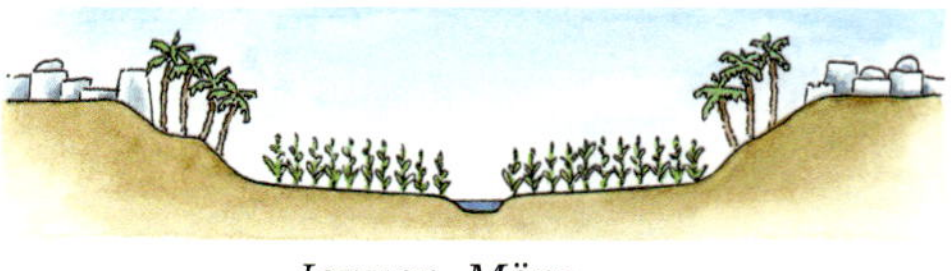

Januar–März

***M2** Der Wasserstand des Nils im Jahreslauf*

Flutzeit, Pflanzzeit, Erntezeit

Für die Ägypter begann das Jahr und damit die erste Jahreszeit im Juli: die sogenannte Flutzeit. Wenn sich der Nil Anfang Oktober in sein Flussbett zurückzog, setzte die zweite Jahreszeit, die Pflanzzeit, ein. Dann konnten die Bauern den Nilschlamm als Ackerboden pflügen und die Saat ausbringen. Im Januar schließlich begann die dritte Jahreszeit, in der die Saat heranwuchs. Wie reich die Ernte ausfiel, hing davon ab, wie weit der Nil über die Ufer getreten war und wie viel fruchtbaren Boden er hinterlassen hatte. Nicht nur zu wenig, sondern auch zu viel Schlamm bedrohte die Aussaat der Bauern.

Um die Schlamm- und Wassermassen des Nils zu bewältigen, bauten die Menschen Dämme und Bewässerungskanäle. In den Kanälen blieb nach der Nilschwemme das Wasser zurück, sodass auch in der Trockenzeit die Felder bewässert werden konnten – mit Schöpfgeräten, den sogenannten Schadufs.

Der Nil als Lebensader des Landes

Der Nil brachte den Menschen aber nicht nur gute Ernten. Auch sein Reichtum an Fischen und Vögeln ergänzte die Ernährung der Ägypter. An seinem Ufer wuchsen zahlreiche Pflanzen, darunter auch eine Schilf-Art, aus der Papyrus, das Papier der Ägypter, gewonnen wurde.

Außerdem war der Nil der Hauptverkehrsweg des Landes. Auf Booten und Lastkähnen transportierte man Menschen und Handelsgüter bequem und schnell. Die für den Bau großer Tempel und Gräber benötigten Steine beispielsweise hätte man zur damaligen Zeit auf keinem anderen Weg zu den Baustellen befördern können.

M3 *Ein „Nilometer“. Damit konnte man schon zu Beginn der Nilschwemme die wahrscheinliche Höhe der Flut voraussagen.*

M4 *Feldbewässerung im heutigen Ägypten*

M5 *Diese Wandmalerei aus einem Grab entstand um 1500 v. Chr.*

M6 Ein Lied für den Nil

Die Ägypter glaubten, dass ein Gott, Hapi, für die Nilschwemme sorgt. Der folgende Text stammt aus einem altägyptischen Lied:

Sei gegrüßt, Nil, der du kommst, um Ägypten am Leben zu erhalten! Herr der Fische, der die Zugvögel stromaufwärts ziehen lässt, der Gerste schafft und Bohnen entstehen lässt. Wenn der Nil faul ist, dann werden die Nasen verstopft, und jedermann verarmt. Wenn er habgierig ist, ist das ganze Land krank, Große und Kleine schreien. Regelmäßig kommt er zu seiner Zeit, um Ober- und Unterägypten zu füllen. Die Menschen kleidet er mit dem Flachs, er lässt den Webergott seine Erzeugnisse herstellen und den Salbengott sein Öl. Alle Erzeugnisse werden aus ihm hervorgebracht; selbst alle Bücher [...], denn er versorgt die Menschen mit Papyrus. Fließe, Nil! Man opfert dir. Komm nach Ägypten! Auf, Verborgener! Der du Menschen und Tiere am Leben erhältst mit deinen Gaben des Feldes.

Zitiert nach: J. Assmann (Hg.): Ägyptische Hymnen und Gebete, 1975, S. 500 ff. (bearbeitet)

Wenn der Nil zu wenig Schlamm bringt ...

Wenn er zu viel Schlamm auf die Felder spült ...

2. a) Bearbeite M 6 mithilfe des Methodentrainings rechts.
b) Erkläre, was die Sänger mit diesem Lied vermutlich bezwecken wollten.

Eine Textquelle verstehen

Texte aus der Vergangenheit sind uns häufig fremd. Das liegt zum einen daran, dass über Dinge berichtet wird, die ganz anders sind als bei uns heute. Zum anderen wird manchmal eine Sprache verwendet, die uns ungewöhnlich erscheint. Deshalb müssen wir uns zuerst bemühen, diese Texte zu verstehen.

- Lies zunächst aufmerksam die Überschrift und die Einführung in die Quelle. Sie erklären das Thema.
- Lies dann den Text Satz für Satz durch und mache dir jeweils den Inhalt klar.
  Falls dir Begriffe unbekannt sind, frage deinen Lehrer oder suche in einem Lexikon oder im Internet nach Erklärungen.
  Zeile 12: „Flachs“ wird in einem Lexikon erklärt als „Faser- und Nahrungspflanze, aus der Leinen hergestellt wird“.
- Finde zusammengehörende Textabschnitte und gib ihnen Überschriften, die den Inhalt knapp zusammenfassen.
  Zeilen 1–2: Begrüßung des Nils
- Gib den Inhalt der Textabschnitte in eigenen Worten wieder.
  Zeilen 1–5: Die Menschen heißen den Nil willkommen und beschreiben seine Rolle für die Ernährung der Ägypter.
- Fasse abschließend zusammen, worum es in dem Text geht.
  Die Sänger verehren den Nil, weil ...
  Sie fürchten ihn, weil ...

M8 *Ausschnitt aus einer Wandmalerei aus einem altägyptischen Grab. Sie wurde in der Nähe von Theben entdeckt und stammt aus der Zeit um 1390 v. Chr.*

M7 Eine Beschreibung Ägyptens

Ein arabischer Gelehrter, der Philosoph Al Masudi (895–957 n.Chr.), beschrieb Ägypten folgendermaßen:

Drei Monate ist es eine weiße Perle, drei Monate ein schwarzer Moschus*, drei Monate ein dunkelgrüner Smaragd und drei Monate ein Barren roten Goldes:
Eine weiße Perle ist Ägypten in den Monaten Juli, August und September, wenn es von den Fluten überschwemmt ist, wenn die von allen Seiten vom Wasser umgebenen Dörfer auf ihren Hügeln und Erhebungen über dem weiß schimmernden Land den Sternen gleichen und wenn man nur noch mit Booten von einem zum anderen Ort gelangen kann.
Schwarzer Moschus ist Ägypten in den Monaten Oktober, November und Dezember, wenn das Wasser in das Bett des Nils zurückfließt und einen schwarzen Boden hinterlässt, der von den Bauern bestellt wird und einen Duft ausströmt, der dem des Moschus gleicht.
Ein grüner Smaragd ist Ägypten in den Monaten Januar, Februar und März, wenn die überall sprießenden Gräser und Pflanzen ihm den Glanz dieses Edelsteins verleihen.
Und ein Barren roten Goldes ist Ägypten in den Monaten April, Mai und Juni, wenn die Saat reift und das Gras eine rötliche Farbe annimmt, sodass das Land vom Anblick und vom Nutzen her Gold gleicht.

Zitiert nach: M. Clauss: Der Pharao, 2012, S. 12

* *Moschus: ein wertvoller Duftstoff, der aus der Drüse des Moschustieres stammt*

3. a) Erarbeite M 7 mithilfe des Methodentrainings.
b) Vergleiche Al Masudis Beschreibung mit M 2.

+ Erkläre, wie M 2 durch die Angaben Al Masudis (M 7) ergänzt werden müsste.

4. a) Beschreibe auf der Grundlage deiner Erkenntnisse die Arbeit der ägyptischen Bauern im Jahresverlauf.
b) Ein Bauer erklärt seinem Sohn, welche Rolle der Nil für ihr Leben spielt. Notiere, was er sagen könnte.

Vom Dorf zum Staat

*M1 Das **Bewässerungssystem** am Nil. Um lange Gräben zu bauen, mussten Bauern aus benachbarten Dörfern zusammenarbeiten.*

Gemeinsam handeln

Die Menschen lernten, die Nilschwemme zu nutzen. Sie erkannten, dass das Hochwasser in regelmäßigen Abständen auftrat. Um gut darauf vorbereitet zu sein, entwickelten sie einen **Kalender** mit 12 Monaten zu je 30 Tagen. Dabei orientierten sie sich an Sonne, Mond und Sternen.

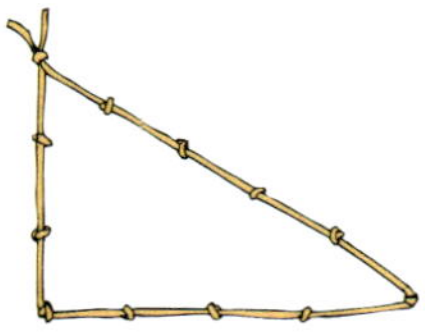

M2 Knotenseil

Von Jahr zu Jahr fiel die Nilschwemme aber unterschiedlich aus. Daher waren die Bedingungen für den Ackerbau nicht immer gleich. Die Bauern waren gezwungen, sich über Notzeiten Gedanken zu machen. Sie erkannten, dass es sinnvoll ist, gemeinsam Vorräte anzulegen. Jeder musste einen Teil seiner Ernte an die Gemeinschaft abgeben. Aber auch schon vor der Ernte war gemeinsames Vorgehen nötig: Wenn der Nilschlamm auf den Feldern lag und diese neu bebaut werden sollten, musste das fruchtbare Gebiet neu vermessen und gerecht aufgeteilt werden (M2/i). Außerdem war es nur möglich, Dämme und Bewässerungskanäle zu bauen, wenn viele Menschen sich beteiligten und zusammenarbeiteten.

Reiche Ernten und die **Vorratshaltung** ermöglichten es, dass nicht alle Menschen als Bauern leben mussten. In einer Dorfgemeinschaft übernahmen im Laufe der Zeit einzelne Bewohner verschiedene Aufgaben, sodass sich unterschiedliche Berufe herausbildeten.

Ein großes Reich entsteht

Als die Bevölkerung am Nil zunahm, wuchsen einzelne kleine Dörfer zu größeren Siedlungen zusammen. Bald entstanden auch Städte, die sehr ausgedehnt und dicht bevölkert waren. Doch der wachsende Reichtum am Nil führte zu Streit und Krieg. Im Laufe der Zeit unterwarfen mächtige Anführer immer größere Gebiete. Schließlich gab es zwei große Herrschaftsgebiete: Unter- und Oberägypten.

Um 3000 v.Chr. gelang es einem Herrscher, die beiden Reiche zu vereinigen. Von da an beherrschte er ein einheitliches ägyptisches Reich mit etwa einer Million Untertanen – als **Pharao**. Seine Macht erstreckte sich auf die fruchtbaren Ebenen am Nil ebenso wie auf die angrenzenden Gebirge und Wüsten. Sie bildeten nicht nur einen natürlichen Schutz gegen Feinde von außen. Hier bauten die Ägypter auch Bodenschätze ab, die zu ihrem Reichtum beitrugen.

i

*Um die Ackerflächen auszumessen, benutzten die Landvermesser ein Seil mit zwölf Knoten in genau gleichen Abständen. Die Enden des Seils wurden miteinander verknotet. Mit diesem Hilfsmittel bildeten die Vermesser Dreiecke und berechneten dann die Größen der Äcker. Wegen ihrer besonderen Technik gelten die ägyptischen Landvermesser als Erfinder der **Geometrie**, eines wichtigen Teilbereichs der Mathematik: „geo“ bedeutet „Erde“/„Land“ und „metron“ heißt „Maß“.*

Eine Geschichtskarte beschreiben

Entwicklungen, die sich in bestimmten Gebieten abgespielt haben, können in Geschichtskarten dargestellt werden. Um eine Karte zu beschreiben, musst du ihre Bestandteile entschlüsseln:

- Benenne das Thema der Karte. Du erfährst es aus der Unterschrift.
- Bestimme die Ausdehnung des Gebietes. Dafür musst du den Maßstab der Karte beachten. Bei der Karte M3 steht er z. B. für eine Strecke von 100 km. Hier passt er 6 mal in die Breite und 8 mal in die Höhe der Karte.
- Mach dir klar, wofür die Symbole und Flächenfarben verwendet werden. Sie sind in der Legende erklärt.
- Stelle dar, welche Informationen die Karte bietet. Beachte dazu auch die Himmelsrichtungen.

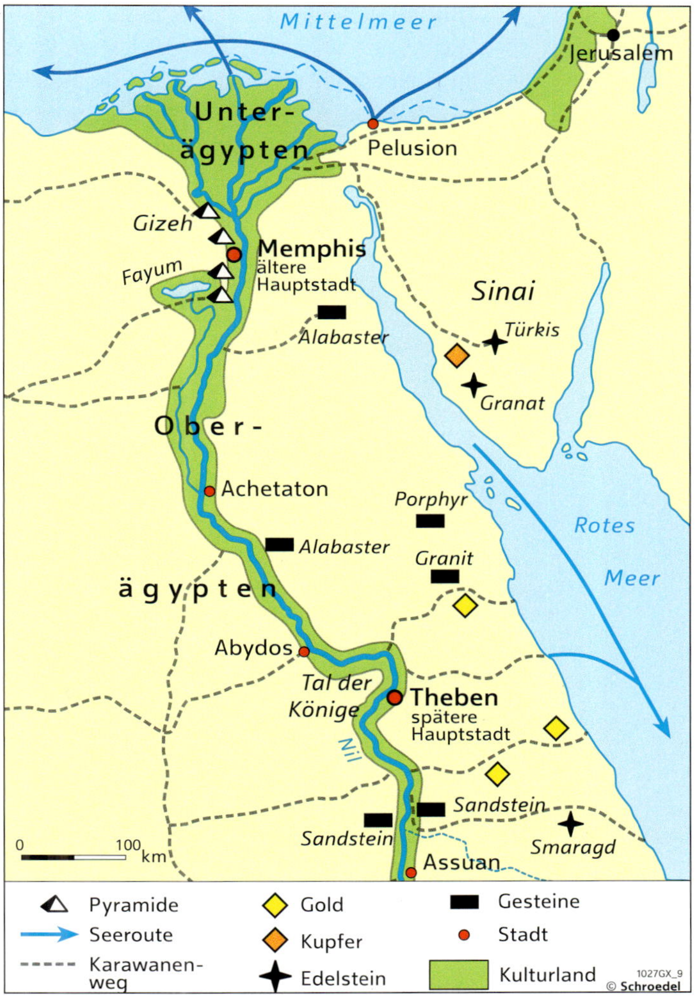

M3 Das ägyptische Reich und angrenzende Gebiete

1. Beschreibe, in welchem Raum sich das alte Ägypten herausgebildet hat und wie dieser Raum beschaffen war. Untersuche dafür die Karte M3 mithilfe des Methodentrainings.
   Tipp: Seite 194

2. Diskutiert mithilfe von M3: Welche Möglichkeiten ergaben sich für die Ägypter aus der Lage ihres Landes? Welche Probleme mussten sie wohl bewältigen?

3. Ein späterer Geschichtsschreiber versuchte, die Größe und den Reichtum Ägyptens zu erklären, und bezeichnete Ägypten dabei als „Geschenk des Nils".
   a) Lege eine Tabelle mit zwei Spalten an. Notiere in der einen Spalte, was für die Aussage spricht, und in der anderen Spalte, was dagegen spricht.
   b) Diskutiert diese Aussage.

Das Reich wird verwaltet

Wie konnte das große Reich regiert werden und bestehen bleiben? Von Beginn an gelang es den Herrschern – den Pharaonen –, ihr ausgedehntes Reich gut zu organisieren. Nach und nach erließen sie **Gesetze**, die überall gelten sollten. Zudem setzten sie besondere Bedienstete ein, ↑Beamte. Diese sorgten nach den Anweisungen der Pharaonen z. B. dafür, dass das Land am Nil bewirtschaftet und die Menschen versorgt werden konnten. Dadurch wurde in Ägypten eine **↑Verwaltung** geschaffen. Altägyptische Texte (M 5) geben uns Einblicke in die Aufgaben hoher ägyptischer Beamte. Sie zeigen, auf welche Bereiche des Zusammenlebens die Verwaltung des Reiches ausgerichtet war.

Eine wichtige Voraussetzung dafür, dass die Verwaltung funktionieren konnte, war eine bahnbrechende Erfindung, die die Ägypter gemacht hatten: die **Schrift**! Mit ihrer Hilfe konnten die Beamten alles Notwendige festhalten und beispielsweise Gesetze und Vorschriften im ganzen Land verbreiten. Das unterscheidet die ↑Kultur* der alte Ägypter auch wesentlich von anderen, früheren Kulturen.

** Kultur: besondere Lebensform, die von der Bevölkerung einer Gegend entwickelt wurde. Erkennbar ist die Kultur daran, was die Menschen geschaffen haben (z. B. Geräte, Bauwerke).*

Ägypten – eine Hochkultur

Dadurch, dass die Menschen am Nil ihr Zusammenleben dauerhaft nach festen Regeln organisiert hatten, war dort ein **↑Staat** entstanden. Wegen dieser Entwicklung wird Ägypten von ↑Historikern als **↑Hochkultur** bezeichnet. Sie verwenden diesen Begriff für Kulturen, die bestimmte Merkmale haben, wie z. B. allgemeingültige Gesetze und eine zentrale Verwaltung durch Beamte. In einer Hochkultur verfügen die Menschen über eine Schrift, und auch Erfindungen werden entwickelt und weitergegeben. Weitere Merkmale der ägyptischen Hochkultur lernst du in den folgenden Kapiteln kennen.

***M 4** Dieses um 2000 v. Chr. entstandene Holzmodell wurde in einem ägyptischen Beamtengrab nahe Theben gefunden. Erkennst du, was dargestellt ist?*

M5 Aufgaben eines hohen Beamten

Der folgende Text ist Teil der Grabinschrift eines Wesirs. Als höchster Beamter war der Wesir dem Pharao direkt unterstellt.

Er schickt Boten der Verwaltung zu Bürgermeistern und Ortsvorstehern aus. [...]
Er zieht die Truppen zusammen, die den Pharao auf seinen Reisen stromauf und stromab begleiten. Er bestimmt den Rest der Truppen, der in der südlichen Hauptstadt stationiert bleibt. [...]
Er schickt zum Bäumefällen aus. Er sendet Männer aus, um im ganzen Land Kanäle zu graben. [...]
Er sendet Soldaten und Beamte aus, damit sie die Anweisungen des Herrschers ausführen. In seiner Halle sollten die Akten jedes Bezirkes sein, damit man über jedes Feld Verhör abhalten kann.
Er bestimmt die Grenzen jedes Stadtbezirks, jedes Weidelandes, jedes Tempelbezirks und überhaupt die Grenze jedes durch eine Urkunde festgelegten Grundstücks.
Er legt die Liste aller Rinder an.
Die Bürgermeister und jeder Bürger melden ihm alle ihre Abgaben. [...]
Man meldet ihm [...] das Steigen des Nils.
Man meldet ihm jeden Regen.

Zitiert nach: Geschichte in Quellen, Bd. 1, S. 35 f. (bearbeitet)

4. a) Stelle aus M5 die Aufgaben des hohen Beamten zusammen. Nutze dazu auch das Methodentraining auf Seite 32.
b) Finde Erklärungen dafür, weshalb das alte Ägypten als erster Staat in der Geschichte der Menschheit gilt.

+ Vergleicht die Verwaltung damals und heute. Wer übernimmt bei uns diese Aufgaben?
Tipp: Seite 194

5. a) Betrachte das Holzmodell M4 und unterscheide verschiedene Personengruppen. Beschreibe ihre Tätigkeiten.
b) Ein Reisender kann sich die Szene nicht erklären und unterhält sich mit einem der beteiligten Beamten darüber. Entwirf dieses Gespräch.

+ Vergleiche die Entwicklung des ägyptischen Staates mit deinen Vermutungen zu den Erlebnissen von Samud und seiner Familie nach ihrer Ankunft am Nil (Seite 29, Aufgabe 2). Finde Erklärungen für richtige und nicht zutreffende Überlegungen.

6. Erstelle eine Mindmap (Seite 202) zur Bedeutung des Nils für Ägypten. Finde mithilfe der Texte auf den Seiten 34–37 dazu passende Oberbegriffe.

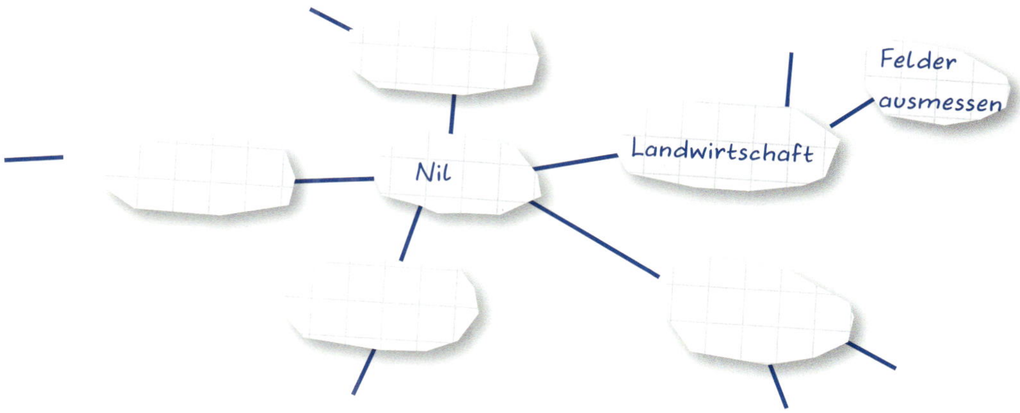

M1 Solche Täfelchen gelten als älteste Schriftfunde aus Ägypten. Vermutlich waren sie an Gefäßen befestigt und machten Angaben zu Inhalten oder Herkunftsort.

** Ob die Schrift zuerst in Ägypten oder Mesopotamien entwickelt wurde, darüber streiten die Forscher sich bis heute.*

Die Schrift der Ägypter

Schriftzeichen hatten für die Entwicklung der ↑Hochkultur am Nil eine überragende Bedeutung: Erst mit ihrer Hilfe war es den Ägyptern möglich, ihr großes Land zu ↑verwalten und ihr Zusammenleben zu regeln. So wurde es z.B. möglich, die Landverteilung und die Vorratshaltung besser zu planen und Naturereignisse wie die Nilflut zu erforschen (M3, Seite 31). Auch konnten die Ägypter ihre Vorstellungen von Religion mithilfe der Schrift für alle gültig festlegen. Religiöse Texte schrieben sie auf Wände in Gräbern und Tempeln. Zudem verfassten sie Lieder und Gedichte.

Wissenschaftler vermuten, dass erste Schriftzeichen schon im 4. Jahrtausend aus einfachen Verwaltungs- und Handelssymbolen entwickelt wurden*. Diese Schrift wurde vor allem für religiöse und wichtige politische Texte verwendet und hat sich bis in unsere Gegenwart an großen Bauwerken und Statuen erhalten. Die Griechen haben dafür den Begriff **Hieroglyphen** geprägt – von „hieros": „heilig" und „glyphein": „eingravieren". Denn die Hieroglyphen galten den Ägyptern als heilig und wurden als ein Geschenk von Thot, dem Gott der Gelehrsamkeit und Schreibkunst (Seite 55), betrachtet.

Da das Schreiben der Hieroglyphen sehr aufwendig war, entstand fast zeitgleich aus der Hieroglyphenschrift eine zweite Schriftform für den alltäglichen Gebrauch: die vereinfachte „hieratische" Schrift.

Das Geheimnis der Hieroglyphen

Allerdings waren die Schriften Ägyptens für die Nachwelt lange Zeit ein Rätsel. Denn nachdem sie nicht mehr benutzt wurden, geriet ihre Bedeutung allmählich in Vergessenheit. Erst im 19. Jahrhundert gelang es Forschern, die geheimnisvollen Zeichen zu entschlüsseln: Im Nildelta hatte man einen Steinblock gefunden, auf dem derselbe Text in Hieroglyphen, der vereinfachten ägyptischen Schreibschrift und in griechischer Schrift eingemeißelt worden war: den „Stein von Rosetta" (Seite 27). Die Forscher ordneten den griechischen Worten Hieroglyphen zu, sodass sie nach und nach die Bedeutung vieler Zeichen erkennen konnten. Ausschlaggebend war dabei die Kartusche, das Namenszeichen des Pharaos, die sich in allen Schriften identifizieren ließ (M4).

Die Grundlage der Hieroglyphenschrift sind Bildzeichen. Es gab Zeichen, die genau das bedeuteten, was als Bild dargestellt war. So stand beispielsweise das Bild eines Geiers auch für das Tier „Geier".

M2 Schreibbinsen mit einem Behälter (um 1800 v. Chr.). Das Farbmaterial gewann man aus Erde und Ruß vom Boden der Kochtöpfe. Es wurde mit Harz und Wasser angerührt und in Tablettenform getrocknet.

M3 Die Verarbeitung der Papyruspflanze

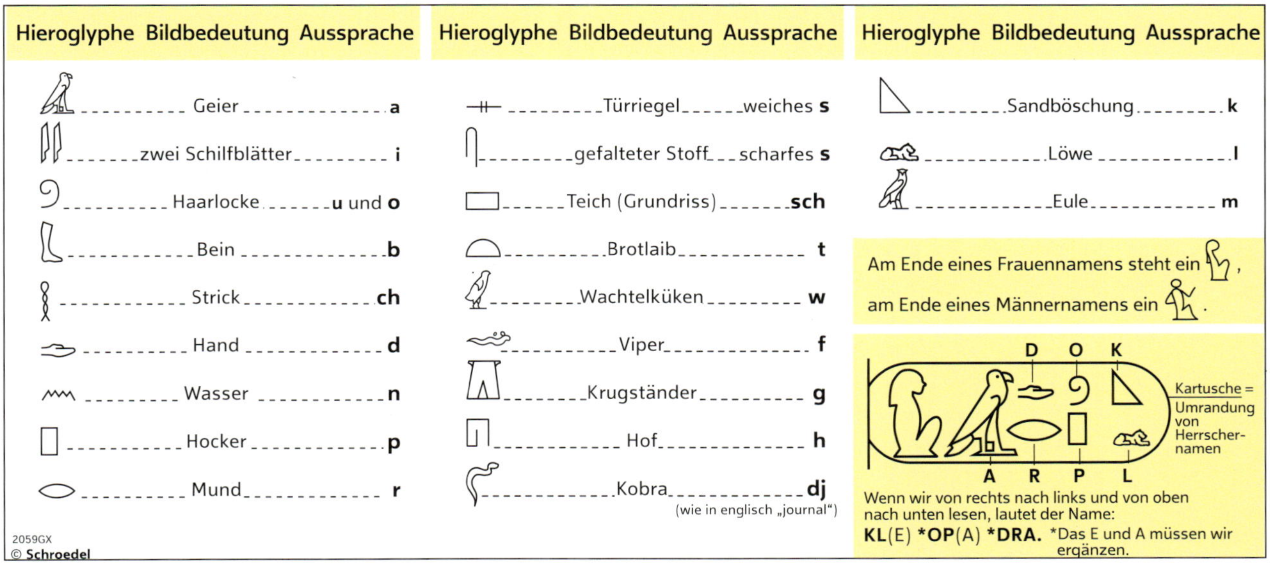

M4 Einige Hieroglyphen und ihre Bedeutungen

Außerdem wurden Bildzeichen kombiniert, um schwierigere Begriffe darstellen zu können. Darüber hinaus gab es Hieroglyphen, die Laute bedeuteten und die ähnlich wie unsere Buchstaben verwendet wurden.

Schreiben – mehr als Handwerk

Als Schreiber brauchte man eine umfassende Ausbildung. Kinder ab 8 Jahren wurden auf ihren späteren Beruf vorbereitet. In Tempel- und Hofschulen erlernten Schüler viele Jahre lang das Lesen und Schreiben von etwa 700 Zeichen. Zudem wurden sie auf ihre spätere Verwaltungstätigkeit vorbereitet. Dafür mussten sie auch rechnen können und wissen, wie man offizielle Schriftstücke verfasst.

Der Beruf des Schreibers war im alten Ägypten einer der angesehensten Berufe – auch, weil nur ein sehr kleiner Teil der Bevölkerung lesen und schreiben konnte.

In der Schule schrieb man auf Ton- und Kalksteinscherben oder abwaschbaren, weiß getünchten Holztafeln. Papyrus war äußerst kostbar; er wurde aufwendig hergestellt (M3). Er war leicht und haltbar – also ideal, um Geschriebenes aufzubewahren. Man verwendete ihn nur für Texte, die länger in Gebrauch waren. Dazu zählten vor allem religiöse Schriften und wichtige Dokumente der Verwaltung.

1. Erkläre die Rolle der Schrift im alten Ägypten.
   Tipp: Seite 194

2. Versuche, deinen eigenen Namen mit Hieroglyphen zu schreiben. Abbildung M4 hilft dir dabei.

3. Betrachte M3 und verfasse eine Anleitung zur Herstellung von Papyrus. Du kannst dich an folgenden Fragen orientieren:
   - Welche Werkzeuge und Materialien werden benötigt?
   - In welchen Schritten geht man vor?

4. Vergleiche die Schreiberausbildung mit deinem Unterricht.

Medien im Lauf der Zeit

Nach dem Aufstehen schon die erste SMS und Hausaufgaben am Computer. Für viele ist das ganz normal. Hast du schon mal darüber nachgedacht, wie du dich verständigen würdest, wenn es keine Smartphones oder Computer, ja nicht einmal Schrift gäbe? Uns heutigen Menschen fällt es schwer, sich das vorzustellen. Denn für unsere Verständigung spielen die Medien eine große Rolle. Drei Erfindungen der Menschheit haben die Kommunikation so entscheidend verändert, dass man sogar von „Revolutionen“, grundlegenden Umwälzungen, spricht: die Schrift, der Buchdruck und der Computer.

Die erste Revolution: Schrift

Die ersten Schriften, die vor Jahrtausenden entwickelt wurden, waren Bilderschriften wie z. B. Hieroglyphen. Aus einer solchen entwickelte sich auch unser Buchstabensystem. Die Phönizier, die an der Mittelmeerküste lebten, kamen um 1000 v. Chr. auf die Idee, Bildzeichen nicht mehr ganzen Begriffen zuzuordnen, sondern Lauten. Das Zeichen des Tierkopfes etwa – es bedeutete in ihrer Sprache „Alep“, Stier – ordneten sie dem Laut „A“ zu. Am Ende gelang es ihnen, mit insgesamt nur 22 Zeichen der Sprache eine leicht zu erlernende Schriftform zu geben. Die Phönizier trieben Handel mit anderen Völkern und machten dabei ihr Schriftsystem im ganzen Mittelmeerraum bekannt. Überall wurde es ein wenig verändert und weiterentwickelt.

Unabhängig davon haben sich auch andere Schriftsysteme entwickelt, etwa das arabische.

Für lange Zeit konnten aber nur wenige Menschen schreiben. Deshalb genossen Schriftkundige häufig ein hohes Ansehen.

A – Vom Bildzeichen zum Buchstaben

Die zweite Revolution: Buchdruck

Heute kann man die Seite eines Buches einfach kopieren oder scannen. Bis vor etwa 600 Jahren musste alles Buchstabe für Buchstabe abgeschrieben werden. Es dauerte Monate, bis ein ganzes Buch fertig war.

Das änderte sich erst, als um 1450 ein Mann namens Johannes Gensfleisch aus Mainz, der sich selbst Gutenberg nannte, auf eine geniale Idee kam: Er entwickelte kleine, aus Metall gegossene Buchstaben, die zu Wörtern und Sätzen, ja ganzen Buchseiten zusammengesetzt werden konnten – und zwar immer wieder neu. Mit diesem System wurde es möglich, Druckvorlagen zu erstellen und so oft zu drucken, wie man wollte.

Was Gutenberg damit bewirkte? Es konnten nun sehr viele unterschiedliche Texte und Bücher hergestellt und verbreitet werden. Es dauerte allerdings mehrere Jahrhunderte, bis viele Menschen Zugang zur Bildung erhielten.

Guss-Buchstaben

... werden zusammengesetzt.

1. a) Ordne die Begriffe am Rand den drei Revolutionen zu. Dabei sind Mehrfachnennungen möglich.
b) Erkläre den Nutzen und mögliche Gefahren der drei „Revolutionen".

2. Informiert euch in Gruppen über die Entwicklung des Mediums Telefon und dessen Nutzung (Gruppe 1 bei Eltern/Großeltern, Gruppe 2 durch Lexika, Gruppe 3 durch Internetrecherche). Vergleicht eure Ergebnisse: Welche Informationsquelle ist am einfachsten zu nutzen? Wo findet ihr die zuverlässigsten Informationen?

3. Befragt eure Großeltern oder andere ältere Bekannte zum Wandel der Medien. Macht euch dazu Stichpunkte und tragt die Ergebnisse zusammen.

Die dritte Revolution: Computer …

Bücher entstehen schon lange nicht mehr am Setzkasten, sondern am Bildschirm. Ein Erfinder, der die Voraussetzungen dafür schuf, war der Deutsche Konrad Zuse. Im Wohnzimmer seiner Eltern hat er 1936 seine erste Rechenmaschine gebaut.
Bis in die 1970er-Jahre konnten aber nur Spezialisten mit Computern umgehen. Es waren große Maschinen, die ganze Räume füllten. Trotzdem reichte ihre Leistungsfähigkeit bei Weitem nicht an die eines heute gängigen Modells heran.
Womit früher ganze Bibliotheken und Archive gefüllt wurden, passte jetzt auf eine einzige Festplatte. Dadurch veränderte sich auch die Arbeitswelt. So änderten sich viele Berufe, manche gingen verloren, neue entstanden.

Der erste Computer mit Diskettenlaufwerk: „Apple III", 1980

… und Internet

Erst seit den 1990er-Jahren wurde der Computer ein Gebrauchsgegenstand für alle, der mehr kann als nur rechnen und schreiben. Was aber die menschliche Kommunikation wirklich verändert hat, ist die zeitlich etwas versetzt erfolgte Erfindung des Internets, also eine weltweite Vernetzung der Computer. Sie begann in den 1960er-Jahren, wurde aber erst ab den 1990er-Jahren für die Masse der Bevölkerung nach und nach zugänglich. Heute kann man gleichzeitig mit verschiedenen Menschen aus aller Welt in Verbindung treten, Texte, Bilder, Filme und Musik abrufen und austauschen, Termine absprechen und zahllose Informationen aufs Smartphone laden. Doch all diese Möglichkeiten bergen auch Gefahren – Cybermobbing, Internetsucht sowie einen kaum noch kontrollierbaren Datenschutz.

Freizeitbeschäftigung

mit Menschen in Verbindung treten

Gesetze und Regeln festhalten

Termine abstimmen

Waren einkaufen

Wissen zugänglich machen

Naturbeobachtungen dokumentieren

die Zehn Gebote weitergeben

Texte, Bilder, Filme und Musik austauschen

politische und religiöse Ansichten verbreiten

Geldgeschäfte abwickeln

Sagen überliefern

persönliche Erfolge und Schicksalsschläge mitteilen

Mensch und Gott zugleich: der Pharao

Herrscher auf Erden

* *Pharao: ägyptisch für „großes Haus“*

Die mächtigste Person im alten Ägypten war der Pharao*. Nach seinen Gesetzen und Anordnungen wurden
- das Land bewirtschaftet,
- die Menschen versorgt,
- die öffentliche Ordnung aufrechterhalten,
- die Armee organisiert.

Die Tatsache, dass der Pharao an der Spitze der gut geordneten ↑Verwaltung stand, bewies den Ägyptern jeden Tag und überall im Reich seine königliche Macht.

Der Pharao war auch oberster Richter. Für Gerichtsverfahren gab es im alten Ägypten allerdings keine festen Regeln. ↑Beamte hatten Spielräume, um jeden Fall einzeln betrachten zu können. Doch konnten sie ihre Macht auch missbrauchen und ungerechte Urteile fällen. Deswegen entschied der Pharao über problematische Rechtsfälle selbst, und nur *er* konnte die Todesstrafe verhängen.

M 2 *Das bemalte Relief aus dem 13. Jahrhundert v. Chr. zeigt den siegreichen Pharao Ramses II.*

Der Pharao bestimmte außerdem über Krieg und Frieden und hatte sein Land vor allen feindlichen Mächten zu schützen. Immer wieder unternahmen die Ägypter unter seiner Führung Kriegszüge in benachbarte Gebiete oder mussten Einfälle fremder Völker abwehren. In allen Bereichen des ↑Staates hatte der Pharao die höchste Macht inne. Eine solche **↑Herrschaft** wird als **↑Monarchie** bezeichnet. Das Wort ist von den griechischen Begriffen „monos“: „allein“ und „archein“: „herrschen“ abgeleitet.

M 1 *Das Foto zeigt den oberen Teil eines Minisarkophags, der aus Gold, Halbedelsteinen und Glas gefertigt wurde. Er stammt aus dem Grab des Pharaos Tutenchamun, der von 1332 bis 1323 v. Chr. regierte.*

i

Auf dem Sarkophag hält der Pharao einen Krummstab und eine Geißel. Mit diesen Herrschaftszeichen wurden verstorbene Pharaonen gekennzeichnet. Ursprünglich setzte man diese Geräte in der Viehhaltung ein: Hirten trieben mit einer Geißel ihre Tiere an. Mit dem Krummstab fingen sie die Tiere ein; sie hielten sie am Hinterlauf oder am Hals fest.

Mittler zwischen Göttern und Menschen

Die Ägypter hielten ihren Pharao nicht für einen einfachen Menschen, sondern für die Verkörperung eines der höchsten Götter, Horus. Deshalb war der Pharao auch der oberste Priester des Landes. Seine Entscheidungen wurden stets befolgt.

In den Augen seiner Untertanen hatte der Pharao vor allem die Aufgabe, das Wohlwollen der Götter für die Menschen zu erbitten. Die Ägypter lebten in der Vorstellung, dass es für die Welt eine harmonische Ordnung gab, die sogenannte Maat. Der Pharao hatte darin ebenso seinen Platz und seine Bestimmung wie z. B. der Feldarbeiter. Die Ägypter fürchteten, dass diese göttliche Ordnung zusammenbrechen und die Welt ins Chaos stürzen würde, wenn der Pharao nicht zwischen Menschen und Göttern vermittelt. Daher brachte er den Göttern in den großen Tempeln im Reich Opfer dar oder ließ dieses seine Priester tun.

Wegen seiner engen Verbindung zu den Göttern wurde der Pharao selbst wie ein Gott verehrt und angebetet. Beamte und Diener durften sich ihm nur tief gebeugt und unterwürfig nähern, um seine Anweisungen zu empfangen.

Auch die ägyptische Königin hatte eine herausragende Stellung. Sie begleitete ihren Gatten und besuchte mit ihm überall im Land Städte und Heiligtümer. Es kam jedoch nur selten vor, dass Ehefrauen oder Töchter von Pharaonen das Land allein regierten. Eine berühmte Ausnahme ist Hatschepsut. Sie regierte nach dem Tod des Pharaos stellvertretend für dessen Sohn, der noch minderjährig war. In der Regel wurde die königliche Macht jedoch an einen männlichen Nachfolger vererbt.

M3 *Doppelbildnis des Pharaos Horemheb mit dem Gott Horus. Horemheb regierte von 1319 bis 1292 v. Chr. Beide Figuren tragen eine Doppelkrone: die Krone von Unterägypten und die von Oberägypten.*

***M4** Pharao Ramses II. empfängt Gesandte eines eroberten Gebietes. Bemaltes Wandrelief aus einem Tempel, um 1220 v. Chr. Ausländische Gesandte mussten sich vor dem Pharao siebenmal auf den Bauch und siebenmal auf den Rücken werfen. Er behandelte sie stets mit Verachtung.*

Ein ägyptisches Bild entschlüsseln

Die Ägypter haben Bilder hinterlassen, die viel über ihr Leben mitteilen. Die meisten sind Wandmalereien, die sich in Tempeln oder Grabanlagen erhalten haben. Diese Darstellungen zeigen aber keine genauen Abbilder von Personen oder tatsächliche Ereignisse. Vielmehr wurden Maler beauftragt, die Stellung der dargestellten Personen in der Welt zu verdeutlichen. Sie gestalteten die Malereien nach festen Regeln.

Schritt 1: Um ein solches Bild zu entschlüsseln, solltest du auf Folgendes achten:

- **die Größe der Figuren:** Sie weist auf die Bedeutung der Personen hin. Je angesehener jemand war, desto größer ist er dargestellt.
- **die Bekleidung der Figuren:** Erwachsene werden bekleidet gezeigt, Kinder nackt. Verzierte Kleidung weist auf eine hohe gesellschaftliche Stellung hin.
- **die Körperhaltungen, Gesten und Anordnungen der Figuren:** Sie zeigen, wie das Verhältnis der Personen zueinander sein sollte.
- **die Tätigkeiten:** Manche zeigen den Beruf einer Person, andere weisen auf ein Recht, eine Pflicht oder auf eine Aufgabe hin. Dies kann auch durch Gegenstände verdeutlicht werden, die Figuren halten oder tragen. Oft liefert die Bildunterschrift Informationen dazu.

Schritt 2: Wenn du die einzelnen Bildelemente entschlüsselt hast, fasse deine Erkenntnisse zusammen:

- Was sagt das Bild deiner Meinung nach aus?
- Erkläre dann, was der Auftraggeber des Bildes nach deiner Auffassung vermitteln wollte.

M5 Die Aufgaben des Pharaos

a) Alle Beratungen, die der Pharao mit seinen höchsten Beamten abhielt, folgten einem festen Ablauf. Dazu gehörte auch, dass die Beamten auf Ansprachen des Pharaos mit Lobliedern antworteten. Hier einige Verse aus einem Lobgesang auf Ramses II.:

Wir kommen zu dir, Herr des Himmels, Herr der Erde, du lebende Sonne des ganzen Landes, Herr der Lebensdauer, [...] Herr vielfacher Speisung. Du, [...] der wacht, wenn alles schläft, dessen Kraft Ägypten errettet, der über die Fremdländer siegt und triumphierend heimkehrt, dessen Stärke Ägypten schützt. Geliebter der Wahrheit, der in seinen Gesetzen lebt, der die Länder behütet, mächtig an Jahren, groß an Gewalt, [...] du, unser Pharao, unser Herr, unsere Sonne, von dessen Aussprüchen alles lebt.

Zitiert nach: G. Guggenbühl (Hg.): Quellen zur Geschichte des Altertums, 1964, S. 16 (bearbeitet)

b) Diese Botschaft richtete Ramses II. an Arbeiter, die einen Tempel zu seinen Ehren errichten sollten:

Wenn ihr mit Liebe für mich arbeitet, werde ich durch euer Wohlergehen gestärkt. [...] Ich lasse euch nicht einen Tag ohne Lebensmittel. Außerdem wird jeder von euch für jeden Monat bezahlt. Ich habe für euch Speicher mit Dingen aller Art angefüllt: mit Backwerk, Fleisch und Kuchen, euch zu ernähren; mit Sandalen, Kleidern und verschiedenartigen Duftessenzen, damit ihr eure Häupter alle zehn Tage salben könnt und das ganze Jahr über mit Kleidung versehen seid, dass ihr gutes Schuhwerk an den Füßen habt und keiner von euch die Nacht voll Furcht vor dem Elend zubringe. [...] Ich habe alles dies getan, weil ich mir sagte: Solange ihr lebt, werdet ihr den gleichen Eifer zeigen und für mich arbeiten.

Zitiert nach: G. Prause: Zu jeder Mahlzeit tranken die Ägypter Bier, in: DIE ZEIT, 10/1980, S. 76

1. Stelle anhand von M 5 die Aufgaben zusammen, die der Pharao Ramses II. zu erfüllen hatte.

2. Erkläre mithilfe des Textes auf Seite 43 (ab Zeile 45) die Bedeutung der Maat für die Ägypter. Berücksichtige dabei auch die Rolle des Pharaos.

3. Stell dir vor, Pharao Horemheb beauftragt einen Künstler mit der Erstellung der Statue M 3. Er erklärt ihm genau, was die Statue für alle seine Untertanen sichtbar machen soll und warum er sie überhaupt in Auftrag gibt. Formuliere eine mögliche Anweisung des Pharaos an den Bildhauer.
   Tipp: Seite 194

4. a) Betrachte das Bild M 4 und formuliere Fragen, die sich dir spontan stellen.
   b) Untersuche das Bild mithilfe des Methodentrainings. Überprüfe, ob deine Fragen damit beantwortet sind.
   c) Versetze dich in die dargestellten Personen: Was könnten sie in dieser Situation sagen, was könnten sie denken? Verfasse Sprech- und Gedankenblasen zu den einzelnen Personengruppen (ausländische Gesandte, ägyptische Diener, Pharao).

\+ Bereite mithilfe eines Lexikons oder des Internets (z. B. www.kinderzeitmaschine.de) einen Steckbrief der Pharaonin Hatschepsut vor. Erkläre dabei auch, warum ihre Herrschaft als etwas Besonderes angesehen wird.

Die ägyptische Gesellschaft

M 1 *Ein heutiges Dorf am Nil, errichtet in traditioneller Bauweise mit luftgetrockneten Lehmziegeln*

Im alten Ägypten lebten die meisten Menschen unter sehr einfachen Bedingungen als Bauern in Dörfern und Städten. Sie wohnten zusammen mit ihrem Vieh in schlichten Hütten. Möbel besaßen sie kaum. Gebaut wurde mit getrockneten Lehmziegeln, wie man sie am Nil noch heute vielfach verwendet (M 1).

Der Arbeitstag begann bei Sonnenaufgang und endete erst mit Sonnenuntergang. Wenn die Bauern nicht ihre Felder bestellten, ihr Vieh versorgten oder die Ernte einbrachten und verarbeiteten, bauten sie Dämme und Kanäle am Nil. Nur an den Tagen der großen Gemeinschaftsfeste ruhten die Ägypter aus. Dann „machten sie sich einen schönen Tag“ – wie man das in ihrer Sprache ausdrückte –, mit besonderen Speisen, alkoholischen Getränken und vielen Spielen für Kinder und Erwachsene.

Arbeiten werden aufgeteilt

Die Menschen arbeiteten jedoch nicht nur in der Landwirtschaft. Es gab Händler, die z. B. auf dem Nil ihre Waren transportierten. Zudem existierten zahlreiche Handwerksberufe. Die Ägypter teilten zu leistende Arbeiten also in verschiedene Berufe auf. Dies bezeichnet man als ↑**Arbeitsteilung**.

Handwerker arbeiteten unter anderem für den Pharao und seine ↑Beamten beim Bau der Pyramiden sowie in den Tempelwerkstätten. Als Gegenleistung für ihre Arbeit erhielten sie unterschiedlich große Rationen an Lebensmitteln oder ein eigenes Stück Land. Wer was und in welchen Mengen bekam, wurde genau festgelegt.

Die Beamten wurden schon in ihrer Kindheit auf ihren späteren Beruf vorbereitet. Mit eigenen Schreibern und Landvermessern verwalteten sie das Land und zogen die Steuern ein. Wegen ihrer Bildung und ihrer verantwortungsvollen Aufgaben genossen Beamte hohes Ansehen, sie waren reich und mächtig. An ihrer Spitze stand der Wesir, der die Oberaufsicht über alle Beamten hatte (Seiten 36–37).

Beruf und Ansehen

Doch obwohl jeder Einzelne mit seinem Beruf zum Wohl des ↑Staates beitrug, war nicht jede Tätigkeit gleich angesehen. Auch konnten die Ägypter ihren Beruf nicht frei wählen: Es war selbstverständlich, dass der Sohn den Beruf des Vaters fortführte und Töchter Männer heirateten, die denselben Beruf hatten wie ihr Vater. So lebten die Menschen in Gesellschaftsschichten, in die sie hineingeboren wurden. Da diese Schichten voneinander abgegrenzt und durch eine klare Rangfolge bestimmt waren, spricht man von einer hierarchischen ↑Gesellschaft. Auch Arbeitsteilung und ↑**Hierarchien** sind Merkmale von frühen ↑Hochkulturen.

1

C Feldarbeiter, die zum Schutz Kopftücher tragen, werfen Hülsen und Körner in die Luft. Der Wind trennt dann die leichtere Spreu vom schwereren Korn und es fällt zu Boden, wo es eingesammelt werden kann.

B Das geerntete Getreide wird gedroschen: Ochsen quetschen mit ihren Hufen das Korn aus seiner Hülle.

4

2

3

A Landvermesser mit Schnüren sind auf die Felder gekommen, um festzusetzen, wie hoch die Abgaben sein müssen. Um sie freundlich zu stimmen, bringen ihnen die Bauern Erfrischungen und Geschenke.

5

***M2** Feldarbeit in Ägypten, Wandmalerei aus dem Grab des Beamten Menena, um 1400 v. Chr.*

1. a) Erzähle mithilfe der Bilder und Texte in M2, welche Arbeiten zur Erntezeit im alten Ägypten geleistet werden mussten. Ergänze dabei fehlende Erklärungen und ordne die Tätigkeiten in eine Abfolge ein.
b) Erläutere, welche Rolle die Arbeit der Bauern für die ägyptische Gesellschaft spielte.
c) Vergleiche die Arbeit der ägyptischen Bauern mit heutigen Verhältnissen in der Landwirtschaft.

2. a) Erkläre, was „Arbeitsteilung“ ist.
b) Diskutiert die Vor- und Nachteile, die sich für die Menschen aus der Arbeitsteilung ergaben.
Tipp: Seite 194

M3 Berufe im alten Ägypten

In dem folgenden Text erklärt ein Schreiber, unter welchen Bedingungen Menschen um 2000 v. Chr. arbeiteten. Der Text stammt aus einer ägyptischen Schullektüre. Wer Schreiber werden wollte, musste ihn auswendig lernen:

a) Über Handwerker und Händler heißt es:

Der Wäscher steigt den Tag lang hinauf und hinab, alle seine Glieder werden müde, wenn er täglich die Kleider seines Nachbarn weiß wäscht und ihre Flecken auswäscht. Der Ziegelmaurer ist mit Erde beschmiert, seine Hände und Füße sind voller Schlamm, und es ist, als ob er im Sumpf steckte. […]

Die Händler fahren stromab und stromauf und sind beschäftigt, um die Dinge einer Stadt zur anderen zu tragen, und versorgen den, der nichts hat. Steuerbeamte tragen das Gold und die vortrefflichsten Steine jeder Art fort.

Der Handwerker auf dem Zimmerplatz trägt das Holz und legt es hin. Gibt er die Arbeit für gestern erst heute ab, wehe dann seinen Gliedern. Der Vorarbeiter steht hinter ihm und sagt zu ihm böse Worte. Ein Handlanger auf dem Feld ist härter dran als jeder andere Beruf. Den Tag über schleppt er sich mit seinem Gerät.

b) Über Schreiber und Beamte wird Folgendes gesagt:

Kaum hat ein Schriftkundiger angefangen heranzuwachsen – er ist noch ein Kind –, so wird man ihn grüßen und als Boten senden; er wird nicht zurückkommen, um sich in den Arbeitsschurz zu stecken. Einen Bildhauer kann man nicht als Boten senden, auch nicht einen Goldschmied. […] Siehe, es gibt keinen Beruf, in dem einem nicht befohlen wird, außer dem des Beamten; da ist er es, der befiehlt. Wenn du schreiben kannst, wird dir das mehr Nutzen bringen als alle Berufe, die ich dir erklärt habe. Nützlich ist dir schon ein Tag in der Schule und eine Ewigkeit hält die geleistete Arbeit vor.

Zitiert nach: F. W. von Bissing (Hg.): Altägyptische Lebensweisheit, 1955, S. 67 ff. (bearbeitet)

***M4** Diese etwa 4500 Jahre alte Skulptur eines Schreibers wurde aus bemaltem Kalkstein gefertigt und im Grab eines Richters entdeckt. Im alten Ägypten ließen sich viele angesehene Personen als Schreiber darstellen.*

3. a) Beschreibe ausgehend von M 3 verschiedene Berufe in Ägypten.
   b) In der Textquelle wird die Meinung des Verfassers zu einzelnen Berufen erkennbar. Erstelle eine Rangfolge und begründe deine Ordnung.
   c) Diskutiert, welche Informationen über die ägyptische Gesellschaft ihr aus M 3 herauslesen könnt.

4. a) Benenne die in dem Schaubild M 5 dargestellten Gruppen.
   b) Erläutere M 5 mithilfe des Methodentrainings.
   c) Überprüfe anhand der Aussage M 6 die beiden Vorschläge zur äußeren Form des Schaubildes (M 7).
   d) Diskutiert die Vor- und Nachteile der Formen.

***M 5** Schaubild zum Aufbau der ägyptischen Gesellschaft*

Ein Schaubild deuten

- Wie haben die Ägypter zusammengelebt?
- Welche Ordnung haben sie sich gegeben?
- Wer konnte Befehle erteilen, wer musste sie befolgen?
- Wie groß war die Gruppe der Herrschenden?

Dies alles lässt sich an einem Schaubild zeigen. Ein Schaubild versucht, einen Sachverhalt auf einfache und klare Art darzustellen. Es soll z. B. verdeutlichen, wie groß und bedeutend die Gruppen waren in einer Gesellschaft und welche Rollen sie für die anderen spielten. Mit den folgenden Arbeitsschritten kannst du M 4 entschlüsseln:

- Beschreibe die einzelnen Teile des Schaubildes. Welche Gruppen kannst du erkennen? Der Text auf Seite 46 und die Materialien geben dir zusätzlich Informationen zu deren Lebens- und Arbeitsweise.

- Erläutere die Bedeutung der Symbole (hier: Pfeile). Wer befiehlt, wer gehorcht? Wer bekommt, wer gibt?

- Finde eine Erklärung dafür, dass die Gruppen in fünf Ebenen angeordnet wurden.

Die große Masse der Bevölkerung waren Arbeiter – entweder in spezialisierten Berufen (wie Bildhauer, Bäcker, Weber) oder Bauern. Zwischen der sehr kleinen Oberschicht und der breiten Bevölkerung gab es kaum Mittelschichten. Außerdem lebten die meisten Menschen, die nicht schreiben konnte, auf ähnlichem Niveau – egal, welchen Beruf sie ausübten.

***M 6** Aussage über die ägyptische Gesellschaft nach: Susanne Bickel: In ägyptischer Gesellschaft, 2004, S. 14 f.*

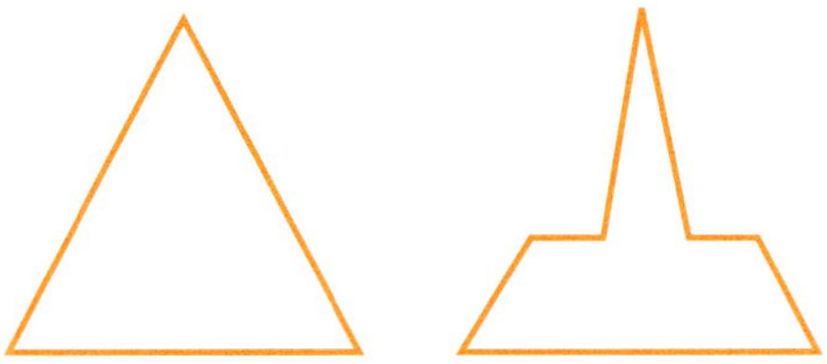

***M 7** Vorschläge zur Form des Schaubilds*

1. Erschließe aus den Abbildungen der Überreste das Alltagsleben der Ägypter.

\+ Gestalte ein A4-Blatt mit entsprechenden Bildern aus unserem heutigen Alltagsleben.

2. Diskutiert, ob die Ägypter so ganz anders lebten als wir. Findet Gemeinsamkeiten und Unterschiede.

***M3** Tonscherbe aus Deir-el-Medina, um 1300 v. Chr. Bei Gesellschaftsfeiern waren Musik, Gesang und Tanz weit verbreitet. Je nach Anlass wurden Lieder gesungen und Tänze aufgeführt. Sie dienten aber nicht nur der Unterhaltung. Oft fanden Feiern als religiöse Zeremonien statt. Auch ernste Themen wie die Vergänglichkeit standen hier im Mittelpunkt.*

Das Alltagsleben der Ägypter

***M1** Zu Festen schmückte man sich z. B. mit Salbkegeln, die Parfümöl enthielten. Die Kegel schmolzen allmählich und cremten den Körper mit dem duftenden Salböl ein. Die Wandmalerei wurde um 1400 v. Chr. angefertigt und im Grab des Beamten Nacht und seiner Frau Taui entdeckt*

M2 Haarpflege-Rezept

Was das Wachsenlassen der Haare einer Frau durch die Rizinuspflanze betrifft: Die Früchte werden zerkleinert, es werde eine einheitliche Masse daraus gemacht, es werde darauf Öl gegeben. Dann soll die Frau ihren Kopf damit salben.

Zitiert nach: A. Fassone/ E. Ferraris: Ägypten. Hochkultur am Nil, 2007, S. 229 (bearbeitet)

***M5** Skulptur eines Ehepaares. Geheiratet wurde im alten Ägypten früh: Jungen waren bei der Hochzeit in der Regel 15 Jahre alt, Mädchen 13. Ehen wurden von den Eltern abgesprochen.*

M4 Ein Gedicht

Wie pocht mein Herz so schnell,
denke ich an meine Liebe zu ihm!
Es lässt mich nicht wie ein Mensch gehen,
es hüpft an seinem Platz. [...]
Begeh mir, mein Herz, keine Dummheiten.
Weshalb willst du mir Kummer machen?

Zitiert nach: F. Trassad u. a.: Leben im alten Ägypten, 2005, S. 22

M 6 *Nefertari, die Gemahlin des Pharaos Ramses II., ist hier an einem Spielbrett gezeigt. Bemaltes Relief aus ihrer Grabkammer, um 1255 v. Chr. Nefertari spielt Senet, ein im alten Ägypten beliebtes Brettspiel.*

M 9 Rezept gegen Zahnschmerzen

Eine medizinische Handschrift aus der Zeit um 1500 v. Chr. überliefert Rezepte und Verordnungen gegen Krankheiten, Studien zum menschlichen Körper, aber auch magische Sprüche:

Ein Teil angeritzte Sykomorenfrüchte, ein Teil Honig, ein Teil Bohnen, ein Teil Malachit [grünes Gestein] und ein Teil Ocker [Erde] werden zerrieben. Daraus werde ein Pulver gemacht und an den Zahn gegeben.

Zitiert nach: R. Schulz/M. Seidel: Das alte Ägypten, 1999, S. 110 (bearbeitet)

M 10 *Ein „Zaubermesser" aus Elfenbein zum magischen Schutz vor üblen Einflüssen und Krankheiten, um 1600 v. Chr.*

M 7 Die Ernährung der Ägypter

Die Menschen ernährten sich hauptsächlich von Getreide, das sie auf ihren Feldern anbauten. Darüber hinaus aßen sie Fische und Wildvögel, die sie an den Ufern des Nils fingen.

Die Fische werden teils ungekocht und an der Sonne gedörrt gegessen, teils in Salzwasser eingepökelt. Wachteln, Enten und kleinere Vögel pökeln sie ebenfalls und essen sie ungekocht. Alle anderen Arten Vögel und Fische werden gebraten oder gekocht gegessen, ausgenommen natürlich die heiligen.

Herodot: Historien 2, 77 (bearbeitet)

M 8 *Wenn Brotgetreide und Gerste vermischt und vergoren wurden, entstand daraus ein nahrhafter Bierbrei. Er wurde in großen Mengen verzehrt. Selbst den Toten wurde Bier mit ins Grab gegeben. Das haben Grabfunde gezeigt. Auch diese kleine Statue der Bierbrauerin stammt aus einem Grab.*

In Keilschrift: babylonische Gesetze

M1 Die Säule mit dem „Codex Hammurapi“. Unter dem Bild von Hammurapi und dem Gott Schamasch sind 282 Rechtssätze eingemeißelt.

Da staunten die ↑Archäologen nicht schlecht, als sie feststellten, dass sie 200 km vom Ursprungsland entfernt eine babylonische Säule gefunden hatten. War der 2,25 m hohe und sehr schwere Stein von den Nachbarn der Babylonier geraubt und so weit mitgeschleppt worden? Welche Bedeutung hat die Säule wohl für die Menschen gehabt? Für heutige Forscher ist sie jedenfalls deshalb so wichtig, weil auf ihr eine Gesetzessammlung eingemeißelt ist, der sogenannte Codex Hammurapi, der um 1750 v. Chr. entstand. Er kann uns viel über die babylonische Geschichte verraten.

Woher stammt diese Säule?

Schon vor 5000 Jahren waren auf dem Gebiet zwischen den Flüssen Euphrat und Tigris, dem sogenannten Mesopotamien*, erste Städte entstanden. Archäologen konnten starke Mauern und große Gebäude nachweisen: Tempel, Herrscherpaläste und Vorratshäuser. Diese Städte beherrschten die umliegenden Gebiete und bildeten verstreut liegende Stadtstaaten. Einer von ihnen war Babylonien.

In den Stadtstaaten Mesopotamiens sorgten ↑Beamte für eine funktionstüchtige ↑Verwaltung. Um das Zusammenleben der Menschen zu organisieren, verwendeten sie eine Schrift, die Keilschrift (M3). Sie umfasste etwa 600 Zeichen.

Im Lauf der Jahrhunderte schlossen sich verschiedene Städte zusammen, sodass allmählich größere Herrschaftsgebiete entstanden. Schließlich gelang es König Hammurapi aus Babylonien um 1750 v. Chr., viele dieser Gebiete zu erobern und Babylonien zu einem Großreich zu machen. Die Hauptstadt Babylon war der wichtigste Handelsort und die prächtigste Stadt seines Reiches.

Die Gesetze Hammurapis

Hammurapi sprach Recht und erließ Gesetze, nach denen die Babylonier leben sollten. Die Gesetze betrafen Pflichten der Bevölkerung (wie den Armeedienst), gesellschaftliche Regeln (z. B. zum Schutz von Familien) sowie Strafen – für Sachbeschädigung, Körperverletzung oder Mord. In Keilschrift meißelte man die Rechtssätze – Paragrafen – in die Säule und stellte diese in Babylon auf. Möglicherweise gab es sogar weitere Exemplare an anderen Orten in Babylonien. So wurde das geltende Recht für alle sichtbar gemacht.

Heutige Forscher meinen, dass im Codex Hammurapi ältere, mündlich überlieferte Gerichtsurteile zusammengestellt wurden. Noch Jahrhunderte nach der Zeit des Hammurapi wurde dieser Codex abgeschrieben und gelehrt. Die Forscher vermuten, dass er zum Vorbild für neuere Rechtsvorschriften wurde.

** Der Name „Mesopotamien“ für das Gebiet zwischen Euphrat und Tigris ist aus dem Griechischen abgeleitet. „meso“ bedeutet zwischen und „potamos“ Fluss.*

M2 Aus dem „Codex Hammurapi“

a) Im Vorspann des etwa 3800 Jahre alten „Codex Hammurapi“ heißt es:

Damit es eine gerechte Ordnung im Land gibt, Übeltäter und Unterdrückung von Schwachen beendet werden und es den Menschen gut geht, ist Hammurapi [von den Göttern] zum König über die Menschen erwählt worden.

b) Auszüge, die verschiedene Lebensbereiche betreffen:

Strafen für Raub:
§ 6 Wenn ein Bürger Besitz des Gottes oder des Palastes gestohlen hat, so wird dieser Bürger getötet; auch wird der getötet, der das Diebesgut aus seiner Hand angenommen hat.
§ 22 Wenn ein Bürger Raub begangen hat und ergriffen wird, so wird er getötet.
§ 23 Wenn der Räuber nicht ergriffen wird, so gibt der beraubte Bürger das ihm abhandengekommene Gut vor Gott an und die Gemeinde, auf deren Grund der Raub begangen wurde, ersetzt ihm das abhandengekommene Gut.

Schutz von Familien:
§ 117 Wenn ein Bürger wegen seiner Schulden seine Ehefrau, seinen Sohn oder seine Tochter [...] als Pfand abgibt, so arbeiten sie drei Jahre lang [...] im vierten Jahr werden sie freigelassen.

Strafen für Gewalttaten:
§ 195 Wenn ein Sohn seinen Vater schlägt, so schneidet man ihm seine Hand ab.
§ 196 Wenn ein Bürger das Auge eines Bürgersohnes zerstört, so zerstört man sein Auge.
§ 199 Wenn er das Auge des Sklaven eines Bürgers zerstört oder den Knochen des Sklaven eines Bürgers bricht, so zahlt er die Hälfte von dessen Kaufpreis.

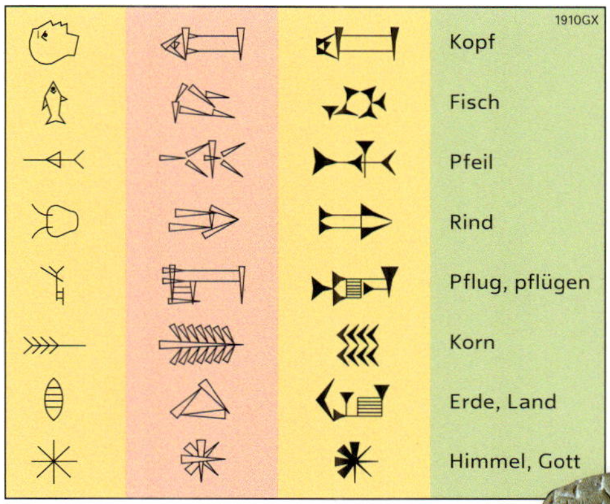

***M3** Keilschrift. Ähnlich wie bei den Hieroglyphen wurden die Schriftzeichen aus Bildzeichen entwickelt.*

Unten: Keilschrift auf einer babylonischen Tontafel

Verursachen schwerer Fehler:
§ 218 Wenn ein Arzt einem Bürger mit dem [...] Messer eine schwere Wunde gemacht hat und den Bürger daran sterben lässt, so schneidet man seine Hand ab.
§ 229 Wenn ein Baumeister einem Bürger ein Haus baut, [...] das Haus aber einstürzt und er dadurch den Hauseigentümer ums Leben bringt, so wird dieser Baumeister getötet.

Zitiert nach: W. Eilers: Die Gesetzesstele Hammurabis, 1932 (bearbeitet)

1. Suche das Gebiet des Zweistromlandes zwischen Euphrat und Tigris auf der Karte vorn im Buch.

2. Beschreibe die Abbildungen M 1 und M 3 mithilfe des Textes.

3. a) Lies M 2 und wähle drei Paragrafen aus. Vergleiche die Bestimmungen mit deinen Vorstellungen von Recht.
   b) Diskutiert darüber, ob die babylonische ↑Gesellschaft eine gerechte Gesellschaft war.
   Tipp: Seite 195

\+ Versetze dich in die Rolle eines babylonischen Rechtsgelehrten, der seinen Schülern erklärt, warum der Codex Hammurapi so lange immer wieder abgeschrieben und gelehrt wurde. Schreibe auf, was er gesagt haben könnte.

4. Erkläre, weshalb in Ägypten und Mesopotamien frühe ↑Hochkulturen entstanden.
   Tipp: Seite 195

Die Götter der Ägypter

M1 *Re, der Sonnengott, wird mit dem Kopf eines Falken und mit einer Sonnenscheibe dargestellt. Er gilt als Weltenlenker und höchster Gott.*

Wenn sich Menschen als gläubige Christen, Muslime oder Juden bezeichnen, dann glauben sie an *einen* allmächtigen Gott. Die Ägypter dagegen hatten eine große Zahl von Göttern. Einen solchen Glauben an viele Götter nennt man ↑**Polytheismus***. Mit den Göttern erklärten sich die Ägypter den Ursprung und die Ordnung der Welt. Die Glaubensvorstellungen änderten sich im Lauf der langen Geschichte des alten Ägyptens aber immer wieder und sind für uns nicht leicht zu verstehen. Eine Expertin könnte Fragen zur altägyptischen Religion folgendermaßen beantworten:

** Polytheismus: Das Wort kommt aus dem Griechischen: „poly" bedeutet viel und „theos" Gott.*

Welche Bedeutung hatten die Götter für die Ägypter?

Vieles im Leben war für die Ägypter unverständlich und wirkte bedrohlich. Götter halfen ihnen dabei, ihren Alltag zu bestreiten und den Tod zu erklären. Sie glaubten an ein ewiges Leben im Jenseits, das die Götter ihnen bei einem guten und gerechten Leben gewährten. So opferten sie den Göttern und beteten sie an, um sich ihr Wohlwollen zu sichern.

Wie stellten sich die Ägypter ihre Götter vor?

Die Götter galten den Ägyptern als Teil der Schöpfung und waren deshalb den Menschen in manchem ähnlich. So waren sie nicht unsterblich und zeigten menschliche Verhaltensweisen. Sie traten in verschiedenartiger Gestalt auf, die häufig ihre jeweiligen Aufgaben deutlich machte. Sie konnten ihre äußere Erscheinung verändern und eine Menschen- oder Tiergestalt annehmen. Häufig kamen auch Mischformen vor. Darin zeigt sich ein besonderes Verhältnis der Ägypter zur Tierwelt – lebten im Niltal doch Menschen und Tiere auf engstem Raum zusammen.

Das Symbol „Ankh" ist das Zeichen für Leben.

Glaubten die Ägypter wirklich, dass z.B. Horus einen Falkenkopf hatte?

Nein, die Götter erschienen den Ägyptern nicht als Gestalten aus Fleisch und Blut, sondern unsichtbar, in Form von Licht, Stimmen oder im Beben der Erde. Sie konnten in allem leben, was man sehen, fühlen und riechen konnte, also auch in Tieren. Ihre Gestalt ist als Zeichen für ihre Eigenschaften zu sehen. Wenn wir sagen, jemand sei ein Angsthase, meinen wir ja auch nicht, dass er wie ein Hase aussieht.

Waren alle Götter gleich wichtig?

Nein, das sieht man an der Verbreitung mancher Gottheiten. Es gab Hauptgötter, die überall im Reich anerkannt waren. Andere Götter wurden nur in bestimmten Regionen verehrt. Re z.B. kannte man in ganz Ägypten. Ihn sah man in der Sonne selbst. Als Sonnengott spendete er Licht und Wärme und war für die Schöpfung der Menschen und Tiere sowie für die Fruchtbarkeit des Bodens verantwortlich. Eine weitere wichtige Gottheit war Maat, die Tochter des Re. Von ihr glaubte man, dass sie die Welt aus dem Chaos gerissen und ihr eine vollkommene, gerechte Ordnung gegeben hatte, in der jedes Wesen seinen Platz und seine Bestimmung hat. Allerdings glaubten die Menschen auch, dass diese Ordnung bedroht sei, z.B. durch Lügen. Deswegen sollten der Pharao und seine Priester dafür sorgen, sie zu erhalten.

Hatten also die einfachen Menschen mit Religion nichts zu tun?

Im Gegenteil: Auch sie übten ihren Glauben täglich aus. Jede Familie verehrte eigene Haus- und Ortsgottheiten. Die Menschen beteten und opferten, um mit göttlicher Hilfe Unheil abzuwenden. Auch trugen sie Amulette, die sie beschützen sollten.

A

B

C

D

E

F

G

H

M2 Ägyptische Götter

- ***Ammit*** *ist eine Göttin des Jenseits. Sie besteht aus Teilen der gefährlichsten Tiere Ägyptens: Krokodil, Löwe und Nilpferd und verschlingt die Körper der Verstorbenen, die im Leben Unrecht begangen hatten.*
- ***Anubis*** *hat den Kopf eines Schakals. Er ist der Wächter der Grabstätten und zuständig für die Einbalsamierung der Toten.*
- ***Horus,*** *Sohn von Isis und Osiris, trägt wie Re einen Falkenkopf. Er galt als Himmels- und als Kriegsgott. Zeitweise wurde der Pharao als Horus in Menschengestalt verehrt.*
- ***Isis*** *mit einem Thron als Erkennungszeichen ist die Schwester und Ehefrau des Osiris. Sie wurde als Schutzherrin und Göttin der Geburt und der Mutterschaft verehrt.*
- ***Maat,*** *Göttin der Wahrheit und Gerechtigkeit, ist die Tochter des Re. Man erkennt sie an ihrem Kopfschmuck, einer Feder.*
- ***Osiris*** *ist der Gott der Unterwelt und wird umwickelt wie eine Mumie dargestellt. Seine Zeichen sind Geißel und Krummstab (Seite 42).*
- ***Seth*** *ist an der langen, gebogenen Schnauze zu erkennen. Er bringt Chaos und Unfruchtbarkeit. Als Gott der Wüste trägt er aber auch zum Wohlstand Ägyptens bei.*
- ***Thot*** *hat einen Ibiskopf*. Er gilt als Gott der Weisheit, der Schreiber und der Gelehrten.*

1. Wer ist wer? Suche die passenden Erklärungen zu den Götterbildern (M 2/i).

2. Finde mithilfe der Informationen links heraus, für welche Bereiche die abgebildeten Götter zuständig waren. Stelle abschließend Verbindungen zum Alltagsleben der Ägypter her.
   Tipp: Seite 195

3. Erkläre mithilfe des Textes, warum und wie die Ägypter ihre Götter mit Tieren in Verbindung brachten.

4. Woran glauben Menschen heute? Finde Gemeinsamkeiten und Unterschiede zur Religion der Ägypter.

** Ibisse sind Schreitvögel, die an Gewässern leben. Sie kamen mit der Nilflut nach Ägypten.*

Das Jenseits und der Totenkult

Hier beginnen die Kapitel, die die Reise der Seele in die hellen Lichter des Tages erzählen, die Wiederauferstehung des Toten im Geiste, seinen Eintritt und seine Reisen in die Regionen des Jenseits.

Diese Zeilen aus einem ägyptischen Totenbuch* geben uns erste Hinweise darauf, welche Vorstellungen die Ägypter mit dem Tod verbanden. Im Alltag der Menschen spielte der Tod eine bedeutende Rolle. Deshalb trafen sie mit großer Mühe Vorsorge für die Zeit nach ihrem Tod. Ein gutes und gerechtes Leben war dabei ebenso wichtig wie die Ausgestaltung ihrer Grabstätten. Viele bildliche und schriftliche Darstellungen sowie beeindruckende Tempel und Pyramiden berichten uns noch heute von diesen Anstrengungen. Doch sind sie für uns voller Rätsel und werfen Fragen auf. Mithilfe dieses Kapitels könnt ihr euch auf die Suche nach Antworten machen.

** Totenbuch: Eine Sammlung von Schriften, die Verstorbenen mit ins Grab gegeben wurde. Sie sollte dem Toten helfen, ins Jenseits zu kommen (Seite 61).*

Gruppenarbeit: Experten werden

Auf den folgenden Seiten erfahrt ihr mehr über die Jenseitsvorstellungen der Ägypter. Werdet Experten für eines der folgenden Themen. Entscheidet, welches Thema euch am meisten interessiert, und teilt euch in fünf etwa gleich große Gruppen auf.

1. Erarbeitet in der Gruppe euer Thema mithilfe der Aufgaben. Bittet eure Lehrerin oder euren Lehrer um Erklärungen, wenn ihr Begriffe oder Inhalte nicht versteht.

2. Macht euch außerdem Notizen zu folgenden Fragen:
   - Welchen Bereich des ägyptischen Totenkults berührt euer Thema (z. B. Grabstätte, Bestattung, Religion)?
   - Welche Bevölkerungsgruppen sind betroffen?
   - Welche Vorstellungen der Ägypter vom Leben im Jenseits werden deutlich?

3. Gestaltet ein Plakat, auf dem ihr eure Ergebnisse veranschaulicht (Seiten 202/203). Benutzt dabei kurze Sätze oder Stichworte. Zur Verdeutlichung sind auch Zeichnungen und/oder Abbildungen hilfreich.

4. Übt die Präsentation des Plakates ein, damit ihr es den anderen Gruppen vorstellen könnt.

5. Stellt euch vor, ihr sollt als Ägyptologen in einer Schule einen kurzen Vortrag zum Thema Jenseitsvorstellungen und Totenkult im alten Ägypten halten. Fasst dazu alle Ergebnisse gut gegliedert und leicht verständlich zusammen.

M1

Thema 1 Gräber für die Ewigkeit

In allen Phasen der ägyptischen ↑Hochkultur bestatteten die Ägypter ihre Toten. Ägypter der unteren Gesellschaftsschichten wurden im heißen, trockenen Sand der Wüste begraben. Wohlhabendere ließen sich in Särgen in Grabkammern beisetzen. Zunächst hatten die Ägypter die Vorstellung, die Verstorbenen setzten im Grab ihr Leben fort – nur der Pharao ging aus dem Diesseits in das Jenseits über. Später veränderte sich ihr Glaube: Nun konnten alle in der Unterwelt weiterleben, sofern sie die Prüfung des Totengerichts (Seite 61) bestanden.

A

Bei diesen sehr alten Gräbern früher Pharaonen und ihrer Familien handelt es sich um massive unterirdische Ziegelbauten mit mehreren Kammern. Sie wurden in Abydos (M3, Seite 35) entdeckt. In der Hauptkammer wurde der Tote in einem Holzsarg bestattet, in den Nebenkammern befanden sich Krüge mit Lebensmitteln. Über den Gräbern wurde ein Grabhügel von mehreren Metern Höhe aufgeschichtet.

C

Um 2540 v.Chr. wurde bei Gizeh die Pyramide für den Pharao Cheops errichtet. Mit einer Höhe von 146 m ist die Pyramide so hoch wie ein 50-stöckiger Wolkenkratzer und gehört zu den größten Steinbauten der Menschheit. Daneben wurden Pyramiden für Cheops' Nachfolger gebaut sowie kleinere für die Ehefrauen und Kinder der Pharaonen. Außerdem gab es dort rechteckige Grabhäuser für die verstorbenen Beamten des Pharaos. Für jede Pyramide wurde zudem ein Tempel angelegt, in dem Zeremonien abgehalten wurden.

D

M2

M3

M4

Das Felsengrab des Pharaos Sethos I. wurde im Tal der Könige entdeckt. Es ist ein Beispiel für die spätere Bestattungsform der Pharaonen. Diese ließen sich jetzt nicht mehr in Pyramiden, sondern versteckt im schwer zugänglichen Tal der Könige beisetzen. Während die Pyramide den Aufstieg des Pharaos zu den himmlischen Göttern symbolisierte, wurde das unterirdische Felsengrab als Abbild der Unterwelt gedeutet.

B

1. a) Ordnet die Texte den Abbildungen zu.
   b) Bringt sie in eine zeitliche Abfolge und charakterisiert die einzelnen Grabbauten in Stichworten.
   c) Weist die verschiedenen Arten von Grabstätten einzelnen Gesellschaftsschichten zu.

2. Sammelt Gemeinsamkeiten aller Bestattungsformen und erklärt, weshalb die Ägypter ihre Gräber so reich wie möglich ausstatteten.

\+ Tauscht euch über heutige Bestattungsformen aus. Was haben sie mit dem Glauben der Menschen zu tun?

Thema 2 Planung und Bau einer Pyramide

***M1** Mit einfachen Fäden wie einem solchen ermittelten die Architekten die Maße der riesigen Pyramiden.*

Weil die Ägypter glaubten, dass das Totenreich im Westen liegt, dort, wo die Sonne untergeht, wurden die Pyramiden am Westufer des Nils gebaut. Die Flussnähe war aus einem baupraktischen Grund wichtig: Die Steinblöcke für den Bau mussten aus zum Teil weit entfernten Steinbrüchen angeliefert werden (M 3, Seite 35).

Das Brechen der Steine, die durchschnittlich 2,5 Tonnen wogen, und ihr Transport zu den Bauplätzen war äußerst beschwerlich. Die Steinblöcke wurden bewegt, indem man sie auf eine Art Schlitten verfrachtete und diese dann über runde Holzstämme zog. Am Fuß der Pyramide wurden die Steine so bearbeitet, dass sie fugenlos aneinanderpassten. Dafür benutzten die Arbeiter ganz einfache Werkzeuge. Selbst mit lasergestützten Messapparaten ist es noch heute schwierig, so exakt zu bauen.

Wie es die Menschen vor fast 4 500 Jahren schafften, die massigen Steinblöcke ohne Kräne aufeinanderzutürmen, ist umstritten. Unterlagen über den Bau gibt es nicht. ↑Historiker vermuten, dass die Ägypter Rampen anlegten, um die Blöcke auf die wachsende Pyramide zu wuchten. Diese wuchsen vermutlich direkt an der Außenwand der Pyramiden mit – entweder innerhalb oder außerhalb des Bauwerks.

Der Bau einer Pyramidenanlage konnte 30 Jahre in Anspruch nehmen und an die 25 000 Menschen beschäftigen: Planungsspezialisten, Bau- und Kunsthandwerker sowie einfache Arbeiter waren beteiligt. Bis zu 50 000 Arbeiter kamen während des Nilhochwassers dazu. Das waren vor allem Bauern, die in dieser Zeit auf ihren Feldern nichts zu tun hatten und Dienst beim Pyramidenbau leisten mussten.

Diese vielen Menschen mussten ernährt werden. Außerdem bezahlte der ↑Staat alle Arbeiter, wofür ein Teil der Steuern verwendet wurde. Die Arbeit an den Pyramiden wurde also nicht von ↑Sklaven verrichtet, sondern von der gesamten ↑Gesellschaft getragen. Sie galt als eine Art „Gottesdienst". Die Arbeiter hofften, im Jenseits dafür belohnt zu werden. Nach Vorstellung der Ägypter war die Pyramide die Wohnung des toten Pharaos, der nun als Gott verehrt wurde.

***M2** Die Benutzung von Werkzeugen beim Pyramidenbau, Rekonstruktionszeichnung*

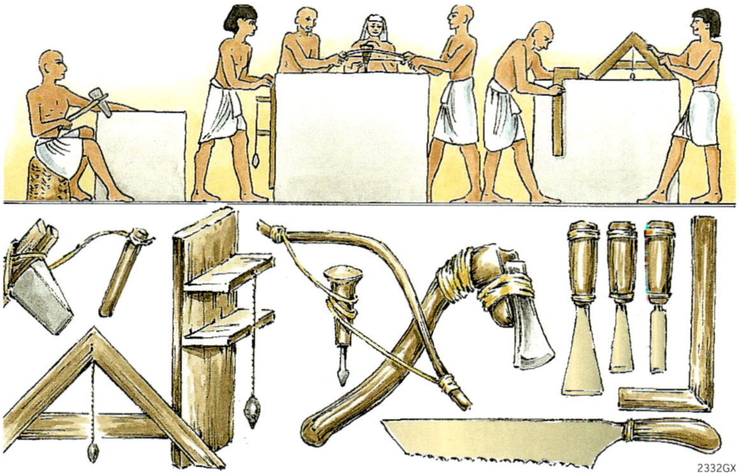

1. Stellt die Tätigkeiten zusammen, die für die Planung und den Bau einer Pyramide erforderlich waren.

2. Der Pyramidenbau war sehr gefährlich, häufig kam es zu Unfällen.
   a) Notiert, welche Arbeiten besonders gefährlich waren, und begründet eure Vermutungen.
   b) Erklärt, warum die Arbeiter trotz der hohen Gefahr bereit waren, sich am Bau der Pyramiden zu beteiligen.

\+ Wie könnten die Rampen für den Pyramidenbau ausgesehen haben? Erstellt Skizzen zu euren Überlegungen.

Thema 3 Der Pharao und das Jenseits

Im Inneren der Pharaonengräber befinden sich mehrere Grabkammern – für die Sarkophage der Pharaonen sowie für Grabbeigaben, die den Verstorbenen ein luxuriöses Leben im Jenseits ermöglichen sollten. Diese Kammern wurden prächtig ausgestaltet und mit Inschriften versehen, jedoch meist früh von Grabräubern geplündert. Die Texte sollten die Verstorbenen auf ihren Wegen ins Jenseits vor Bösem bewahren. Häufig beziehen sich die Inschriften auf einen ↑Mythos, eine alte Erzählung, mit denen sich die Menschen ihre Welt erklärten. Ein Beispiel dafür ist der Mythos von Osiris, dem Gott des Totenreichs und der Wiedergeburt.

M1 Erhebe dich!

Pyramidentexte gelten als die ältesten religiösen Texte der Menschheit. Die beiden folgenden Sprüche stammen aus der Zeit um 2200 v. Chr.:

Erhebe dich, du König
Nimm dir deinen Kopf entgegen
Sammele dir deine Knochen zusammen
Raffe dir deine Gliedmaßen zusammen
Schüttele dir die Erde ab von deinem Fleisch
Nimm dir dein Brot entgegen, das nicht verdorben werden kann
Nimm dein Bier entgegen, das nicht schal werden kann [...]
Erhebe dich, du König
Du kannst doch nicht tot sein. [...]

Hebt euer Gesicht empor, ihr Götter,
die in der Dämmerung sind
Der König ist gekommen
Ihr seht ihn, zu einem gewaltigen Gott geworden

Zitiert nach: W. Kosack: Die altägyptischen Pyramidentexte, 2012, Sprüche 373, S. 115, und 252, S. 60 (bearbeitet)

M2 Der Mythos von Isis und Osiris

Vor den Pharaonen herrschten die Götter auf der Erde, unter ihnen der weise Osiris. Doch sein Bruder Seth war eifersüchtig und neidete ihm seine Königswürde. Eines Tages überlistete er Osiris und tötete ihn.
Isis aber, die Schwester und Ehefrau des Osiris, verfügte über magische Kräfte. Als sie von dem Tod ihres geliebten Gatten erfuhr, ruhte sie nicht, bis sie seine Leiche gefunden hatte. Da zerfetzte Seth den toten Körper wutentbrannt in 14 Teile und warf sie in den Nil, damit Osiris im Totenreich nicht wieder auferweckt werden könne.
Doch Isis zog durch das Land und sammelte alle Teile des verstorbenen Osiris wieder ein. Mithilfe von Zaubersprüchen fügte sie die Leichenteile wieder zusammen. Nun konnte Osiris in der Unterwelt wieder auferstehen. Seitdem herrscht er über das Reich der Toten. Die Königsherrschaft auf Erden wurde von seinem Sohn Horus fortgesetzt.

1. a) Erklärt den Osiris-Mythos (M 2) in eigenen Worten.
   b) Erarbeitet den Inhalt der Pyramideninschrift (M 1) mithilfe des Methodentrainings (Seite 32).
   Tipp: Seite 195

   c) Vergleicht die beiden Texte miteinander. Erklärt, welche Elemente des Mythos ihr in der Pyramideninschrift erkennen könnt.
   Tipp: Seite 195

2. Erläutert, wie die Ägypter sich die Auferstehung eines Pharaos nach dessen Tod vorstellten.

\+ Kennt ihr andere Mythen? Erzählt euch diese. Vergleicht sie mit dem Osiris-Mythos und überlegt, welche Bedeutung sie für die Menschen hatten.

Thema 4 Mumien – Körper für die Ewigkeit

M1 *Eine ägyptische Mumie im Sarg, um 330 v. Chr. Die Maske trägt die Gesichtszüge des Toten.*

Nicht nur in den Königsgräbern, sondern auch in anderen Grabstätten wurden kunstfertig haltbar gemachte Leichname bestattet: Wer es sich im alten Ägypten leisten konnte – und das waren nur sehr wenige –, ließ seine Verstorbenen mumifizieren. Dieser Prozess war sehr kompliziert und dauerte bis zu 70 Tagen. Ägypter der unteren Gesellschaftsschichten wurden im heißen Sand der Wüste bestattet. Er trocknete den Körper schnell aus, der dadurch mumifizierte.

Die Ägypter glaubten daran, dass die Seele den Körper beim Sterben verlässt und sich erst nach dem Begräbnis wieder mit ihm vereint. Damit dies geschehen konnte und ein Leben nach dem Tod wie im Diesseits möglich wurde, musste der Leichnam haltbar gemacht werden. Wenn die **Mumie** fertig war, wurden religiöse Zeremonien durchgeführt. So sollte der Verstorbene seine Lebenskraft zurückerlangen. Besonders wichtig war die Zeremonie der Mundöffnung, damit der Tote im Jenseits sprechen, essen und trinken konnte. Deshalb wurden ihm auch Lebensmittel mit ins Grab gegeben.

Die Mumie wurde in ihrem Sarkophag mit einer Barke über den Nil bis zu ihrer Grabstätte transportiert. Begleitet wurde sie von den Klagen der Frauen des Hauses und von bezahlten Klageweibern, die laut jammerten und sich die Haare rauften. Priester brachten sie in die Grabkammer.

M2 *Die sogenannte Sonnenbarke des Cheops. Sie wurde in Einzelteilen in einer Grube neben seiner Pyramide gefunden.*

M3 Mumifizieren

Der griechische Geschichtsschreiber Herodot berichtete um 450 v. Chr. von der Mumifizierung. Auf einer Reise durch Ägypten war ihm das Verfahren erklärt worden:

Zunächst wird mittels eines eisernen Hakens das Gehirn durch die Nasenlöcher herausgeleitet [...]. Dann macht man mit einem scharfen Stein einen Schnitt in die Leiche und nimmt die ganzen Eingeweide heraus. Sie werden gereinigt, mit Palmwein und dann mit geriebenen Gewürze durchspült. Dann wird der Magen mit reiner geriebener Myrrhe, Zimt und anderem Räucherwerk [...] gefüllt und zugenäht. Nun legen sie die Leiche ganz in Natronlauge, siebzig Tage lang. [...] Sind sie vorüber, so wird die Leiche gewaschen, der ganze Körper mit Leinenbinden umwickelt und mit leimartiger Flüssigkeit bestrichen [...]. Nun holen die Angehörigen die Leiche ab, machen einen hölzernen Sarg in Menschengestalt und legen die Leiche hinein. So eingeschlossen wird sie in der Familiengrabkammer geborgen und aufrecht gegen die Wand gestellt.

Herodot, Historien 2, 85 (bearbeitet)

1. Schreibt mithilfe von M3 eine Anleitung für eine Mumifizierung.

2. a) Erklärt, weshalb es für die Ägypter wichtig war, dass der Körper des Toten erhalten blieb.
b) Diskutiert, warum die Mumien Masken trugen, die wie die Gesichter der Verstorbenen aussahen.

\+ In vielen Museen werden ägyptische Mumien gezeigt. Sammelt Argumente, die für und gegen die Ausstellung der Toten sprechen. Nehmt Stellung dazu.

Thema 5 Das Totengericht

M1 *Die Prüfung des Wiedererweckten im Totengericht. Abbildung aus dem „Papyrus des Hunefer", um 1290 v. Chr.*

Die Vorstellung der Ägypter vom Leben nach dem Tod veränderte sich in ihrer 3000-jährigen Geschichte: Zunächst glaubte man, dass nur die Pharaonen in den Himmel aufsteigen können. Im Laufe der Zeit setzte sich der Glaube an ein Totenreich in der Unterwelt durch, in dem alle weiterleben können. Hierfür wurden der Körper des Toten mumifiziert und religiöse Zeremonien abgehalten. Außerdem glaubte man, dass die Verstorbenen sich dem Totengericht stellen und für ihr Leben im Diesseits Rechenschaft ablegen müssen. M1 zeigt das Totengericht aus dem Papyrus des Schreibers Hunefer. Er wurde dem Verstorbenen als Totenbuch mit ins Grab gegeben und diente als eine Art Wegweiser für den Übergang ins Jenseits. Der Papyrus enthält Beschwörungsformeln, Zauberspüche, Anweisungen und Antworten, die Hunefer dem Totengericht geben sollte, um das ewige Leben zu erlangen.

Der wiedererweckte Hunefer ist auf dem Bild in drei verschiedenen Szenen zu sehen. In der ersten muss er vor dem Gericht seine Unschuld beteuern. Dann wird er von dem Gott Anubis zur Waage geführt. Dort liegt das Herz oder die Seele des Verstorbenen. Nur wenn er keine Sünden begangen hat, ist es so leicht wie die Feder der Göttin Maat auf der anderen Waagschale. Hätte der Verstorbene ein zu schweres Herz, würde die Göttin Ammit unter der Waage zuschnappen und den Toten für immer verschlingen. Der Gott Thot notiert das Ergebnis der Prüfung. Danach wird Hunefer von Horus zu Osiris geführt, dem Gott der Unterwelt und der Wiedergeburt.

1. Beschreibt M1.
   a) Findet die folgenden Motive: Osiris – die Feder – Hunefer (der Verstorbene) – Horus – das Herz – Anubis – Thot – Ammit.
   b) Ordnet M1 die im Text beschriebenen Szenen zu.
   Tipp: Seite 195

2. Der alte Schreiber Seneb stellt sich vor, wie es sein wird, wenn er vor das Totengericht treten muss. Was würde man ihn fragen? Welche Auskünfte könnte er über sein Leben geben? Schreibt mögliche Fragen und Antworten auf.
   Tipp: Seite 195

\+ Vergleicht die Vorstellung vom Totengericht und einem Leben nach dem Tod im alten Ägypten mit denen heutiger Religionen. Diskutiert, wie dadurch auch das Leben und der Alltag der Menschen beeinflusst wird.

Europa zur Zeit der ägyptischen Hochkultur

Am Sonntagmorgen beim Frühstück erzählt Tilmann seiner Mutter vom Leben der alten Ägypter, besonders vom Pharao und den vielen Göttern. „Wie haben die Menschen damals eigentlich bei uns gelebt? Ähnlich wie die Ägypter?“, fragt er. „Hier war damals noch die ↑Steinzeit“, antwortet die Mutter, „aber wie das Leben der Menschen aussah, weiß ich eigentlich nicht. Das könnten wir uns doch mal im Museum anschauen.“ „Im Museum?“ Tilmann ist erst einmal skeptisch, aber als er hört, dass dort steinzeitliche Häuser nachgebaut wurden, wird er doch neugierig.

In der Schule hat Tilmann bereits Fundstücke aus der Altsteinzeit kennengelernt (Seiten 14–17). Doch das Museum in Unteruhldingen, das sie nun besuchen, zeigt eine andere steinzeitliche Lebensform: die der Jungsteinzeit. Tilmann staunt: Zwischen dieser und der altsteinzeitlichen gibt es anscheinend viele Unterschiede.

„Seit wann gab es denn die Jungsteinzeit?“, fragt er. „Das kann man nicht so einfach mit einer Zahl beantworten“, sagt seine Mutter, „in unserer Gegend aber ungefähr seit 5000 vor Christus.“ Im Museumskatalog lesen sie später, dass im Vorderen Orient, wo es viel wärmer und das Land fruchtbarer war, die Menschen schon vor etwa 9000 Jahren begannen, Häuser zu bauen und sesshaft zu werden. Sie fingen an, Getreide anzubauen und Tiere zu zähmen.

***M2** Rekonstruktion einer altsteinzeitlichen Schutzhütte in einem Museum*

In der Altsteinzeit dagegen haben die Menschen über Hunderttausende von Jahren vom Jagen und Sammeln gelebt und sind in Gruppen umhergezogen. Wenn eine Gegend nicht mehr genug an Nah-

***M1** Die Ausbreitung der jungsteinzeitlichen Lebensweise*

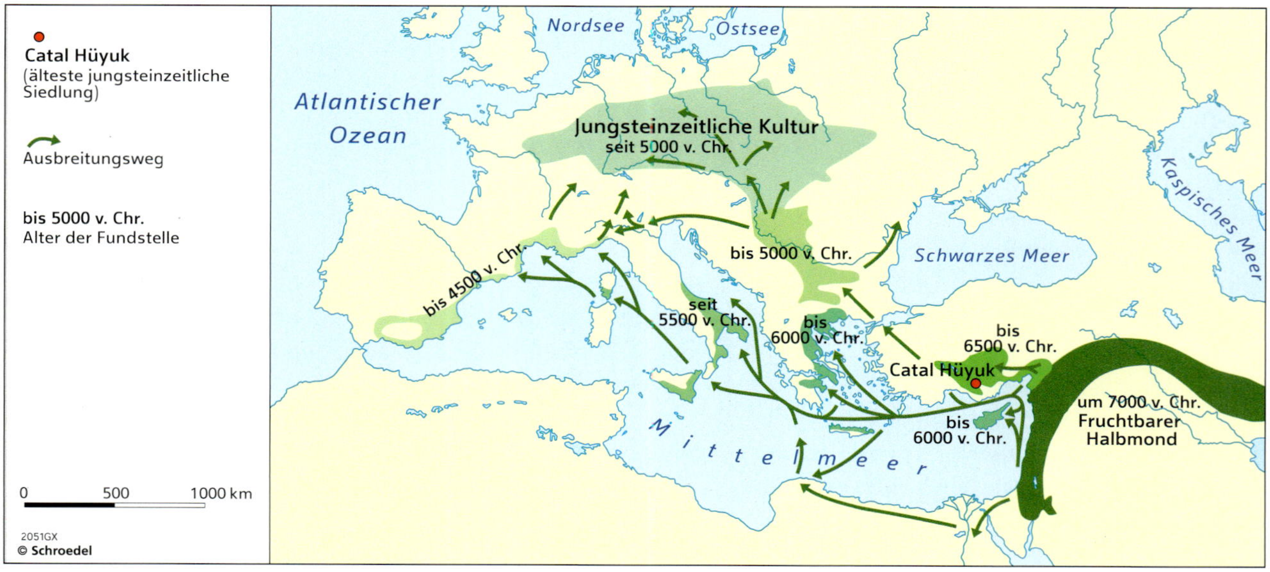

rungsmitteln hergab, dann zogen sie weiter – sie waren Nomaden. Zum Schutz vor Kälte oder wilden Tieren zogen sie sich in Höhlen zurück oder bauten einfache Hütten und Zelte aus Hölzern, Steinen oder Tierhäuten.

Das Gebiet, in dem die ersten festen Siedlungen entstanden, hat man „Fruchtbarer Halbmond“ genannt (M 1). Erst allmählich breitete sich diese Lebensform nach Norden aus. Im heutigen Süddeutschland, wo Menschen mit sumpfigem Gelände zurechtkommen mussten, haben sie Pfahlbauten errichtet – nicht nur in Unteruhldingen, sondern auch an anderen Seen in der Region.

1. a) Stelle anhand von M 3 erste Vermutungen darüber an, wie die Menschen in der Jungsteinzeit ihr Zusammenleben organisierten.
   b) Versuche, Erklärungen dafür zu finden, warum sie ihre Häuser mithilfe von Pfahlkonstruktionen errichteten.
   Tipp: Seite 195

2. a) Betrachte die Karte M 1 und untersuche sie mithilfe des Methodentrainings (Seite 35).
   b) Arbeite heraus, welche Entwicklung die Karte zeigt. Wo liegt ihr Ausgangspunkt? Wie waren die Verbreitungswege?

__M3__ Ansichten des Pfahlbaumuseums Unteruhldingen

Neue Entwicklungen und Techniken

„Wenn du mehr darüber wissen willst, wie die Menschen in der Jungsteinzeit gelebt und womit sie gearbeitet und sich versorgt haben, dann schau dir die verschiedenen Themengebäude auf unserem Außengelände genau an“, sagt die Museumsmitarbeiterin zu Tilmann. Er erfährt, dass jungsteinzeitliche Menschen nicht nur Gefäße aus Tonerde herstellen konnten, die sie im Feuer härteten, sondern auch Steinwerkzeuge zum Bohren, Schleifen und Schneiden hatten. Im Vergleich mit den Menschen der Altsteinzeit standen ihnen viel mehr Werkzeuge und Techniken zur Verfügung.

Das hing mit ihrer sesshaften Lebensweise zusammen: Sesshafte Menschen lebten in kleinen Siedlungen, meist in der Nähe von Teichen. Jede Familie baute ihre Nahrung an und fertigte fast alle Geräte, Werkzeuge und Kleidung selbst. Dabei begleiteten die Kinder ihre Eltern bei allen Arbeiten, sodass die Fertigkeiten immer an die nächste Generation weitergegeben wurden.

Dadurch, dass Arbeitstechniken nun über einen längeren Zeitraum an festen Orten angewendet wurden, entwickelten die Menschen sie weiter. So nehmen Wissenschaftler an, dass z.B. das Rad etwa im 4. Jahrtausend v.Chr. an verschiedenen Orten zugleich entdeckt wurde, weil das Prinzip, nach dem es funktioniert, den Menschen schon durch die Töpferscheibe bekannt war.

Die Veränderung der Lebensverhältnisse, die die Sesshaftigkeit mit sich brachte, bezeichnen Wissenschaftler als **Neolithische Revolution**: „neolithisch“ bedeutet jungsteinzeitlich und „Revolution“ schneller Umbruch. Der Begriff bedeutet, dass sich die Lebensverhältnisse in der Jungsteinzeit vollkommen verändert haben.

M4 Ackerbau und Viehzucht

Der Ackerbau spielte gegenüber der Viehhaltung anfangs eine untergeordnete Rolle. Das änderte sich aber: Als die Getreidesorten widerstandsfähiger wurden, sicherte vor allem Getreide das Überleben der Menschen. Angebaut wurden:

Der Fleischbedarf wurde in der Jungsteinzeit durch Schwein, Rind und Schaf gedeckt. Aber auch die Jagd spielte weiterhin eine große Rolle, ebenso wie der Fischfang. Die frühen „Haustiere“ waren allerdings den Wildtieren noch sehr ähnlich.

Leben in der Jungsteinzeit – ein echter Fortschritt?

Tilmann ist sich ziemlich sicher: Die Lebensweise in der Jungsteinzeit muss viel bequemer gewesen sein als die in der Altsteinzeit. Allerdings können Wissenschaftler zeigen, dass sich die neue ↑Kultur erst langsam durchsetzte. Lange Zeit lebten Menschen in beiden Lebensformen, der altsteinzeitlichen und der jungsteinzeitlichen, nebeneinander. Die Museumsmitarbeiterin sagt, dass die altsteinzeitlichen Menschen mit der Natur manchmal vielleicht sogar besser zurechtkamen als die jungsteinzeitlichen. Denn durch den Ackerbau entstanden neue Abhängigkeiten der Menschen von der Natur. Sie mussten z. B. mit Missernten zurechtkommen.

i

Die grundlegenden Veränderungen der Lebensverhältnisse in der Jungsteinzeit werden als „Neolithische Revolution" bezeichnet. Der Begriff „Revolution" ist allerdings etwas irreführend, weil er einen schnellen Wandel meint. Der steinzeitliche Kulturwechsel vollzog sich aber in einem Zeitraum von ungefähr 2000 Jahren. Andererseits müssen wir bedenken, dass sich die Epoche der Altsteinzeit über Hunderttausende von Jahren erstreckte.

M5 Werkzeuge und Gebrauchsgegenstände

Die sesshaften Menschen entwickelten viele Werkzeuge, z. B. die Sichel, den Mahlstein, den Steinbohrer, den Webstuhl und die Steinaxt. Hier sind Rekonstruktionen zu sehen, teils nach Theorien aus dem 19. Jahrhundert:

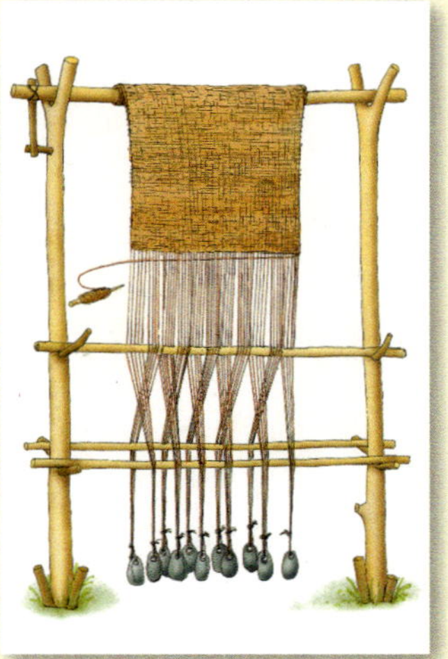

3. a) Erläutere die Abbildungen in M 4 und M 5. Tausche dich mit einem Partner über die möglichen Funktions- und Verwendungsweisen der Werkzeuge (M 5) aus.
b) Beurteile, was die Erfindungen für das Leben der Menschen bedeuteten. Verwende in diesem Zusammenhang den Begriff „Neolithische Revolution".

+ Diskutiert, ob der Begriff „Revolution" eurer Meinung nach gut gewählt wurde für die Veränderungen von der Alt- zur Jungsteinzeit. Beachtet dazu die Zusatzinformation.

4. Stellt euch vor, ein Altsteinzeitjäger begegnet einem sesshaften Menschen. Entwerft in Partnerarbeit ein Gespräch, in dem jeder dem anderen die Vorteile seiner Lebensweise erläutert.
Tipp: Seite 195

M6 Dieses Modell zeigt, wie man sich nach heutigen wissenschaftlichen Erkenntnissen eine Siedlung der Jungsteinzeit vorstellt. Die kleinen Fotos geben Details aus verschiedenen Perspektiven wieder.

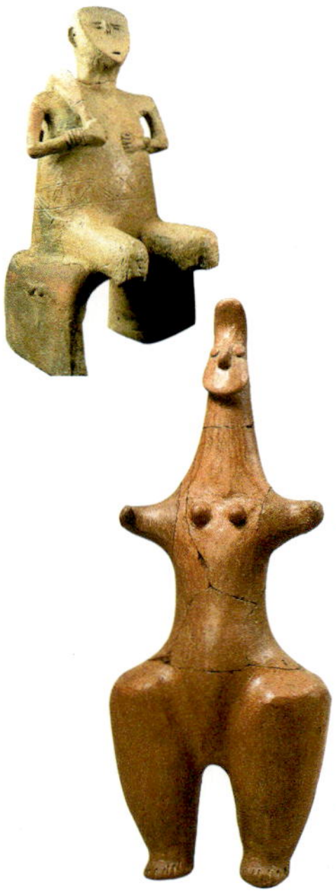

M7 Diese Idole aus der Jungsteinzeit sind etwa 6000 Jahre alt. Sie wurden in steinzeitlichen Gräbern im heutigen Ungarn gefunden.

Gleichheit oder Hierarchie?

Nachdem er all diese Informationen gehört und gesehen hat, fragt sich Tilmann, ob es im jungsteinzeitlichen Europa auch so etwas wie eine Gesellschaftsordnung gegeben hat. In der Schule haben sie zum Thema „Altes Ägypten" die damalige ↑Hierarchie und die Bedeutung des Pharaos in der ägyptischen ↑Gesellschaft behandelt. Gab es in Europa zu dieser Zeit eine ähnliche Ordnung oder muss man sich das Zusammenleben ganz anders vorstellen?

„Leider können wir hier vieles nur vermuten, denn die Menschen haben ja – anders als bei den ↑Hochkulturen – nichts Schriftliches hinterlassen", erklärt ihm die Museumsmitarbeiterin. „Zur Gesellschaftsordnung in dieser Zeit haben die Archäologen aber einige Theorien entwickelt. Es wurden z. B. Reste von unterschiedlich großen Häusern entdeckt. Die größeren lagen meistens auch eher in der Mitte der Siedlungen. Das lässt vermuten, dass es so etwas wie Stammes- oder Dorfälteste bzw. Häuptlinge gegeben haben dürfte, die die Dorfgemeinschaft anführten. Auch unterschiedlich wertvoll ausgestattete Gräber weisen darauf hin."

Hinweise auf Religion

„Und wie sah es damals mit der Religion aus? Kann man überhaupt etwas darüber in Erfahrung bringen?" – „Wir schließen vor allem aus Grabbeigaben und der Anordnung der Skelette auf religiöse Bestattungsrituale. Auch bestimmte Symbole wie Idole, kleine Figuren aus Stein oder Ton (M 7), zeigen uns, dass Religion eine wichtige Rolle gespielt haben dürfte. Fruchtbarkeit, gute Ernten, Schutz vor Unwettern – es gab sicher viele Anlässe, sich mit Naturgottheiten gut zu stellen, doch mit Bestimmtheit können wir es nicht sagen."

Voller neuer Eindrücke macht sich Tilmann auf den Heimweg. Jetzt dürfte er genug Informationen gesammelt haben, um seine Hausaufgabe beginnen zu können: einen Vergleich der ägyptischen Hochkultur mit dem jungsteinzeitlichen Leben in Europa.

5. Erzähle anhand des Modells M 6 vom Leben in der Jungsteinzeit.

\+ Informiere dich im Internet über Steinzeitmuseen in deiner Umgebung, z. B.:
- www.pfahlbauten.de (Pfahlbaumuseum Unteruhldingen),
- www.federseemuseum.de (Federseemuseum Bad Buchau),
- www.urmu.de (Urgeschichtliches Museum Blaubeuren).

Halte wichtige Gemeinsamkeiten und Unterschiede der Museen fest.

6. Überprüfe anhand deiner Erkenntnisse über das Leben in der Jungsteinzeit deine ersten Vermutungen dazu (Seite 63, Aufgabe 1). Finde Erklärungen für richtige und nicht zutreffende Überlegungen.

7. a) Vergleiche mithilfe des Methodentrainings die jungsteinzeitliche Lebensweise mit der ägyptischen. Untersuche folgende Aspekte:
- Umwelt,
- Arbeit,
- Regeln und Gesetze,
- Gesellschaft.

b) Finde mindestens zwei weitere Vergleichsaspekte.

8. Diskutiert, ob man bei der Jungsteinzeit in Europa im Vergleich zu zeitgleichen Hochkulturen von „rückständig“ sprechen kann. Bedenkt dabei, unter welchen Bedingungen die Kultur sich entwickelt hat. Diese unterscheiden sich von den Bedingungen an anderen Orten zur damaligen Zeit.
Tipp: Seite 195

Informationen vergleichen

Wichtig ist, dass nur verglichen wird, was sich vergleichen lässt. Es bringt z. B. wenig, „Äpfel mit Birnen“ ganz allgemein zu vergleichen, vielmehr untersucht man ihren Geschmack, ihr Aussehen oder ihren Vitamingehalt. Auch für den Vergleich von Kulturen gilt, dass zuerst Vergleichsaspekte, sogenannte **Kategorien**, gefunden werden müssen. Zu jeder Kategorie werden dann Fragen gestellt. Um Antworten darauf zu finden, musst du zuerst in deinem Geschichtsbuch nachlesen und Informationen sammeln.

Die gesammelten Informationen lassen sich am besten vergleichen, wenn man sie auf einen Blick erfassen kann – z. B. in einer großen Tabelle. Lege zunächst für jede Kultur eine Spalte an. Zwei weitere Spalten brauchst du am Anfang der Tabelle, um die Kategorien und die Fragen aufzulisten, zu denen der Vergleich angestellt werden soll. Ganz rechts legst du eine Spalte für die Auswertung an. Hier trägst du in Stichworten ein, welche Gemeinsamkeiten und Unterschiede du feststellst. In unserem Fall sieht die Tabelle so aus:

Kategorien	Fragen	Jungsteinzeit	Ägypten	Auswertung/ Ergebnis
Umweltbedingungen	Wie war die Umwelt beschaffen?			
Regeln und Gesetze	Wie wurde das Zusammenleben geregelt?			
Arbeit	Gab es Arbeitsteilung/Berufe?			
Gesellschaft	Gab es gesellschaftliche Unterschiede?			
	…			

SELBSTÜBERPRÜFUNG

Wenn du die vorangegangenen Seiten bearbeitet hast, solltest du folgende Aufgaben lösen können. Bearbeite sie in deinem Heft. Ob du richtigliegst, kannst du mithilfe der Lösungen und Hinweise auf Seite 204 überprüfen.

***M 1** Szene aus einer Wandmalerei im Grab eines hohen Beamten, der Pharao Thutmosis IV. diente (um 1390 v. Chr.)*

***M 2** Die Pyramiden von Gizeh*

***M 3** Ein rekonstruiertes Haus aus der Jungsteinzeit im Federseemuseum Bad Buchau*

1. Erkläre die Bedeutung des Nils für das Leben der Ägypter.

2. Betrachte M 1.
   a) Beschreibe die Abbildung. Entnimm der Legende, um was für eine Art Bild es sich handelt.
   b) Benenne die Tätigkeiten der Menschen und folgere daraus, welchem Beruf sie nachgehen.
   c) Erläutere die Bedeutung ihres Berufes für die ägyptische Gesellschaft.
   d) Stelle abschließend dar, zu welchem Zweck das Bild angefertigt wurde.

3. Begründe, warum Ägypten eine frühe Hochkultur ist.

4. Bringe die folgenden Begriffe in einen erklärenden Zusammenhang: Totengericht, Pyramiden, Mumien, Leben im Jenseits, Totenkult, Pharaonen, Isis und Osiris.

5. Erkläre ausgehend von M 2 und M 3 wichtige Unterschiede zwischen der ägyptischen Hochkultur und der jungsteinzeitlichen Lebensweise in Europa.

Die ägyptische Hochkultur

Während die Menschen in Mitteleuropa noch als **jungsteinzeitliche Bauern** in kleineren Siedlungen lebten und weder Schrift noch Städte oder übergeordnete ↑Verwaltungen kannten, entstanden in einigen Regionen der Erde neue Formen des Zusammenlebens.

Um 3000 v.Chr. entwickelte sich in Nordafrika – an den Ufern des Flusses Nil – die ägyptische ↑**Hochkultur**. Eine andere Hochkultur entstand z.B. in Mesopotamien, dem sogenannten Zweistromland zwischen den Flüssen Euphrat und Tigris im heutigen Irak. Diese Kultur ist uns hauptsächlich durch die **Gesetze** des babylonischen Königs Hammurapi bekannt. Die meisten Hochkulturen haben gemeinsame Kennzeichen: Es gab **Städte** und einen ↑**Staat** mit Verwaltung und Gesetzgebung. Die Menschen benutzten die **Schrift** und setzten einen **Kalender** ein, um das Jahr zu gliedern. Das Handwerk war hoch entwickelt. Es bildeten sich verschiedene spezialisierte Berufe heraus. Ein weiteres Merkmal ist also die ↑**Arbeitsteilung.**

In Ägypten regierte der **Pharao**. Er wurde als Gottkönig verehrt. ↑**Beamte** setzten die Befehle des Pharaos im ganzen Reich durch.

Die Bevölkerung des alten Ägypten war streng in **Schichten** gegliedert und ↑**hierarchisch** aufgebaut. Die Zugehörigkeit einer Familie zu einer Schicht ergab sich durch den Beruf, den der Familienvater ausübte. Die Menschen lebten in der Vorstellung, dass jeder seinen Platz in der von den Göttern gegebenen Weltordnung hatte, die sie Maat nannten.

Die Ägypter verehrten viele **Götter**, die ihnen in unterschiedlicher Gestalt begegneten (↑**Polytheismus**). Sie glaubten an ein Leben nach dem Tod; deswegen entwickelten sie einen einzigartigen **Totenkult.** Damit angesehene Ägypter nach dem Tod weiterleben können, wurden sie **mumifiziert** und mit Grabbeigaben bestattet, die ein Alltagsleben im Jenseits ermöglichen sollten. Den frühen Pharaonen dienten die weithin sichtbaren **Pyramiden** als Grabstätten.

Bilder auf einem altägyptischen Sarg, um 300 v.Chr. Dargestellt sind Ausschnitte aus der Bestattungszeremonie: Der Tote liegt auf einer Bahre, an ihm werden Kulthandlungen vollzogen.

- **seit etwa 9000 v.Chr.** Im „Fruchtbaren Halbmond“ werden Menschen sesshaft; die jungsteinzeitliche Lebensweise entsteht.
- **um 3000 v.Chr.** In Mitteleuropa leben die Menschen als jungsteinzeitliche Bauern in kleinen Siedlungen. Am Nil hat sich der ägyptische Staat entwickelt; die Hieroglyphen sind erfunden.
- **um 2540 v.Chr.** Die Cheopspyramide bei Gizeh ist erbaut worden, als Grabstätte des Pharaos Cheops.
- **ab Mitte des 2. Jahrtausends** Hochphase des ägyptischen Reiches. Regierungszeit des Pharaos Ramses II.

Leben in der griechischen Polis

Das Zentrum des antiken Athens, die Akropolis, auf einem Foto aus heutiger Zeit. Oben ist das zentrale Heiligtum zu sehen: der Parthenontempel.

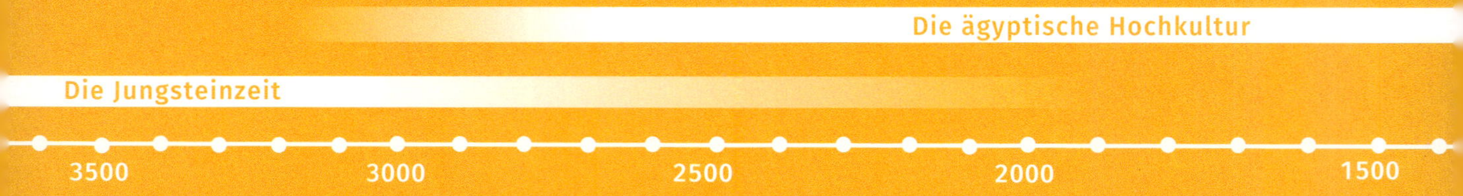

Das Bild auf dem Gefäß zeigt eine Alltagsszene. Für Historiker sind solche Vasenmalereien wichtige Quellen. Sie vergleichen sie mit schriftlichen Quellen und versuchen, sich dadurch ein genaueres Bild vom Leben der Menschen zu machen.

Dieses Relief – ein in Stein gearbeitetes Bild – war am Parthenontempel auf der Akropolis in Athen angebracht. Dargestellt sind junge Reiter eines Festzuges, der zu Ehren der Göttin Athena stattfand. Links siehst du den heutigen Zustand, rechts eine Rekonstruktion des ursprünglichen farbigen Zustands.

Eine griechische Sage erzählt, dass der Göttervater Zeus sich eines Tages in einen Stier verwandelte, um eine schöne Königstochter zu entführen. Er stellte sich auf eine Weide und wartete, bis sie sich auf ihn setzte. Dann verschwand er mit ihr über das Meer und ließ sich mit ihr in Kreta nieder. Als sie starb, benannte er einen ganzen Kontinent nach ihr – sie hieß „Europa“.

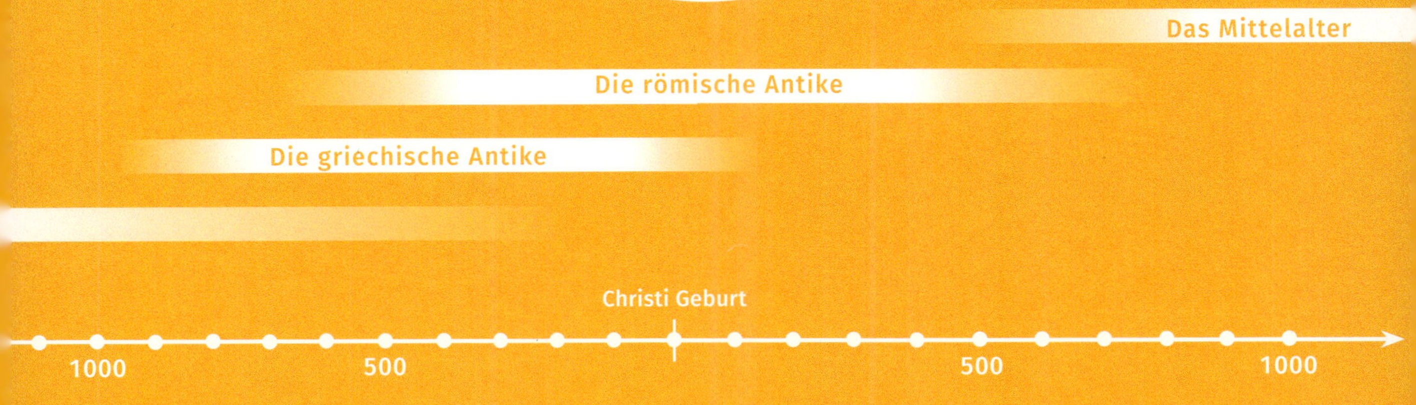

ZEITREISE Stadtkind trifft Landkind

Stellen wir uns vor: Im 4. Jahrhundert v. Chr. treffen sich zwei griechische Kinder – der zehnjährige Iason, der in einem Mietshaus in Piräus bei Athen wohnt, und die elfjährige Phaedra, die auf einem Landgut in der Nähe von Athen lebt. Beide sind Kinder vermögender Eltern und miteinander verwandt. So könnten sie sich unterhalten haben:

Iason: Sei gegrüßt, Phaedra. Schön, dass wir uns wieder einmal treffen. Wie geht es euch denn auf dem Land?

Phaedra: Sei auch du gegrüßt, Iason. Uns geht es immer gut, wenn die Ernte reich ausfällt. Im Frühjahr hat es genug geregnet, sodass die Saat gut aufgegangen ist. Und jetzt im Sommer gedeiht das Getreide. So sind wir zuversichtlich, dass wir eine große Ernte einbringen können. Warum kommst du nicht endlich einmal und besuchst uns? So weit ist es doch gar nicht.

Iason: Das wollte ich schon lange einmal, aber mein Vater lässt mich nicht: Ich soll lernen, sagt er immer. Schließlich übernehme ich doch später seine Waffenschmiede. Ich bin froh, dass ich wenigstens nicht mitten in Athen wohnen muss. Denn in den verwinkelten Gassen um die **Akropolis***, in denen die Luft im Sommer stehen bleibt, muss es jetzt unerträglich sein. Bei uns in Piräus aber haben sie lange und gerade Straßen angelegt, die zum Hafen führen. Jetzt zieht immer eine leichte Brise durch die Straßen und bringt etwas Abkühlung.

Phaedra: Oh ja, die Hitze! Was dem Wein und den Ölbäumen guttut, das macht uns schwer zu schaffen. Im Hof lässt es sich im Schatten ganz gut aushalten. Aber ausruhen darf ich deshalb noch lange nicht: Ich werde ja im nächsten Jahr verheiratet und muss bis dahin alles lernen, was eine Hausfrau können muss. Mutter zeigt mir zurzeit, wie man aus Leder Sandalen herstellt. Bald kann ich also für meinen eigenen Haushalt sorgen.

Iason: Glaubst du, dass ich in der Stadt nichts zu tun hätte? Ich muss meinem Vater in der Werkstatt helfen. Und lernen muss ich auch vieles: Isokrates, mein Lehrer, der vor Jahren als ↑Sklave zu uns kam, bringt mir Schreiben und Lesen, Mathematik und Geometrie und die Werke unserer großen Dichter bei.

Phaedra: Auch ich habe Lesen und Schreiben gelernt. Und Verse kenne ich auch. Der Dichter Hesiod sagt über uns Bauern: „Jeden ergreift ja die Lust zur Arbeit, wenn er des anderen Reichtum sieht. Schon eilt er zu pflügen, zu pflanzen und das Haus zu bestellen.“

* *Akropolis: befestigter Stadtkern, ursprünglich mit einer Burg als Wehranlange*

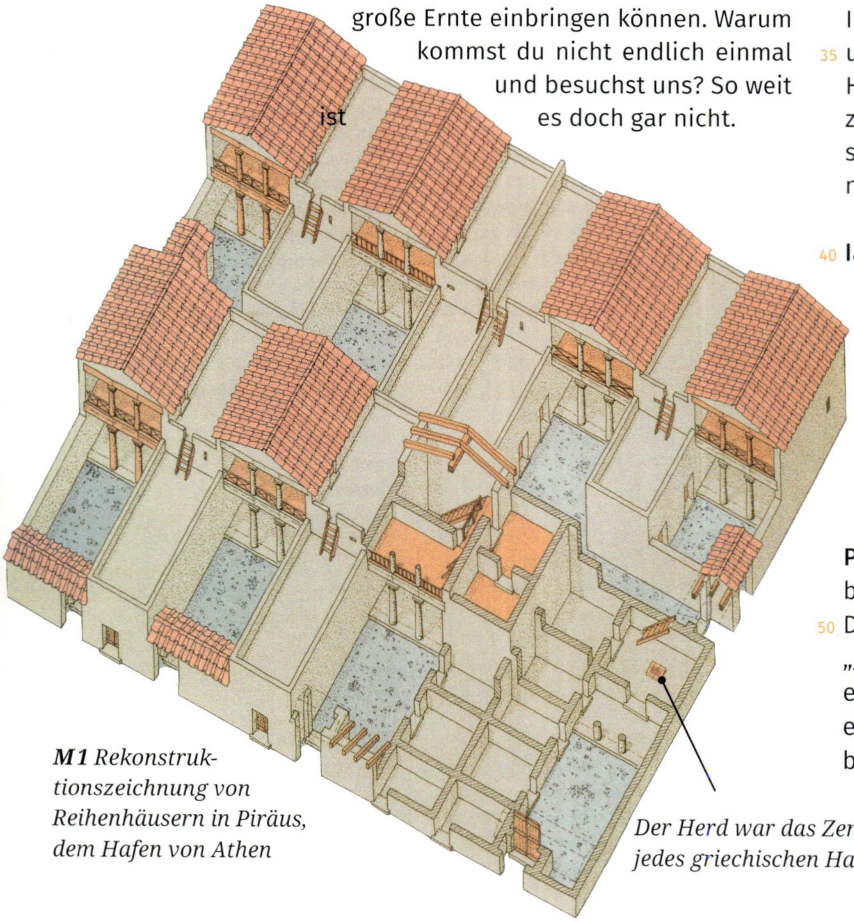
Der Herd war das Zentrum jedes griechischen Hauses.

***M1** Rekonstruktionszeichnung von Reihenhäusern in Piräus, dem Hafen von Athen*

M2 Das Gebiet, in dem die Griechen lebten, sowie Athen und Umgebung

Iason: Kennst du Homers Beschreibung des Palasts von König Alkinoos? „Mit Erz verkleidete Wände stiegen allseits empor, von der Schwelle bis in das Innere. Der Sims rundum war aus blauem Glas. Goldene Türen verschlossen das feste Haus nach innen." – Könige gibt es heute zwar nicht mehr. Aber in einem solchen Prachtbau würde ich gerne wohnen! Die Reihenhäuser, die sie bei uns in Priäus gebaut haben, sind zwar neu und schön, aber eben doch etwas klein. Aber weißt du, was das Neueste ist: Die Stadt hat Leute eingestellt, die den Kot einsammeln, die Koprologen. Sie bringen ihre Fracht weit vor die Stadt. Ein Klo haben wir nämlich immer noch nicht – aber wenigstens ein Badezimmer.

Phaedra: Ich muss mich noch immer am Brunnen im Hof waschen. Aber glaube mir: Wenn's so richtig heiß ist, macht mir das frische kalte Wasser gar nichts aus. Auch dir würde das gefallen. Wann kommst du denn endlich mal?

1. Suche das Gebiet, in dem die Kinder wohnen, auf der Karte M2.

2. Vergleiche das Leben von Kindern auf dem Land und in der Stadt mithilfe einer Tabelle.
   Tipp: Seite 196

3. Erkläre, welche Gemeinsamkeiten und Unterschiede du zwischen dem Leben der Kinder in der griechischen Antike und deinem Leben feststellen kannst.

Auf den folgenden Seiten erfährst du, ...
- *wie die Menschen in der griechischen Antike ihren Lebensunterhalt gesichert und wie sie zusammengelebt haben.*
- *welche Götter die Griechen verehrten.*
- *warum sie die Olympischen Spiele veranstaltet haben.*
- *warum man von Griechenland als „Wiege der europäischen Demokratie" spricht.*
- *welche Spuren der Griechen wir noch heute finden.*

Außerdem übst du, ...
- *Quellentexte zu bearbeiten und ihre Aussage zu durchschauen.*
- *eine Geschichtskarte auszuwerten.*
- *eine Geschichtserzählung („Zeitreise") auf ihre historischen Quellen zu untersuchen und selbst eine Zeitreise zu schreiben.*

Leben auf kargem Land

Wer in Griechenland Ferien macht, schätzt die Sonne, das tiefblaue Meer mit den kleinen Inseln, die Strände und die hohen Berge. Heute leben hier viele Menschen vom Tourismus. Wie aber haben die Griechen in der ↑Antike in diesem Land für ihren Lebensunterhalt gesorgt? Ihre Lebensgrundlage war die Landwirtschaft. Doch nur unter großen Anstrengungen konnten sie die felsigen Äcker bebauen.

Landwirtschaft unter schwierigen Bedingungen

Die Bauern stellten ihre Lebensmittel und notwendige Dinge für den eigenen Bedarf selbst her: Kleidung, Gebrauchsgegenstände für den Haushalt und Arbeitsgeräte. Ihr wichtigstes Nahrungsmittel war Gerste – Weizen war bereits ein Luxusprodukt. Außerdem ernteten sie Oliven und Wein. Sie hielten Schafe, Ziegen und Schweine, seltener Rinder, denn die waren teuer. Wer es sich leisten konnte, kaufte Ochsen, um sie vor den Pflug zu spannen.

Forscher haben herausgefunden, dass in der Zeit von etwa 700 bis 350 v. Chr. die Zahl der Kornspeicher und die Zahl der Ölbäume bei den Griechen zunahmen. Das bedeutet, dass in dieser Zeit hart und erfolgreich gewirtschaftet wurde. Wo nichts angebaut werden konnte, wurden die Flächen als Weiden genutzt. Auch in abgelegenen Gebirgsregionen ließ man seine Tiere den Sommer über grasen.

Die Arbeit bestimmt das Leben – der Oikos

Im Mittelpunkt des Lebens stand die Hausgemeinschaft, im Griechischen bezeichnet man sie als **↑Oikos***. Zu einem Oikos gehörten nicht nur Eltern und Kinder, sondern auch Großeltern, manchmal auch verwandte Witwen und Waisen. Über die Familie hinaus umfasste der Oikos aber auch Knechte, Mägde und **↑Sklaven**. Der „Despot" – der Hausherr – und seine Frau organisierten die Arbeiten, die für den Lebensunterhalt notwendig waren.

Der Mann arbeitete außerhalb des Hauses: Mit den Knechten pflügte er das Feld, säte, erntete und hütete das Vieh. Als Hausherr achtete er darauf, dass der Besitz gewahrt blieb und sich möglichst vergrößerte.

Die Frau hielt das Haus in Ordnung, kümmerte sich um die Kinder, wusch die Wäsche, mahlte Getreide für Brot, bereitete das Essen und legte Vorräte an – eine wichtige Aufgabe, weil es oft zu Missernten kam. Große Bedeutung für den Oikos hatten außerdem das Spinnen und Weben. Auch die Herstellung von Kleidung und Decken war Frauenarbeit.

** Oikos: Hausgemeinschaft/Haushalt, Plural: Oikoi. Von Oikos leitet sich das Wort Ökonomie (Wirtschaft) ab.*

***M1** Sommerliche Landschaft an einer griechischen Küste heute*

M2 Mann und Frau im Oikos

Der Geschichtsschreiber Xenophon (um 430–354 v. Chr.) schrieb über die Aufgaben von Männern und Frauen:

Mir scheinen die Götter dieses Gespann, Mann und Weib, sehr vorsichtig zusammengepasst zu haben, damit es sich durch das Zusammenleben gegenseitig so viel Nutzen bringe wie möglich. Denn erstens ist dieser Bund geschlossen, um miteinander Kinder zu zeugen, damit die Arten der Lebewesen nicht aussterben. Zweitens schaffen sie sich mit den Kindern, die aus diesem Bunde hervorgehen, Stützen für das Alter.
Da beide Arten von Arbeiten nötig sind, die draußen und die drinnen, schufen die Götter die Natur des Weibes für die Arbeiten im Hause, die des Mannes für die Arbeiten außerhalb des Hauses.

Xenophon: Über die Hauswirtschaft, 7 (bearbeitet)

M3 *Ein griechischer Bauer beim Dreschen*

M4 *Ein Hochzeitszug: Die Frau wird Mitglied einer neuen Familie.*

M5 *Frauen bei der Arbeit im Oikos. Rekonstruktion eines griechischen Vasenbildes*

1. Erläutere die Abbildungen M3–M5 anhand des Textes (Zeilen 11–21, 44–56).

2. „Erst einmal ein Gehöft, eine Frau, einen Ochsen zum Pflügen …" Dieser Ausspruch ist von einem frühen griechischen Dichter, Hesiod, überliefert. Erkläre, was er zum Ausdruck bringt.

3. Eine Griechin erklärt ihrer heiratsfähigen Tochter die Aufgaben der Frau im Oikos. Notiere, was sie sagen würde.

4. a) Arbeite die Aufgaben des Oikos heraus.
   b) Erstelle ein Schaubild zur Stellung von Mann und Frau im Oikos.
   c) Vergleiche dies mit ihren Stellungen in heutigen Familien.

Poleis – überall am Mittelmeer

* *Oikoi: Hausgemeinschaften; der Plural von Oikos*

* *Barbaren: Das Wort bedeutete ursprünglich so viel wie „Stammler“. Die Griechen bezeichneten alle nicht griechisch Sprechenden als Barbaren.*

In den bergigen griechischen Landschaften bildeten benachbarte Oikoi* kleine Siedlungen. Aus ihnen entwickelten sich nach und nach größere Gemeinden mit eigenen Formen des Zusammenlebens und der Regierung. Die Griechen nannten eine solche Gemeinde ↑**Polis*** (Plural: Poleis) – der Begriff steckt auch in dem Wort „Politik“. In einer Polis lebten etwa so viele Menschen wie in einer heutigen Kleinstadt. Insgesamt gab es mehrere Hundert griechische Poleis. Sie hielten zusammen, wenn sie von außen bedroht wurden, aber zu einem großen, langlebigen Reich wie Ägypten wuchsen sie nicht zusammen.

Auf zu neuen Siedlungsorten

Die Bewohner einer Polis mussten manchmal schwere Entscheidungen treffen: In Dürrezeiten oder wenn die Bevölkerung wuchs und die Anbauflächen nicht mehr ausreichten, kam es vor, dass nicht genug Nahrung für alle vorhanden war. In vielen Poleis entschlossen sich daher Menschen, ihre Heimat zu verlassen und woanders bessere Lebensbedingungen zu suchen. Welche Vorstellungen hatten sie von ihrem neuen Lebensort? Er sollte fruchtbare Böden und ein gesundes Klima haben. Ein geschützter Hafen war genauso notwendig wie die Möglichkeit, die Siedlung gegen Feinde – meist die bisherigen Bewohner der Gegend – zu sichern.

So gründeten Auswanderer griechischer Poleis vom 8. bis zum 6. Jahrhundert v. Chr. an den Küsten des Mittelmeeres „Tochterstädte“, sogenannte Kolonien. Das kam so häufig vor, dass der Philosoph Sokrates spottete: „Wir Griechen sitzen um unser Meer wie Frösche um einen Teich.“

Auch wenn das Mittelmeer die Bewohner der Kolonien von den Menschen in ihrer „Mutterstadt“ trennte, fühlten sie sich doch miteinander verbunden. Sie hatten dieselbe Sprache, sodass z. B. Händler, wo immer sie unterwegs waren, sich verständigen konnten. Bewohner benachbarter Siedlungen, die nicht Griechisch sprachen, wurden von den griechischen Einwanderern als Barbaren*, Fremde, bezeichnet.

M1 Die griechische Kolonisation im Mittelmeerraum, 750–550 v. Chr.

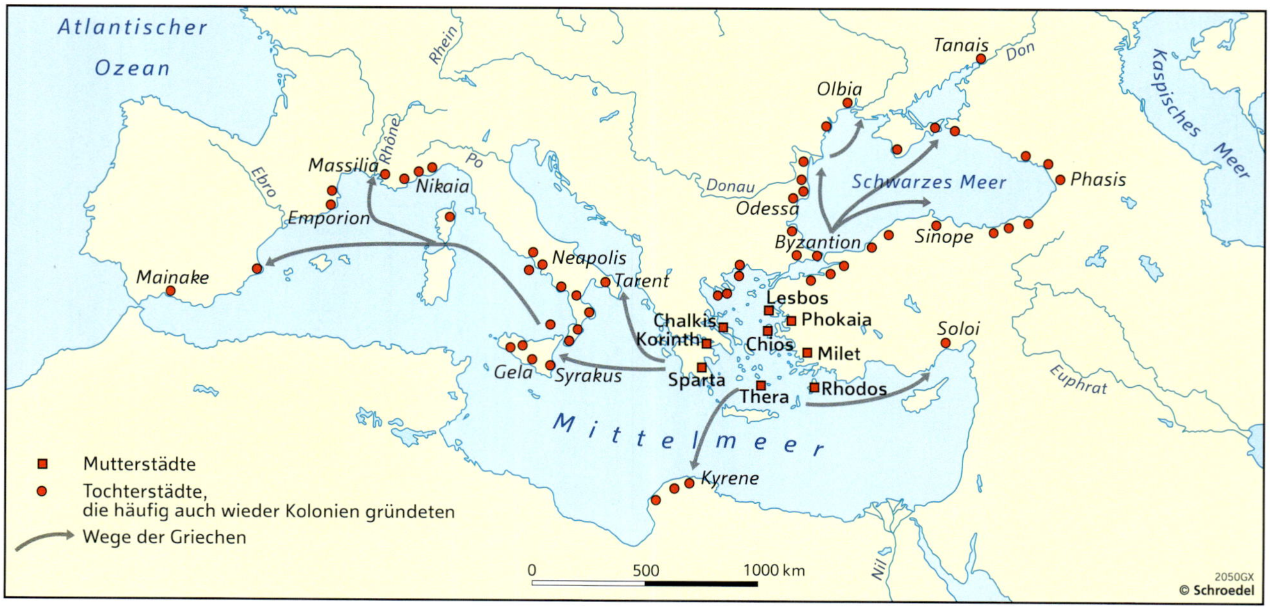

M2 Eine Kolonie wird gegründet

Der Geschichtsschreiber Herodot berichtete davon, dass der König von Thera (dem heutigen Santorin) nach langer Trockenheit befahl, in Libyen eine Kolonie zu gründen:

Die Theraier beschlossen, dass aus allen Gemeinden der Insel je einer von zwei Brüdern auswandern sollte. Ihr Anführer und König sollte Battos sein. So legten sie mit zwei großen Schiffen nach Libyen ab. Sie fanden aber keinen geeigneten Siedlungsort und kamen bald zurück. Die Theraier jedoch schossen auf sie und ließen sie nicht landen. So mussten sie zurückfahren. Notgedrungen besiedelten sie Platea, eine Insel an der libyschen Küste.
Hier wohnten sie zwei Jahre, aber es ging ihnen immer noch schlecht, und sie fuhren allesamt nach Delphi, um das Orakel zu befragen. Das Orakel sagte: „Wenn ihr, ohne es gesehen zu haben, das herdengesegnete Libyen besser als ich kennt, muss ich eure Weisheit bewundern."
Da siedelten sie sich in Libyen an, gegenüber der Insel. Die Landschaft hieß Aziris. Zu beiden Seiten des Höhenzuges ist ein herrliches Tal und an einer Seite fließt ein Fluss entlang. An dieser Stelle lebten sie sechs Jahre. Im siebten Jahr zeigten ihnen Libyer einen noch schöneren Platz, wo sie die Kolonie Kyrene gründeten.

Herodot, 4, 150–159 (bearbeitet)

i

Griechen, die in schwierigen Situationen Rat brauchten, reisten zum Apollon-Tempel nach Delphi und baten die dortige Priesterin um eine Weissagung, den Orakelspruch. Sie sprach allerdings in Rätseln ...

Eine Geschichtskarte untersuchen

Um eine Geschichtskarte zu verstehen, entnimm zuerst ihrer Unterschrift, ihrer Legende und ihrem Maßstab:
- welches Thema sie veranschaulicht,
- auf welche Zeit sie sich bezieht,
- welchen Raum sie darstellt,
- welche Bedeutung die verwendeten Zeichen haben.

Beachte zudem: Die Karte M 1 zeigt nicht nur einen Zustand (die Verbreitung der griechischen Kolonien). Sie deutet auch die Entwicklung an, die zu diesem Zustand geführt hat (die Wege der Griechen).
- Fasse die Informationen, die du dazu herausarbeiten kannst, schriftlich zusammen. Achte hier besonders auf die Entfernungen, die zurückgelegt wurden.

1. Verfasse für ein Kinderlexikon einen kurzen Artikel zum Thema „Die griechische Polis und ihre Entstehung".

2. a) Untersuche M 1 mithilfe des Methodentrainings.
b) Ermittle die heutigen Namen der Länder, in denen die Kolonien gegründet wurden.
c) Ergänze die Erkenntnisse, die du der Karte entnehmen konntest, anhand des Textes.
Tipp: Seite 196

3. a) Suche auf der Karte M 1 die in M 2 genannten Orte und verfolge den Weg der Theraier.
b) Stell dir vor, du wärest ein Auswanderer und würdest deinem Enkel die Geschichte der Auswanderung möglichst spannend erzählen. Schreibe sie auf.
Gehe dabei ein auf
   - den Grund der Auswanderung,
   - die Gefühle der Auswanderer,
   - die Phasen der Koloniegründung.

4. Erkundigt euch bei Bekannten oder berichtet aus eigener Erfahrung darüber, wie es ist, die Heimat zu verlassen. Welches sind Gründe für Auswanderungen heute? Was lassen Auswanderer zurück? Worauf hoffen sie?

Die Welt der Götter

M 1 *Griechische Vasenmalerei*

1. M 1 zeigt eine Kampfszene, an der nicht nur Menschen, sondern auch Götter beteiligt sind. Wer ist Gott, wer Mensch? Begründe deine Zuordnung.

* *Mythos: alte Überlieferung, mit der sich Menschen ihren Glauben und ihre Herkunft erklären*

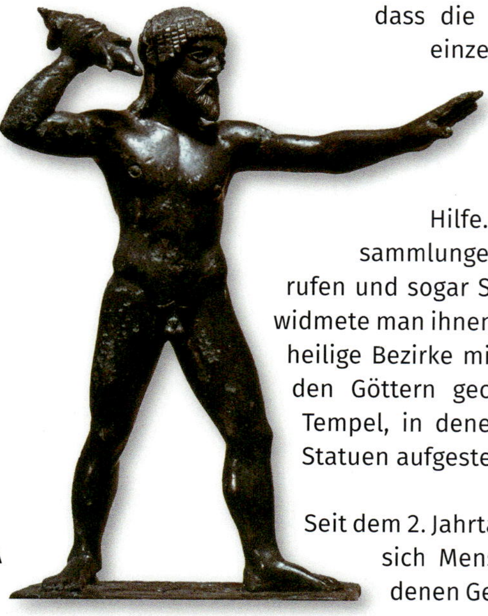

A

„Alles ist voll von Göttern", behauptete ein griechischer Gelehrter der ↑Antike. Für die Griechen war das gesamte Leben eng mit den Göttern verknüpft: die Landwirtschaft und die Ernte, aber auch Katastrophen und Missernten. Sie glaubten z. B., dass die Götter im Krieg für einzelne Kämpfer Partei ergreifen würden. Wenn man krank war, erhoffte man sich von den Göttern Hilfe. Vor politischen Versammlungen wurden sie angerufen und sogar Sportveranstaltungen widmete man ihnen. In jedem Ort gab es heilige Bezirke mit Altären, auf denen den Göttern geopfert wurde, sowie Tempel, in denen ihre Bildnisse als Statuen aufgestellt waren.

Seit dem 2. Jahrtausend v. Chr.. hatten sich Menschen aus verschiedenen Gegenden in Griechenland angesiedelt. Wissenschaftler vermuten, dass dabei Gruppen zusammentrafen, die verschiedene Götter anbeteten. Nach und nach hätten die Griechen die Geschichten ihrer Götter – man nennt sie auch Sagen oder ↑Mythen* – zusammengeführt und so eine große **Götterwelt** geschaffen.

Die Götter und ihre Aufgaben

Der wichtigste griechische Gott war Zeus. Er thronte auf dem Olymp, dem höchsten Berg Griechenlands. Zeus beherrschte die Natur und das Wetter – und hatte daher großen Einfluss auf das Wohlergehen der Menschen. Wenn er verärgert war, schickte er Blitz und Donner. Zeus konnte sich aber auch in viele Gestalten verwandeln und am Leben auf der Erde teilnehmen. Seine Frau Hera war die Beschützerin von Ehe und Familie sowie von allen verheirateten Frauen.

Wichtige Götter waren auch die Geschwister des Zeus: Seine Schwester Demeter sorgte für das Wachstum der Pflanzen, und sein Bruder Poseidon herrschte über Meere, Flüsse, Seen und Quellen. Man erkennt ihn an dem Dreizack, mit dem er seine Gegner bekämpfte und das Wasser aufwühlte. Seeleute baten um seinen Segen. Hades hingegen war der finstere König der Unterwelt. In seinem Reich herrschte er über die Toten. Weil er ihnen keine Rückkehr in die Welt der Lebenden gestattete, war er bei den Menschen gefürchtet.

Auch unter den zahlreichen Kindern des Zeus gab es bedeutende Götter: Athena hatte von ihrem Vater Weisheit und Erfindungsgabe geerbt. Sie war die Schutzherrin der Handwerker. Darüber hinaus wurde sie als Göttin des Kampfes und der Kriegstaktik verehrt. Athena galt als sehr selbstständig und ging nie eine Ehe ein. Deshalb wurde sie auch mit Jungfräulichkeit in Verbindung gebracht. In Athen verehrte man sie als Schutzgöttin der ↑Polis. Ihr Bruder Ares machte sich mit seiner aufbrausenden Art bei den übrigen Göttern nicht beliebt. Auch er war Kriegsgott, doch war sein Gebiet nicht die Taktik, sondern die blutige Schlacht.

Ein weiterer Sohn des Zeus war Apollon, der schöne, junge Gott des Lichts. Er war klug und konnte Menschen Klugheit bringen. Apollon war auch der Gott der Künste, vor allem des Gesangs. Zudem war er ein meisterhafter Bogenschütze. Seine Zwillingsschwester Artemis war die Göttin der Jagd, zugleich die Beschützerin der Tiere, aber auch der Frauen und Kinder.

Aphrodite blendete der Sage nach mit ihrer Schönheit. Als Göttin der Liebe schenkte sie den Menschen Leidenschaft. Begleitet wurde sie von dem geflügelten Eros, der ihre Opfer mit Pfeilen traf. Sie war so bezaubernd, dass Götter und Menschen versuchten, ihre Zuneigung zu gewinnen.

B

C

D

2. a) Finde heraus, welche der genannten Göttinnen und Götter abgebildet sind, indem du die Beschreibungen mit den Abbildungen vergleichst.
b) Stelle in einer Übersicht zusammen, für welche Bereiche des menschlichen Lebens welche Götter zuständig waren.

3. Wähle eine Gottheit aus und verfasse für sie eine Kontaktanzeige. Beschreibe sie dafür mit eigenen Worten und hebe ihre positiven Eigenschaften hervor. Erwähne dabei, welche Funktionen und welche Erkennungszeichen sie hat.
Tipp: Seite 196

4. Vergleiche die Vorstellungen, die die Griechen von ihren Göttern hatten, mit der Gottesvorstellung in deiner Religion.
Tipp: Seite 196

+ Stelle Gemeinsamkeiten und Unterschiede zu ägyptischen Gottheiten heraus (Seiten 54/55). Gehe dabei auf ihre Gestalten und Zuständigkeiten ein.

E

Die Olympischen Spiele

Unter diesem Zeichen kennen wir sportliche Wettkämpfe, die im Abstand von vier Jahren ausgetragen werden: die Olympischen Spiele. Im Jahr 1896 fanden sie zum ersten Mal statt – in Athen. Die Wettkämpfe gehen auf eine Idee des Franzosen Pierre de Coubertin zurück. Er wollte junge Sportler aus aller Welt zusammenbringen und dadurch zur Völkerverständigung und zum Weltfrieden beitragen. Warum aber wählte er den Namen **„Olympische Spiele“**?

Eine Entdeckung gibt den Anstoß

Ein archäologischer Fund, der im Jahr 1880 auf der griechischen Halbinsel Peloponnes gemacht wurde, war der Auslöser der Idee: Überreste riesiger antiker Sportstätten waren entdeckt worden – Olympia. Aus schriftlichen Quellen war schon lange bekannt, dass es in der ↑Antike Olympische Spiele gegeben hatte, die für die Griechen große Ereignisse waren. Was konnte man über sie herausfinden?

Worum es in Olympia ging

Die Forscher stellten Erstaunliches fest: Nicht ein Stadion war der Mittelpunkt der olympischen Anlagen, sondern ein riesiger Tempel. Darin stand ursprünglich eine über zwölf Meter hohe, vergoldete Zeus-Statue. Dem Gott zu Ehren fanden in Olympia Wettkämpfe statt – seit 776 v. Chr. ist dies schriftlich belegt. Alle vier Jahre wurde fünf Tage lang getanzt, gesungen, Sport getrieben und gebetet. Währenddessen galt der „olympische Frieden“: Mit dem Beginn der Spiele sollten die Waffen aller verfeindeten Griechen ruhen.

Griechische Poleis aus dem gesamten Mittelmeerraum sandten Teilnehmer nach Olympia. Die Athleten waren ausschließlich Männer. Frauen durften weder an den Wettkämpfen teilnehmen noch zuschauen. Für sie gab es Spiele zu Ehren der Göttin Hera.

Für den olympischen Wettkampf wurde hart trainiert: Das Trainingslager begann zehn Monate vor Beginn der Wettkämpfe, spätestens dreßig Tage vor Beginn mussten

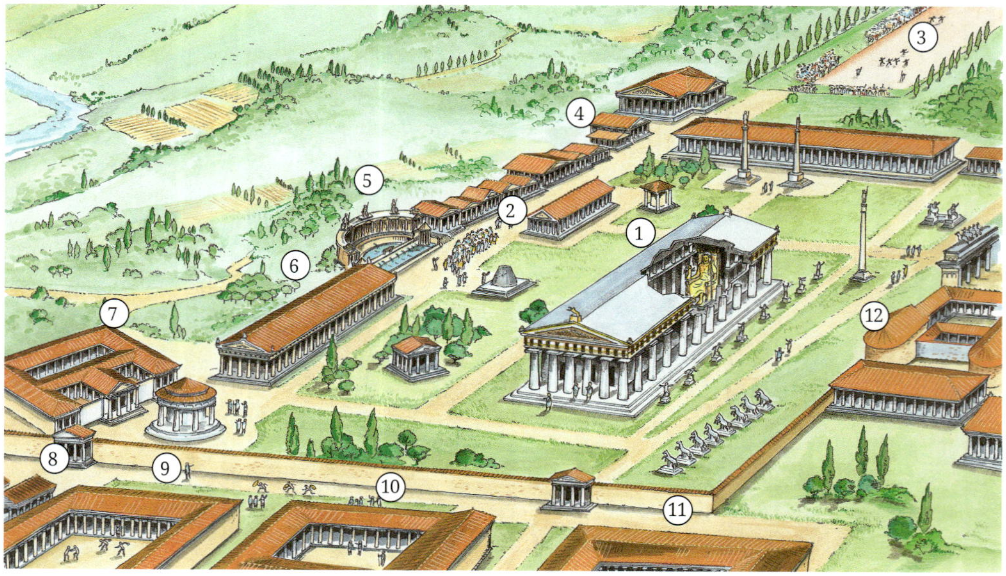

M1 *Olympia:*
① Zeustempel
② Aschenaltar
③ Stadion
④ Schatzhäuser für Opfergaben an Zeus
⑤ Brunnenanlage
⑥ Tempel für Hera
⑦ Sitz der Spielleitung
⑧ Übungsplatz (Gymnasion)
⑨ Palästra für die Ringkämpfe
⑩ Bäder
⑪ Gästehaus
⑫ Rathaus

die Athleten anwesend sein. Im Wettkampf zählte nur der Sieg. Bereits der zweite Platz galt als Schande. Verlierer kehrten oft auf Schleichwegen in ihre Heimat zurück. Die Sieger hingegen erhielten Kränze aus Zweigen des Ölbaums, der Zeus geweiht und deshalb heilig war. In ihrer Heimat wurden sie zudem mit Geschenken überhäuft und lebenslang versorgt!

Die sportlichen Wettkämpfe

Anfangs maßen sich die Athleten ausschließlich im Laufen: Neben dem Stadionlauf, der sich über die Länge des Stadions (192 m) erstreckte, gab es den Doppellauf, den Langlauf und den Waffenlauf. Dieser wurde ursprünglich mit Helm, Beinschienen, Speer und Schild ausgeführt, später allerdings vereinfacht. Nach und nach kamen weitere Sportarten hinzu (M 2). Die meisten von ihnen wurden nackt (griechisch: „gymnos") ausgeführt, daher spricht man von „gymnischen Disziplinen".

Die „hippischen Disziplinen" (von griechisch „hippos": „Pferd") wurden von ↑Adligen bestritten, da nur sie sich diese Sportarten leisten konnten. Für die vielen Zuschauer – es sollen immer wieder bis zu 40 000 gewesen sein – waren es zweifellos Attraktionen, wenn die Zwei- und Vierspänner ins Rennen gingen.

Das Ende der antiken Spiele

Die letzten dieser antiken Wettkämpfe fanden im Jahr 393 n. Chr. statt, dann wurden sie von ↑Kaiser Theodosius verboten. Er begründete dies damit, dass sie heidnisch seien und nicht zur christlichen Religion passen würden.

M2 Herzlich willkommen in Olympia!

Hier erfahren Sie das Wichtigste zum Ablauf der Spiele:

1. Tag: Vor dem Altar des Zeus versprechen die Teilnehmer, fair zu kämpfen. Die Kampfrichter geloben, gerecht zu urteilen. Kämpferlisten werden aufgestellt, Gegner ausgelost. Dann beginnen die Wettkämpfe.

2. Tag: Zuerst findet der Wettbewerb der Fanfarenbläser statt, dann folgt das Wagenrennen. Ein weiterer Höhepunkt ist der Fünfkampf: Die Athleten messen sich im Weitsprung, im Speer- und Diskuswerfen, im Stadionlauf und schließlich im Ringkampf. Der Tag wird mit einer Feier zu Ehren des Königs Pelops beendet, des sagenhaften Gründers der Spiele.

3. Tag: Dieser Tag ist für kultische Handlungen vorgesehen. Wettkämpfer, Abgesandte der teilnehmenden Städte, Kampfrichter und Priester ziehen zum Altar des Zeus und opfern dort Ochsen. Zu Ehren des Gottes finden ein Dichterwettstreit und ein Festmahl statt.

4. Tag: Vormittags finden die Laufwettbewerbe statt, nachmittags stehen Kampfsportarten auf dem Programm: darunter Ringen, Boxen, Waffenlauf.

5. Tag: Alle Sieger kommen zur Ehrung in den Zeustempel. Dabei werden ihre Namen, die Namen ihrer Väter und ihres Heimatortes verkündet. Sie opfern und werden in einem Festzug zum Rathaus geleitet, wo sie ein feierliches Mahl einnehmen. Dazu treten Musiker und Dichter auf.

Junger Sieger, um 500 v. Chr..

1. Untersuche die Rekonstruktionszeichnung des olympischen Geländes (M 1). Schreibe in eine Tabelle, welche Gebäude für den Sport und welche für religiöse Handlungen gedacht waren.

2. Erkläre, was die Olympischen Spiele der Antike ausmachte.

M3 Eine Rede auf die Spiele

Isokrates leitete eine Rednerschule in Athen. Im Jahr 380 v. Chr.. hielt er eine Rede auf die Olympischen Spiele. In ihr richtet er sich an alle Griechen und fordert sie nach einem langen Krieg zwischen den Städten Sparta und Athen auf, zusammenzuhalten und sich an ihre Gemeinsamkeiten zu erinnern:

Zu Recht lobt man diejenigen, die diese Festspiele eingeführt und uns diese Tradition vererbt haben. Denn ihnen verdanken wir es, dass wir uns alle an einem Ort versammeln, nachdem wir einen Waffenstillstand geschlossen und die Feindseligkeiten eingestellt haben. Dann opfern wir den Göttern gemeinsam und frischen die Erinnerung an unseren gemeinsamen Ursprung wieder auf. Dadurch verbessert sich für die Zukunft unser Verständnis füreinander, wir erneuern die alten Bande der Gastfreundschaft und knüpfen neue Freundschaften.
Sowohl die Zuschauer als auch die Sportler haben bei den Spielen ihr Vergnügen: Die Athleten zeigen sich stolz vor den versammelten Griechen ihre Leistungen, die Besucher erfreuen sich am Wettstreit um die Preise. Beide Gruppen finden so etwas, was ihrer Eitelkeit schmeichelt: Die Zuschauer, wenn sie sehen, wie sich die Wettkämpfer ihretwegen anstrengen, die Sportler, wenn sie daran denken, dass alle nur gekommen sind, um ihnen zuzuschauen.

Isokrates: Panegyrikos 43-44, S. 89 (bearbeitet)

Die Meinung eines Autors erkennen

Isokrates war kein Geschichtsschreiber, sondern ein Redner. Mit seinem Text gab er seine Meinung über die Olympischen Spiele wieder. Wenn du ihn sorgfältig liest, erfährst du, welche Meinung Isokrates hatte und wie er sie begründete.

- Entnimm dem Einführungstext die Angaben zum Verfasser, zur Art des Textes, zur Zeit seiner Entstehung und zu seinem Thema. Bestimme, an wen der Text gerichtet ist (Adressaten). Schreibe zu jedem Punkt einen Satz auf.
  Verfasser: Der Verfasser Isokrates leitete eine Rednerschule in Athen.
  Art des Textes: …
- Arbeite heraus, zu welcher Bewertung der Verfasser kommt. Gib seine Meinung in eigenen Worten wieder.
  Frage: Wie bewertet Isokrates die Olympischen Spiele?
  Antwort: …
- Achte darauf, welche Gründe der Verfasser für seine Überzeugung anführt. Notiere sie.

3. a) Betrachte M 5 und finde heraus, welche Sportarten wohl gezeigt sind.
Tipp: Seite 196

b) Recherchiere im Internet, welche alten Sportarten noch heute bei Olympischen Spielen ausgeübt werden und welche neuen dazugekommen sind.

4. Halte einen kurzen Vortrag: Warum hatten die Olympischen Spiele für Isokrates eine so große Bedeutung (M 3)? Beachte das Methodentraining und mach dir einen Stichwortzettel.

Was waren die Olympischen Spiele für Isokrates?
- nicht nur Sportereignis
- …

M5 Sportarten der antiken olympischen Spiele (auch M2, Seite 75)

M4 Verstöße gegen die Fairness

Der griechische Schriftsteller Pausanias lebte im 2. Jahrhudnert n. Chr. Er bereiste viele Gebiete, in denen Griechen lebten, auch in Rom ist er gewesen. Für interessierte Reisende verfasste er eine Beschreibung Griechenlands. Darin berichtete er von Skandalen bei Olympischen Spielen:

Auf dem Weg zum Stadion gibt es neben den Statuen der Sieger auch kleine Tempel. Diese wurden von den Strafgeldern errichtet, die die Athleten zahlen mussten, wenn sie gegen Regeln verstoßen hatten.
Der Thessalier Eupolos bestach die Faustkämpfer bei den 98. Spielen mit Geld. Das soll das erste Vergehen gegen die Spiele gewesen sein, und Eupolos und diejenigen, die von ihm Geschenke angenommen hatten, [...] wurden mit Geldstrafen belegt.
Die Inschrift auf der ersten Statue sagt, dass man einen Sieg in Olympia nicht mit Geld, sondern mit der Schnelligkeit der Füße und mit Körperkraft erringen soll. Die zweite sagt, dass die Statue zu Ehren der Gottheit und zur Abschreckung für frevelnde Athleten dastehe. Die Inschrift der sechsten Statue erklärt, dass die Statue zur Strafe für die Faustkämpfer errichtet worden sei. [...]
Es sollte eine Lehre für alle Griechen sein, dass niemand für einen olympischen Sieg Geld geben soll.

Pausanias 5, 21, 3 ff. (bearbeitet)

5. a) Erarbeite M4. Beachte auch hier die Hinweise zur Untersuchung von Textquellen.
b) Vergleiche, was Isokrates (M3) und Pausanias (M4) an den Olympischen Spielen interessiert.

6. Vergleiche die antiken Spiele auf der Grundlage deiner Erarbeitungen mit den heutigen und beurteile die Unterschiede.

Kunst und Kultur der Griechen

Wer mich schuf, hat man nicht herausgefunden – aber wann und wofür ich gemacht wurde und woraus ich bestehe, das kann ich euch verraten: Ich bin ein Kuros – ein Standbild eines jungen Mannes. Im 6. Jahrhundert v. Chr. wurde ich aus Marmor gestaltet. Die Menschen sahen in mir ein Vorbild, z. B. einen Sieger im Wettkampf. Sie stellten mich in einem Tempel auf, der dem Gott Apollon geweiht war. Übrigens: Berühmt bin ich für mein rätselhaftes Lächeln – das sogenannte „archaische Lächeln".

Gestatten, Apoll! Allerdings bin ich kein griechisches Original, sondern eine Kopie. Hier bin ich nämlich in Marmor zu sehen. Man vermutet, dass ich von dem griechischen Bildhauer Polyklet um 430 v. Chr. ursprünglich in Bronze gegossen wurde. Polyklet studierte den menschlichen Körper ganz genau. Er entwickelte den „klassischen Stil" der griechischen Kunst. Figuren wie mich schuf man übrigens, um sie in Tempeln aufzustellen.*

links oben:
***M1** Statue eines jungen Mannes, der sogenannte Kuros-Apollo Milani, um 530 v. Chr.*

rechts oben:
***M2** Apollon-Statue, um 460 v. Chr.*

* *klassischer Stil: Bildhauer stellten menschliche Figuren nicht mehr so starr dar wie noch einige Jahre vorher. Daher wirken klassische Skulpturen „bewegt" oder „beweglich".*

Noch heute sind viele Skulpturen aus der Zeit der griechischen ↑Antike erhalten und in unseren Museen zu besichtigen. Viele von ihnen stellen Götter dar. Zunächst wurden sie nach ägyptischen Vorbildern geschaffen (Seite 50, M 5). Spätere Bildhauer studierten den menschlichen Körper ganz genau und schufen Skulpturen, die beweglich wirken. Viele Bildhauer bevorzugten das Material Marmor. Es war besonders hart, sodass man Details gut herausarbeiten konnte. Am Ende bemalten die Bildhauer ihre fertigen Skulpturen sogar mit bunten Farben – das zeigen feine Farbteilchen, die ↑Archäologen auf den Fundstücken nachweisen konnten.

Forschen und fragen

Zur selben Zeit begannen griechische Forscher, die Vorgänge in der Natur genau zu beobachten, und leiteten daraus neue Sichtweisen auf die Welt ab: Thales von Milet (625–547 v. Chr.) z. B. reiste durch Ägypten und brachte von dort den Gedanken mit, dass Wasser der Urstoff der Welt sei. Andere Wissenschaftler nahmen an, dass Feuer oder Luft diese Bedeutung hätten. Demokrit (460–370 v. Chr..) dachte, dass alles in der Natur aus kleinsten Bauteilen bestehe, die er Atome nannte. Und konnte es sein, dass nicht Opfer an die Götter Heilungen bewirken, sondern Bäder, Massagen und gesunde Ernährung? Hippokrates (um 460–um 375/370 v. Chr.) war davon überzeugt. Heute gilt er als Begründer der wissenschaftlichen Medizin.

Der Philosoph Sokrates (470–399 v. Chr.) beschäftigte sich mehr mit der richtigen Lebensführung und damit, was gut, richtig und gerecht sei. Er glaubte, dass jeder Mensch mit seiner Vernunft zwischen Recht und Unrecht entscheiden könne. Deshalb ging er auf Marktplätze, um mit seinen Mitmenschen zu sprechen und sie zum Nachdenken zu bewegen.

M3 Sokrates stellt Fragen

Sokrates hat keine schriftlichen Werke hinterlassen. Was wir über ihn wissen, stammt hauptsächlich aus Schriften seiner Schüler Platon und Xenophon. Sie haben Gespräche, die Sokrates mit seinen Mitmenschen führte, aufgeschrieben. Hier sind zwei davon nacherzählt:

a) Der junge Philippos trifft Sokrates:
Philippos: He, Sokrates!
Sokrates: Guten Tag, Philippos. Wohin gehst du?
Philippos: Zu meinem Lehrer Protagoras! Das ist ein weiser Mann.
Sokrates: Ein weiser Mann? Warum eigentlich?
Philippos: Hm, er beantwortet alle meine Fragen, Sokrates.
Sokrates: Beantwortet er sie auch alle richtig?
Philippos: Ja sicher!
Sokrates: Woher weißt du das?
Philippos: Er selbst sagt es, Sokrates.
Sokrates: Also stimmt es, meinst du!
Philippos: Aber sicher! Oder nicht?
Sokrates: Ich weiß nicht, Philippos. Lass uns beide darüber nachdenken!

b) Der Krieger Trasybulos trifft Sokrates:
Trasybulos: Guten Morgen, Sokrates!
Sokrates: Guten Morgen, Trasybulos! Gut siehst du aus in deiner Rüstung!
Trasybulos: Ja gewiss, Sokrates. Bin ja auch ein tüchtiger Soldat!
Sokrates: So?
Trasybulos: Na hör mal! Ich habe kürzlich erst im Kampf zehn Thebaner totgeschlagen!
Sokrates: Brav, Trasybulos, sehr brav! Denn die Thebaner sind ja doch alle Lumpen!
Trasybulos: Genau das hat unser General auch gesagt, Sokrates.
Sokrates: Und der General der Thebaner hat zu seinen Soldaten gesagt, alle Athener seien Lumpen!
Trasybulos: Aber das stimmt ja nicht! Wir Athener sind keine Lumpen.
Sokrates: Sind denn die Thebaner Lumpen?
Trasybulos: Wie? Meinst du etwa, unser General habe nicht recht?
Sokrates: Ich weiß es nicht. Lass uns das nächste Mal darüber weitersprechen.

Zitiert nach: G. A. Süß u. a.: Curriculum Geschichte I. Altertum, 1975, S. 75

Porträt des Sokrates, antike Marmorbüste

1. a) Betrachte M 1 und M 2. Wie wirken die Bilder auf dich? Welches Bild gefällt dir besser? Begründe deine Meinung.
b) Untersuche mithilfe des Darstellungstextes: Entspricht das Vorgehen Polyklets (M 2) den wissenschaftlichen Forschungen seiner Zeit?

2. Lest die Dialoge in M 3 laut mit verteilten Rollen und untersucht sie in Partnerarbeit.
a) Erklärt mit eigenen Worten, was Philippos und Trasybulos begreifen sollen.
b) Wie geht Sokrates vor? Formuliert dazu einen kurzen Text.
c) Schreibt in einem zusammenfassenden Satz auf, was Sokrates mit seinen Gesprächen erreichen wollte.

3. Diskutiert, aus welchen Gründen die klassische Kultur ein Vorbild für Menschen in späteren Zeiten war.

i

***Philosophie** bedeutet „Liebe zur Weisheit“. Sie versucht, die Welt mit dem Verstand zu erfassen und Antworten auf Fragen zu finden, die der Mensch sich stellt, z. B.:*
- *Was ist die Welt und das Universum?*
- *Wie sollen wir leben?*
- *Was ist der Sinn des Lebens?*
- *Wie sollte ein Staat aufgebaut sein?*
- *Was ist eine gute und gerechte Regierung?*

So ähnlich könnte ein Gespräch zwischen zwei Bauern aus der Landschaft Attika verlaufen sein, die sich um 600 v. Chr.. auf dem Marktplatz von Athen, dem Zentrum der attischen ↑Polis*, getroffen haben könnten.

* *attische Polis: anderer Name für die Polis Athen, zu der auch Attika gehörte, das Umland der Stadt*

Bauern in Not

Die 150 000 Einwohner der attischen Polis wurden zu dieser Zeit von Adelsfamilien beherrscht. Die ↑Adligen sahen sich als Nachfolger jener Helden, deren Tapferkeit und Mut in vielen alten griechischen Sagen gelobt wurde. Man nannte die Helden „aristoi“: „die Besten“. Von diesem Begriff leitet sich der Begriff **↑Aristokratie** ab: Adelsherrschaft.

Die herrschenden Familien waren kriegerisch und hatten sich durch Raubzüge bereichert. Ihnen gehörte der größte Teil des Landes. Immer mehr Kleinbauern dagegen konnten ihre Familien nicht mehr ernähren. Sosehr sie sich auch mühten – die adligen Großgrundbesitzer boten ihre Waren einfach billiger an! Kamen noch Missernten dazu, mussten viele Bauern die Adligen um Unterstützung bitten und verschuldeten sich. Wenn sie ihre Schulden nicht zurückzahlen konnten, wurden sie mit ihren Familien zu ↑Sklaven der Adligen.

Kann der Adlige Solon die Probleme der Bauern lösen?

Die Verschuldeten forderten eigenes Land. Es kam zu Spannungen und Unruhen in Athen. In dieser Krisensituation riefen die Athener den hoch angesehenen Adligen Solon als Schiedsrichter an. Seine Vorschläge und Neuregelungen schienen überzeugend: Zunächst erließ er den Bauern die Schulden und kaufte die Versklavten frei. Um den Bauern ein besseres Einkommen zu ermöglichen, förderte er die Anpflanzung von Olivenbäumen.

Zugleich gab Solon den reicheren **↑Bürgern** mehr Mitwirkungsmöglichkeiten in der Polis: Nicht mehr die adlige Abstammung sollte Voraussetzung für die politische Beteiligung sein, sondern das Vermögen. Solon legte fest: Wer mitbestimmen wollte, musste sich eine Rüstung und Waffen leisten und für die Polis kämpfen können. Er teilte die Athener in verschiedene Vermögensklassen ein und wies jeder Klasse Mitwirkungsrechte zu.

Darüber hinaus sollten die ↑Volksversammlung und das Volksgericht in Athen für jeden zugänglich sein. Für seine Verdienste um die griechische ↑Gesellschaft wurde Solon später zu den sieben Weisen Griechenlands gezählt.

M1 Glaukos, der Held

Die „Ilias“ ist eine Sammlung von alten, lange mündlich überlieferten Sagen über den Trojanischen Krieg, bei dem griechische Helden erfolgreich kämpfen. Einer von ihnen ist Glaukos, der Sohn des Hippolochos. Er stellt sich folgendermaßen vor.

Hippolochos schickte mich nach Troja und trug mir vielfach auf, immer Bester und den anderen überlegen zu sein und meinen Vorfahren nicht Schande zu machen, die immer die weit Besten waren [...] in ganz Lykien. Aus diesem Geschlecht rühme ich mich zu stammen.

Homer: Ilias 6, 207–211. Übersetzt von W. Schadewaldt, 1975 (bearbeitet)

***M2** Szenen aus dem Leben Adliger auf einem griechischen Gefäß, um 600 v. Chr.*

M3 Aus einem Gedicht Solons

Um 594 v. Chr. beschrieb Solon:

[Die Adligen] stehlen und raffen von überall alles; sie schonen weder die Tempel noch den Besitz der Gemeinde. [...] Dadurch verfällt die Stadt in schlimme Knechtschaft, denn die Verschuldeten müssen den Adligen wie Sklaven als Knechte dienen. Die Knechtschaft entzweit das Volk im Inneren und weckt schlafenden Krieg, der dann grausam viel blühendes Leben zerstört. [...]
So kommt das Unglück in das Haus eines jeden.

Nach: Solon: Eunomia-Elegie, 6–25

1. Arbeite aus dem Text, M1 und M2 heraus, wie die Adligen um 600 v. Chr. in Athen lebten und welches Bild sie von sich hatten.

2. Stellt euch vor, ein Gesandter aus einer griechischen Polis besucht Solon, um von ihm zu erfahren, wie Probleme unter Armen und Reichen in einer Polis gelöst werden könnten.
   a) Erarbeitet zu zweit den Inhalt von M3 mithilfe des Methodentrainings auf Seite 82 und gebt den Inhalt der Quelle in eigenen Worten wieder.
   b) Entwerft in Partnerarbeit das Gespräch. Notiert zuerst mithilfe des Textes und M3 dazu Fragen und mögliche Antworten. Tragt das Gespräch zu zweit vor der Klasse vor.

3. Arbeite aus dem Text auf Seite 88 (ab Zeile 35) heraus, was sich durch die Reformen Solons in Athen geändert hat.

4. Diskutiert, ob die gesellschaftlichen Probleme gut gelöst wurden.

\+ Erkläre, warum sich wohl gerade ein Adliger für die Beteiligung des Volkes einsetzt.

Bürger, Metöken und Sklaven

ZEITREISE Auf der Agora

Auf der Agora, dem großen Marktplatz von Athen, wimmelt es von Menschen. Unter ihnen ist Timon. Er kommt von der Insel Andros und ist mit Philemon, dem ↑Sklaven seines Onkels, hier zu Besuch. Philemon erklärt, dass die meisten Einwohner der attischen ↑Polis in der Stadt Athen leben. Für sie bieten die Bauern aus dem Umland ihre Waren an: Feigen und Oliven, Wein und Gemüse. Händler aus fernen Ländern bringen Gewürze und vor allem Getreide. Philemon sagt: „In den letzten Jahren haben die Lebensmittel der attischen Bauern für die vielen Menschen nicht mehr gereicht. Deshalb kommen manche Händler sogar vom Schwarzen Meer hierher!"

Eine athenische Münze. Die Eule ist das Symbol für die Weisheit Athenas, der Schutzgöttin Athens. Außerdem ist der Zweig eines Ölbaums darauf zu sehen und die drei Anfangsbuchstaben des Wortes „Athen".

Aber auch die Töpferwaren beeindrucken Timon. Er staunt. Ob er wohl später auch Handwerker in Athen werden kann – oder gar Besitzer einer Werkstatt mit vielen Arbeitern? Doch Philemon erklärt ihm, dass so große Werkstätten sehr selten sind.

Die Metöken

„Schau dich um!", sagt Philemon, „viele Handwerker, die du hier siehst, sind nicht einmal ↑Bürger Athens, sondern Metöken: ‚Mitbewohner'. Die allermeisten führen nur einen kleinen Betrieb und sind nicht reich. Außerdem müssen Metöken Militärdienst leisten und Steuern zahlen. So ginge es ja auch dir, wenn du nach Athen ziehen würdest. Und politisch beteiligen oder vor Gericht für dich sprechen dürftest du nicht. Das kann nur ein ↑Bürger tun." „Aber wenn ich ganz reich werde, kann ich doch Athener Bürger werden?", fragt Timon. „Nur wenn die Athener Bürger damit einverstanden sind – sonst nicht."

Die Sklaven

In einer Ecke des Marktes ist ein Stand, wo besonderes Gedränge herrscht und laut geboten wird. Timon läuft aufgeregt hin, Philemon folgt ihm widerwillig. „Was ist denn da los? Philemon, warum kommst du nicht?" „Hier werden Sklaven verkauft, Timon. Ich erinnere mich daran, wie ich als Kind nach dem verlorenen Krieg ebenso verkauft wurde. Dein Onkel hat mich genommen, da habe ich Glück gehabt. Bei ihm arbeite ich nun in der Werkstatt und bin ja ganz gut versorgt. Richtig schlimm ist es für die Sklaven, die in den Bergwerken arbeiten müssen! Sie arbeiten sehr hart und oft unter Lebensgefahr, bis sie die Erze ans Tageslicht gezerrt haben. Solche Sklaven machen Athen reich und müssen doch selbst hungern."

Timon hat nie darüber nachgedacht. Sklaven sind doch überall, im Haus und auf den Baustellen, in der Landwirtschaft und sie arbeiten sogar als Ordnungshüter. Häufig machen sie die harte Arbeit. Er will trotzdem genau schauen und drängelt sich nach vorn. Am Stand wird gerade eine junge Töpferin angeboten. Sie wird teuer verkauft. Aber ihr neuer Besitzer geht zufrieden mit der jungen Frau davon, denn Fachkräfte werden gesucht. Plötzlich begreift Timon, was es bedeuten kann, als Kind in die Sklaverei verkauft zu werden. Scheu sieht er Philemon von der Seite an.

Doch Philemon sagt: „Ich zeige dir noch die Akropolis (Seite 91, M 4). Du siehst sie jetzt schon da oben. Früher war das eine Burg, jetzt sind eine Menge Tempel und Statuen dort zu sehen. Die Athener feiern und opfern dort den Göttern. Nun komm, wir wollen uns beeilen."

M1 Händler auf einem Vasenbild, um 540 v. Chr.

M2 Menschen als Besitz?

Der Philosoph Aristoteles (384–322 v. Chr.) schrieb über die Sklaven:

So ist jedes Besitzstück ein Werkzeug zum Leben und der gesamte Besitz eine Masse solcher Werkzeuge und der Sklave ein lebendiges Besitzstück. Manche Lebewesen zeigen schon bei ihrer Geburt so große Unterschiede, dass die einen zum Dienen, die anderen zum Herrschen bestimmt erscheinen. Es gibt viele Arten dienender Wesen, z. B. Tiere und Sklaven. Es ist vorteilhafter, über einen Menschen zu herrschen als über ein Tier, denn er leistet mehr.

Aristoteles: Politik 1253 b ff. (bearbeitet)

M3 Arbeit in einer Grube. Tontafel, um 580 v. Chr..

1. Schreibe einen Bericht darüber, wie die Athener ihren Lebensunterhalt verdienten. Gehe dabei auch auf die Rolle der Sklaven ein.
   Tipp: Seite 196

2. Stelle die Lebenssituationen eines freien Bürgers, eines Metöken und eines Sklaven einander gegenüber. Lege dazu eine Tabelle mit drei Spalten an. Schreibe jeweils eine Aussage auf zu
   - ihrer rechtlichen Situation,
   - ihren Pflichten.

3. a) Erstelle ein Schaubild, das die Rangordnung der Bürger, Metöken und Sklaven in der Polis Athen verdeutlicht.
   Tipp: Seite 196

   b) Überlege: Wie könnte man die Händler und Handwerker in dieses Schaubild einordnen? Sprich darüber zuerst mit einer Partnerin oder einem Partner. Füge deinem Schaubild dann Händler und Handwerker hinzu.

M4 Blick in eine Töpferwerkstatt. Vasenmalerei, um 510 v. Chr. Links arbeiten zwei Männer an einem Speicherkrug, in der Mitte werden Krüge zum Brennen gebracht, ganz rechts wird ein Brennofen befeuert. Der bekleidete Mann mit Stab ist wohl der Inhaber dieser Werkstatt.

Die Panathenäen – das Fest der Athener

Ein Gott erhält ein Schaf und wohlriechende Öle als Opfer. Rechts ist der Altar zu sehen, der immer im Freien vor dem Tempel stand. Bemalte Holztafel aus dem 6. Jahrhundert v. Chr..

ZEITREISE Ein Festumzug

Timon ist in froher Stimmung. Er darf zum großen Panathenäen-Fest gehen, dem prächtigsten Fest der ↑Polis Athen. Die Einwohner feiern damit jedes Jahr die Geburt der Göttin Athene, ihrer Stadtgöttin. Sie soll Athen beschützen – nicht nur nach außen gegen Feinde, sondern auch nach innen, indem sie den Frieden zwischen den Bewohnern erhält. Außerdem gilt die Göttin als Förderin des Handwerks und der Künste, also eines wichtigen Wirtschaftszweiges. Damit sie der Polis wohlgesonnen bleibt, bringen die Athener ihr Opfer. Alle vier Jahre werden zudem wie in Olympia sportliche und künstlerische Wettkämpfe abgehalten. Das wurde Timon aber nur erzählt. Denn in diesem Jahr ist der große Festumzug der Höhepunkt der Feier! Bereits in der Nacht haben junge Männer und Frauen mit Liedern und Tänzen die Göttin geehrt. Im Morgengrauen hat sich der Umzug dann in Bewegung gesetzt. Sein Weg verläuft vom Heiligen Tor über die Agora, den Marktplatz, am Gerichtsgebäude vorbei bis zur Akropolis. Dort, vor dem Tempel der Athena, dem prächtigen, bunt bemalten Parthenon, der zum Dank über den Sieg über die Perser gebaut worden ist, endet der Zug.

Trotz der frühen Stunde ist Timon unter den Zuschauern. An der Spitze des Zugs schreiten die Oberbeamten der Stadt, gefolgt von den ↑Bürgern. Ihnen folgen junge Athener in voller Bewaffnung. Mädchen tragen die Opfergeräte. Im Zentrum des Zuges gehen Athenerinnen. Sie tragen das größte Geschenk für die Göttin: einen neuen Mantel. Gemeinsam haben sie ihn im vergangenen Jahr gewebt.

Auch Zugezogene, die Metöken, dürfen an der Prozession teilnehmen, obwohl sie nicht Athener Bürger sind. Am Schluss führen ↑Sklaven die zahlreichen Opfertiere. Hunderte von Kühen, Schafen und Stieren werden Athene zu Ehren später geschlachtet! Haut und Knochen sollen auf den Altären verbrannt werden, aber das Fleisch bekommen die Armen von Athen.

M1 *Eine spätere römische Kopie des Standbildes der Göttin Athene auf der Akropolis*

Der Zug bewegt sich nun durch den Torbau der Akropolis, die Propyläen, an der Statue der Athena vorbei zum Hauptaltar vor dem Parthenon. Besonders beeindruckt ist Timon von dem zwölf Meter hohen Standbild der Athena Parthenos im Inneren des Tempels (M 1), das mit Gold und Elfenbein verkleidet ist! Es stammt von dem berühmten Bildhauer und Architekten Phidias, der nach den Kriegen gegen die Perser für den Wiederaufbau der Akropolis verantwortlich war. Angeblich hat er neun Jahre allein an diesem Standbild gearbeitet!

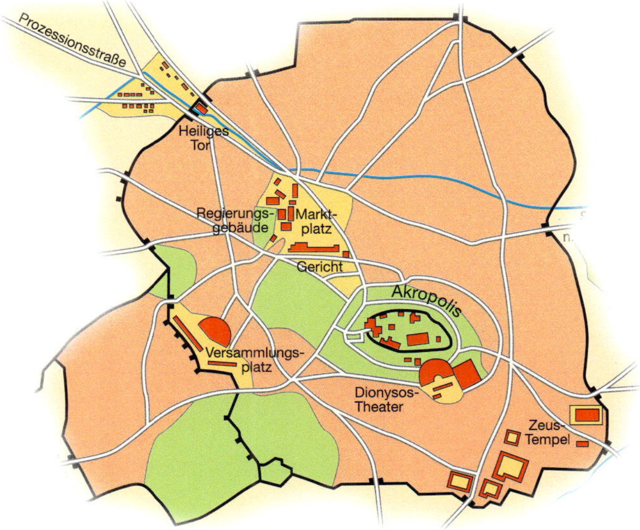

M 2 *Stadtplan des antiken Athen*

1. Fertige auf einem großen Blatt eine Zeichnung von dem Festzug an, in der die Abfolge der beteiligten Menschen und Tiere deutlich wird.

2. Suche die in der Zeitreise genannten Orte auf dem Stadtplan M 2.

3. Die Athener betrieben einen enormen Aufwand für das Panathenäenfest. Erkläre, was sie damit zum Ausdruck bringen wollten.

4. In heutiger Zeit kennen wir Umzüge vor allem im Zusammenhang mit Karneval und Schützenfesten. Vergleicht den Ablauf und die Bedeutung solcher Feste mit dem Panathenäenfest.

M 3 *Der Festumzug erreicht die Akropolis in Athen. Heutige Rekonstruktionszeichnung*

Theater in Athen – alles Unterhaltung?

Betritt man heute ein griechisches Theater, kann man gut nachempfinden, dass hier große Feste gefeiert wurden. Für die Griechen gehörten sie zum Leben in der ↑Polis. Im Dionysos-Theater in Athen trafen bis zu 14 000 ↑Bürger zusammen, um Aufführungen mit Schauspielern und Chören zu erleben. Der Eintritt war frei, denn wohlhabende Athener bezahlten die Mitwirkenden. Sie hofften, dadurch ihre Beliebtheit in der Polis zu vergrößern. Was aber erwartete die Besucher im Theater?

Festspiele zu Ehren des Dionysos

Die jedes Jahr im Frühling stattfindenden Festspiele zu Ehren von Dionysos, dem Gott des Weines und der Lebensfreude, bescherten den Athenern die beeindruckendsten Theatererlebnisse. Die Festspiele begannen immer mit einer Opferprozession. Danach wurde den Besuchern ein fünftägiges Wettbewerbsprogramm geboten, in dem mehrere Dichter mit ihren Stücken gegeneinander antraten.

Drei Tage lang wurden ernste Stücke, Tragödien, aufgeführt. Sie handelten von Menschen, die Unrecht getan hatten und dadurch in großes Elend fielen. Anschließend gab es einen Tag lang Komödien, in denen Alltägliches unterhaltsam und oft lustig-übertreibend behandelt wurde. Oft wurde dabei über bekannte Persönlichkeiten gespottet. Am letzten Tag trug man den Besuchern Gedichte vor. Wie die Tragödien und Komödien sollten auch die Gedichte die Besucher zum Nachdenken darüber anregen, wie sich Menschen in schwierigen Situationen verhalten sollten. So war das Theater nicht nur unterhaltsam, sondern zugleich lehrreich und informativ.

Zuschauen durften nur freie Bürger; Frauen waren auf den hinteren Plätzen zugelassen. Am Ende entschieden unparteiische Preisrichter, wer Sieger sein sollte. Das Publikum konnte aber durch Beifall oder Buhrufe mitbestimmen. Der Gewinner bekam einen Ehrenkranz aus Efeu. Hohes Ansehen in der Polis war ihm gewiss.

M1 *Blick von den Zuschauerrängen auf das Theater in Epidauros auf der Peloponnes. Es ist das am besten erhaltene antike Theater. Das Athener Theater war ähnlich gebaut.*

M2 *Schemazeichnung eines Theaters*

Im griechischen Theater wurden alle Rollen von Männern gespielt. Sie trugen Masken wie diese.

M4 DER FRIEDEN – ein Stück von Aristophanes

Inhaltsangabe:
Der Weinbauer Trygaios fliegt in den Olymp, um Zeus zu befragen, warum er die Griechen dauernd Krieg führen lässt. Es stellt sich heraus, dass sich die Götter wegen des vielen Schlachtenlärms längst aus dem Olymp zurückgezogen haben und dass die Friedensgöttin Eirene in einer Schlucht gefangen ist. Der Krieg, der als Person auftritt, zerstampft inzwischen die griechischen Städte in einem Mörser. Trygaios gelingt es, Eirene zu befreien, und es beginnt eine Zeit des Friedens.
Als Trygaios zu den Menschen zurückkehrt, wird er von den Sensenschmieden und den Töpfern gelobt – doch Lanzen-, Helm- und Panzerhersteller werfen ihm Geschäftsschädigung vor. Die Menschen, die friedlich leben wollen, sind ihm aber dankbar, und Trygaios wird fortan als Wohltäter der Griechen gerühmt.

M3 Wozu dient die Dichtkunst?

In einem Theaterstück gibt der Dichter Aristophanes (um 450 – um 380 v. Chr.) ein Gespräch zwischen zwei berühmten griechischen Dichtern wieder. Es sind Aischylos und Euripides – beide haben wirklich gelebt. Sie sprechen darüber, welche Aufgaben ihre Kunst hat:*

Aischylos: Sprich, Euripides, was ist's, weshalb einem Dichter Bewunderung gebührt?
Euripides: Talent, Wissen – und weil wir die Menschen in den Städten besser machen! [...]
Aischylos: Für kleine Kinder ist der Lehrer da, um ihnen den rechten Weg zu weisen, für die reifere Jugend der Dichter. Es darf nicht anders sein!

Aristophanes: Die Frösche, 4, 2 (bearbeitet)

1. Beschreibe den Aufbau eines griechischen Theaters (M 1, M 2) mithilfe folgender Begriffe:
   Skene (Hütte aus Holz mit dem Bühnenbild), Orchestra (antiker Tanzplatz, Spielfläche), Theatron (Aufbau für die Zuschauer)
2. Informiere dich über das Theaterstück „Der Frieden" von Aristophanes (M 4). Erläutere dann die Bedeutung des Theaters in Athen. Beziehe M 3 ein.
3. Stell dir vor, du bist ein junger Journalist. Schreibe für die Zeitung „Geschichtliche Nachrichten" einen Artikel über das griechische Theater. **Tipp:** Seite 196

\+ Erörtert, welche heutigen Medien die Rolle des antiken Theaters ausfüllen.

Wie entstand die athenische Demokratie?

M1 Bis ins 7. Jahrhundert war es Adligen vorbehalten, auf Pferden in den Krieg zu ziehen.

Der Politiker Solon hatte um 600 v. Chr. in der athenischen ↑Gesellschaft Frieden gestiftet, indem er den Armen aus ihrer Not half, ohne die Reichen zu sehr zu belasten. Er hatte nicht nur die ↑**Adligen**, sondern auch Bürger – je nach ihrem Vermögen – an der Mitwirkung in der ↑Polis beteiligt (S. 86/87). Es galt nämlich der Grundsatz, dass der in der Polis mitbestimmen durfte, der eine besondere Leistung für sie erbrachte. War nicht auch der Kriegsdienst eine solche Leistung?

Die Perserkriege und der Aufstieg Athens

Um 500 v. Chr. kam das Zusammenleben von Griechen und Persern im Reich der persischen Großkönige in eine Krise: Die Perser hatten etwa 50 Jahre zuvor die griechischen Poleis an der Westküste der heutigen Türkei unterworfen. Den Griechen ließen sie zuerst viele ihrer Freiheiten und verlangten nur regelmäßige Tribute*. Dann aber schränkten die Perser die alten Rechte der Griechen ein. Dagegen setzten sich einige Poleis zur Wehr. Sie fanden Unterstützung bei den Städten auf der anderen Seite des Ägäischen Meers im griechischen Kernland. Aus diesem begrenzten Konflikt entwickelte sich im Lauf weniger Jahrzehnte ein Krieg der Perser gegen die Griechen. In diesem konnten sich die Griechen schließlich durchsetzen.

Der entscheidende Sieg über die Perser gelang ihnen 480 v. Chr. in der Seeschlacht bei der Insel Salamis nahe Athen. Danach schlossen viele griechische Poleis ein Bündnis, den Attischen Seebund. So wollten sie sich vor weiteren Angriffen der Perser schützen. In diesem Bündnis wurden die Athener wegen ihrer starken Flotte bald die stärkste Kraft. Um den Schutz der athenischen Flotte zu erhalten, mussten die Bündnispartner Abgaben an Athen entrichten. So wurde Athen im 5. Jahrhundert mächtig und reich.

Demokratie in Athen

Nach den Perserkriegen entstand in Athen eine neue politische Ordnung, die jedem ↑Bürger die Mitwirkung in der Politik ermöglichte. Die Griechen nannten dies „↑**Demokratie**“*, also „Volksherrschaft“: Wie war es dazu gekommen?

Du hast bereits erfahren, dass der athenische Politiker Solon etwa 50 Jahre vor den Perserkriegen durchgesetzt hatte, dass jeder Bürger politische Ämter übernehmen konnte. Einzige Voraussetzung: Er musste so reich sein, dass er sich eine Rüstung anschaffen und als schwer bewaffneter Kämpfer in der Phalanx (M3) kämpfen konnte. Nach den Perserkriegen forderten besitzlose Athener Bürger, ebenfalls wählen und Ämter übernehmen zu dürfen. Sie begründeten dies damit, dass sie auf den Kriegsschiffen als Ruderer eingesetzt worden waren und entscheidend zum Sieg Athens beigetragen hatten. Die adligen Politiker Ephialtes und Perikles setzten diese Forderungen um. Die Bürger Athens entwickelten in den Jahrzehnten danach ein großes politisches Bewusstsein und beteiligten sich engagiert an der Demokratie.

** Das griechische Wort Demokratie setzt sich aus „demos“ (Volk) und „kratein“ (herrschen) zusammen.*

** Tribute: Zahlungen von Schwächeren an Stärkere; eine Art Steuern. Sie wurden als Zeichen der Unterwerfung aufgefasst.*

M2 Die „Gefallenenrede" des Perikles

Der Geschichtsschreiber Thukydides gibt eine Rede des athenischen Politikers Perikles (490–429 v. Chr.) wieder, die dieser zum Gedenken an im Kampf verstorbene („gefallene") Soldaten hielt. Darin heißt es:

Die Gefallenen, die wir heute ehren, verdienen unser Lob. Denn sie haben die Stadt in Krieg und Frieden völlig unabhängig gemacht. Ich will hier nicht ihre Kriegstaten aufzählen. Vielmehr will ich zeigen, durch welche Eigenschaften unsere Stadt so groß geworden ist.

Wir haben eine Verfassung, deren Name Demokratie ist, weil sie auf der Mehrheit der Bürger beruht. Vor dem Gesetz sind alle Bürger gleich, und ihr Ansehen richtet sich nach ihren persönlichen Leistungen. Auch der Arme nimmt Einfluss, wenn er für den Staat etwas leisten kann.

Ich spreche so ausführlich von unserer Stadt, weil die Lebenden genauso tapfer sein sollen wie die Gestorbenen. Sie sollen sich die Macht unserer Stadt Tag für Tag vor Augen halten. Sie sollen daran denken, dass Männer, die in Krieg und Frieden Kühnheit, Pflicht- und Ehrgefühl besaßen, das Beste, was sie hatten, der Allgemeinheit zum Opfer brachten. Diese Männer seien euer Vorbild!

Thukydides: Der Peloponnesische Krieg II, 35–43 (bearbeitet)

i

Die griechischen Kriegsschiffe werden „Triëren" (sprich: „Tri-eren") genannt. Eine Triëre war mit drei („tri") Reihen Ruderern besetzt. Gemeinsam machten sie das Schiff besonders schnell. So konnten gegnerische Schiffe kraftvoll gerammt und zum Sinken gebracht werden.

***M3** Phalanx. Die Einzelkämpfer zu Pferd wurden um 650 v. Chr. abgelöst durch schwer bewaffnete Fußsoldaten, die Hopliten. Sie kämpften in Reih und Glied. Eine solche Phalanx war nur siegreich, wenn die Hopliten gut zusammenarbeiteten.*

1. Beschreibe die Aufgaben der Krieger in M 1, M 3 und M 4 und vergleiche sie. Versuche dir vorzustellen, wie sie sich gefühlt haben.

2. Erkläre mithilfe des Textes (ab Zeile 54) den Zusammenhang zwischen der Entstehung der Demokratie in Athen und der Bedeutung ihrer Flotte.

3. Arbeite aus der Rede des Perikles (M 2) heraus, wie er den Kriegstod der gefallenen Athener rechtfertigt. Zeige, welche Absicht er mit dieser Trauerrede verfolgte.
   Tipp: Seite 196

4. Der Philosoph Heraklit sagte: „Der Krieg ist der Vater aller Dinge." Diskutiert, ob das auch für die athenische Demokratie zutrifft. Listet als Vorbereitung auf, was dafür- und was dagegenspricht.

***M4** Kriegsschiffe, die von Ruderern bewegt wurden, gab es seit dem 6. Jahrhundert v. Chr.*

Wie wurde Athen regiert?

ZEITREISE Kallias besucht eine Volksversammlung

Attika im Jahr 432 v. Chr.: Der Bauer Kallias kommt im Morgengrauen nach Athen. In der Nähe der Stadt besitzt er ein kleines Stück Land, auf dem er Oliven, Feigen und Wein anbaut. Was er oder seine Familie nicht selbst verbrauchen, verkauft er auf dem Markt in der Stadt. So kann er sich Korn dazukaufen, damit seine Familie genug Brot hat.

Obwohl er öfters in die Stadt kommt, geht er immer mit gemischten Gefühlen nach Athen. Er bewundert die öffentlichen Gebäude und Tempel auf der Akropolis, die vor Kurzem gebaut worden sind. Sie machen ihn sogar ein wenig stolz, ein Athener ↑Bürger zu sein. Doch er selbst hat von dem Reichtum nach den Siegen über die Perser nicht viel abbekommen. Vor allem ärgert ihn die Einstellung vieler Stadtbewohner, die sich über die Bauern des Umlandes wegen ihrer rauen Sprache lustig machen. Sie halten sich auch für gebildeter. Für sie ist es kein Problem, vor Gericht oder in der **↑Volksversammlung** aufzutreten und öffentlich zu sprechen!

** Rat der 500: Er beriet die eingereichten Anträge, bevor die Volksversammlung stattfand, und organisierte deren Ablauf.*

***M1** Ein Modell des Platzes, auf dem die Volksversammlung stattfand*

Die Regeln der Volksversammlung

Die Sitzung beginnt bereits im Morgengrauen. Die Volksversammlung tagt vierzig Mal im Jahr am Fuß des Hügels Pnyx in der Nähe der Akropolis. Sie berät über Krieg und Frieden, über Gesetze für die Athener, die religiösen Feste und die öffentlichen Theaterveranstaltungen. Bei wichtigen Fragen müssen 6 000 männliche Bürger anwesend sein, damit die Abstimmung gültig ist. Die Tagesordnung ist einige Tage vorher überall in der Stadt ausgehängt worden. Da Kallias nicht lesen kann, musste sie ihm vorgelesen werden. In der Volksversammlung hat jeder Bürger das Recht zu reden.

Beim Betreten der Versammlung wird kontrolliert, ob Kallias Athener Bürger ist. Er erhält eine Marke, gegen die er nach der Sitzung sein Tagungsgeld bekommt. Dann setzt er sich auf einen freien Platz. Die Sitzung beginnt mit Gebeten und Opferhandlungen: Es wird still. Alle wollen sich der Hilfe der Götter versichern.

Danach hört er den vorbereiteten Anträgen des Rates der 500* zu. Die Mitglieder der Volksversammlung können ihnen entweder zustimmen oder sie ablehnen. Neue Anträge sind in der Volksversammlung nicht zugelassen, sondern müssen erst im Rat vorberaten werden.

Kallias' Nachbarn, Bauern wie er, schimpfen halblaut vor sich hin. Alles sei doch schon vorher entschieden, warum müssten sie überhaupt in die Stadt kommen?

Kallias, der vor einigen Jahren schon einmal Mitglied des Rates war, kann ihnen erklären: „Mitglied des Rates wird jeder Bürger, wenn ihn das Los trifft. Im Rat sind sowohl Städter als auch Bewohner des Landes und der Küste vertreten. So lernt jeder die Probleme der anderen kennen und jeder kann seine Meinung äußern. Wenn die Tagesordnungspunkte aber nicht vorher schon besprochen wären, säßen wir heute Abend noch hier."

M2 Mit einer solchen Wasseruhr wurde die Redezeit gemessen. Jeder Redner bekam dieselbe Zeit – etwa sechs Minuten!

Beraten und entscheiden

Kallias hat auf der Volksversammlung schon manche heftige Diskussionen erlebt, z. B. um die Frage, ob man einen Strategen* wiederwählen sollte: Würde er zu mächtig werden, wenn er wieder ein Jahr lang den Oberbefehl über einen Teil des Heeres bekäme? Im vergangenen Jahr hatten sie sogar mit Scherben (M 2) darüber abgestimmt, ob der Stratege Perikles für zehn Jahre verbannt werden sollte. Angeblich war er zu einflussreich geworden.

Heute gibt es aber keine hitzigen Debatten. Die Bürger beraten darüber, wie sie die Stadt mit Getreide versorgen können. In Athen wohnen so viele Menschen, dass die Stadt auf die Getreidezufuhr von außerhalb angewiesen ist. Der Rat der 500 schlägt vor, einen ↑Beamten zu beauftragen, mit Staatsgeldern Getreide hinzuzukaufen, um Getreideknappheit und einen Preisanstieg zu verhindern. Wie so oft folgt die Mehrheit der Bürger den Vorschlägen des Rates. Das Getreide wird also den Bürger zum gewohnten Preis zur Verfügung stehen können. Wie gut, dass Athen reich ist!

1. Stelle die Regeln zusammen, die für die attische Demokratie galten. Lies dafür den Text genau durch. Orientiere dich an den unterstrichenen Begriffen. Beachte auch die Abbildungen. Schreibe dann heraus, wer was tun darf. Hebe dabei besonders die Aufgabe der Volksversammlung hervor.

2. Finde Gründe dafür, dass die Strategen gewählt, die anderen Ämter aber verlost wurden.
   Tipp: Seite 196

3. Erläutere, wie in Athen sichergestellt werden sollte, dass viele Bürger an der Demokratie teilhaben konnten.

** Stratege: ein Amt in Athen. Die Bürger Athens wählten zehn Strategen als militärische Anführer der Truppen.*

*Scherbe heißt auf Griechisch „ostrakon", das Fachwort für eine Abstimmung mit Scherben, ein sogenanntes **Scherbengericht** ist daher „Ostrakismos".*

***M3** Scherbe mit der Aufschrift „Perikles [Sohn des] Xanthippos"*

Zeitreisen – untersuchen und gestalten

Im vorigen Kapitel hast du den Bauern Kallias auf einer „Zeitreise" nach Athen begleitet und erfahren, wie die athenische ↑Demokratie funktionierte. Die Erzählung ist keine ↑Quelle aus der damaligen Zeit, sondern ein Text, den sich ein Schulbuchautor ausgedacht hat. Wie ist er dabei vorgegangen?

In einer „Zeitreise" steckt der Autor nicht einfach Personen, die heute leben könnten, in historische Kostüme. Vielmehr geht jede „Zeitreise" von Quellen aus. Sie stellt Erkenntnisse von ↑Historikern in einer einfachen Erzählung dar. Immer geht es dabei also um eine Annäherung an Geschichte. Auf dieser Seite zeigen wir anhand von Texten von Historikern und Textquellen aus der griechischen ↑Antike, wie wir auf die „Zeitreise" mit dem Bauern Kallias gekommen sind.

1. Betrachte zunächst die Bilder auf der vorigen Doppelseite und lies die Bildinformationen. Suche dann in der Geschichte vom Bauern Kallias, wie die Informationen in der Geschichte verarbeitet wurden.

2. a) Ordne die Informationen aus M 4 der Geschichte vom Bauern Kallias zu.
b) Finde dann heraus, welche Teile der Geschichte der Autor frei ergänzt hat. Wie ist er wohl darauf gekommen?

3. Verfasse auf Grundlage von M 5 und den Texten auf Seite 99 selbst eine Geschichte über einen Bürger – nennen wir ihn Telemon –, der Mitglied des Rats der Fünfhundert wird.

4. Sprecht in Kleingruppen darüber, ob die Zeitreisen glaubwürdig über die athenische Demokratie informieren. Sind sie darüber hinaus noch gut geschrieben?

\+ Ergänze deine Ergebnisse zu Aufgabe 3 auf Seite 97.

M4 Die athenische Demokratie

a) Die Webseite „Kinderzeitmaschine" bietet viele Informationen, die von Historikern erarbeitet sind. Über Perikles heißt es dort:

Perikles hat sehr viel für die Entwicklung der Demokratie in Athen getan. Er sorgte z. B. dafür, dass Amtsträger Geld für ihre Tätigkeit erhielten. So konnten auch ärmere Athener Politik betreiben. [...] Vor allem war Perikles auch wegen seiner Redekunst bekannt. So gelang es ihm immer wieder, das athenische Volk zu überzeugen.

www.kinderzeitmaschine.de (20.06.2015)

b) Die Webseite der TV-Reihe Planet Wissen schreibt über die athenische Demokratie:

In den Jahrzehnten [nach 500 v. Chr.] füllen die Athener [die ↑Volksversammlung] erfolgreich mit Leben. Auch die ärmeren ↑Bürger nehmen nun immer selbstbewusster ihren Platz in der Politik ein. Und das neue Antlitz der Stadt bestärkt sie darin. Betritt man Athen beispielsweise von Südwesten, so fällt einem sofort die Pnyx am Rande des Marktplatzes ins Auge. In diesem herrschaftlichen Bau werden 40 Mal im Jahr die Volksversammlungen abgehalten. Jeder männliche Bürger über 18 Jahre darf teilnehmen – und entsprechend lebhaft geht es zu.

www.planet-wissen.de (20.06.2015; bearbeitet)

c) Der griechische Philosoph Platon (428–348 v. Chr.) schrieb:

Jeder steht auf und beratschlagt mit – in gleicher Weise Zimmermann, Schmied, Schuster, Kaufmann, Schiffseigner; arm wie reich; von hoher und niedriger Abstammung.

Platon: Protagoras 71 (bearbeitet)

Der Tempel des Schmiedegottes Hephaistos diente wahrscheinlich auch der Verehrung der Stadtgöttin Athene. In ihm fand das „Bohnenlos“ statt.

Das Metroon (sprich: „Metro-on“), ein quadratisches Gebäude auf der Westseite der Agora, gilt als Amtssitz des Rates der Fünfhundert. Hier wurde über die Gesetze, die der Volksversammlung vorgelegt wurden, beraten und entschieden.

Die Tholos, ein rundes Gebäude mit einem Durchmesser von knapp 20 Metern, diente den 50 Prytanen als Amtssitz. Sie wurden dort auch mit Essen und Trinken versorgt, da mindestens ein Drittel von ihnen selbst in der Nacht anwesend sein musste. Archäologen fanden in der Umgebung zahlreiche Scherben mit Inschriften. Sie geben Auskunft über die gereichten Speisen: Käse, Gemüse und Wein.

***M5** Rekonstruktionszeichnung der **Agora** in Athen.*
Die Informationen wurden zusammengestellt nach: J. M. Camp: Die Agora von Athen, 1989

Der Rat der 500 und die Prytanen

Aus vielen Inschriften, die in Athen gefunden wurden, haben Historiker folgende Informationen über den Rat der 500 gewonnen:

- Die Mitglieder des Rats der 500 wurden durch das „Bohnenlos“ aus den Bürgern bestimmt, die älter als 30 Jahre und zur Kandidatur bereit waren. Das **Losverfahren** gab – so glaubten die Griechen – den Willen der Götter bekannt.
- Am Tag der Auslosung versammelten sich alle Bewerber im Tempel des Hephaistos. Dort legte man in einen Krug Täfelchen mit den Namen der Bewerber, in einen anderen Krug schwarze und weiße Bohnen. Dann zog man gleichzeitig einen Namen und eine Bohne. War diese weiß, hatte der Bewerber gewonnen.
- Bevor die Ausgelosten als Ratsherren vereidigt* wurden, mussten sie aber zunächst eine Reihe von Fragen beantworten – z.B., ob sie seit mindestens drei Generationen das Athener Bürgerrecht besäßen, immer ihren Wehrdienst abgeleistet und die Götter verehrt hätten.
- Da man als Ratsherr seinem Beruf nur eingeschränkt nachgehen konnte, erhielt jeder täglich einen geringen Geldbetrag – etwa so viel, wie ein ungelernter Arbeiter verdiente. Ein Gesetz verbot, dass jemand mehr als zweimal im Leben Ratsherr sein konnte.
- In ihrem Amtsjahr genossen Ratsherren aber auch Ehrungen: Sie waren von der Wehrpflicht befreit und saßen im Theater auf Ehrenplätzen.
- Jeweils 50 Ratsherren waren für den zehnten Teil des Jahres Prytanen. Diese beriefen die Volksversammlungen ein, bestimmten die Tagesordnung und leiteten die Versammlungen. Außerdem wurde jeden Tag aus der Gruppe der Prytanen ein Mann ausgelost, der 24 Stunden als Stadtoberhaupt die Schlüssel zu den Tempeln aufbewahrte, wo auch die Schätze der Polis lagerten.

** vereidigen: von jemandem einen feierlichen Schwur verlangen*

Nichtbürger – Athener zweiter Klasse?

Das Bürgerrecht und damit das Recht, in der ↑Demokratie mitzubestimmen, hatte nicht jeder Athener. Außer ↑Sklaven, die als Besitz ihres Herrn galten, durften sich auch Metöken und Frauen nicht an der Politik beteiligen. Welche Möglichkeiten aber hatten die Nichtbürger, das Leben in der ↑Polis mitzugestalten?

Die Metöken

Griechische Vasenmalerei, um 500 v. Chr.

Metöken waren langjährige Einwohner Athens, die nicht das Bürgerrecht besaßen, da sie oder ihre Vorfahren nicht in Athen geboren waren. Von dem Metöken Lysias erzählt ein antiker Schriftsteller, wie er dennoch in der Polis mitwirkte: Lysias war ein Sohn des Kephalos aus Syrakus, einer griechischen Kolonie auf Sizilien. Kephalos war nach Athen gezogen und hatte dort eine Waffenschmiede eröffnet. Lysias selbst wurde in Athen geboren und mit den Söhnen angesehener Athener gemeinsam erzogen. Als junger Mann führte er die große Werkstatt seines Vaters weiter und wurde wohlhabend. Doch als Sohn eines Metöken war auch er Metöke und durfte daher kein politisches Amt übernehmen.

Lysias fand aber andere Wege, sich politisch zu beteiligen: Er unterstützte die demokratische Polis finanziell. Beispielsweise stellte er dem Strategen Thrasybulos zweitausend Drachmen zur Verfügung sowie zweihundert Schilde aus seiner Werkstatt. Außerdem schrieb er im Auftrag von Athener Bürgern Reden für die Volksgerichte. Seine Auftraggeber lernten sie auswendig und trugen sie bei Gericht vor.

Wegen seiner Verdienste für die Polis Athen beschloss die ↑Volksversammlung, ihm das Bürgerrecht zu schenken. Doch es stellte sich heraus, dass der Antrag, über den abgestimmt worden war, Fehler enthalten hatte. Am Ende wurde der Beschluss wieder aufgehoben und Lysias lebte, vom Bürgerrecht ausgeschlossen, für den Rest seines Lebens als Metöke in Athen. Er starb im Alter von über achtzig Jahren.

Die Frauen

Frauen durften im antiken Athen nicht an der Volksversammlung teilnehmen und auch keine politischen Ämter annehmen. Vor der Zeit der Demokratie waren vor allem adlige Frauen allerdings vielfach öffentlich aufgetreten. Dann aber wurden ihre Möglichkeiten eingeschränkt, sich am öffentlichen Leben zu beteiligen. Dies kann mit der großen Bedeutung erklärt werden, die die Männer als Krieger für die Polis hatten. Als die Demokratie in Athen fest eingerichtet war, bekamen auch Frauen wieder mehr Möglichkeiten, an der Gestaltung der Polis mitzuwirken.

Der Stratege Themistokles wollte die Metöken und Handwerker in Athen von Steuern befreien, damit von überall her viele kommen und ihr Gewerbe hier ausüben. Dies hielt Themistokles nämlich für äußerst nützlich für den Aufbau der Flotte.

M1 Ein antiker Schriftsteller gibt hier einen Vorschlag des Strategen Themistokles während der Perserkriege wieder. (Diodor 11, 43, 3; bearbeitet)

M2 Ein altgriechisches Frauenfest

Die Quellen berichten von einer wichtigen öffentlichen Aufgabe der Frauen in Athen. Jedes Jahr im Spätherbst vor dem Ausbringen der Wintersaat feierten sie ein drei Tage dauerndes Fest zu Ehren von Demeter, die Thesmophorien. Damit baten sie die Göttin des Ackerbaus um ihren Beistand für Athen. Männer mussten für die Ausrichtung des Festes bezahlen, durften aber nicht teilnehmen. Für einen Teil des Festes stellte die Volksversammlung ihren Ort auf dem Hügel Pnyx zur Verfügung. Den Ablauf stellte der Historiker Jan N. Bremmer dar:

Die Thesmophorien für Demeter [...] fanden jährlich statt und dauerten im Allgemeinen drei Tage [...]. Der erste Tag war als „Aufstieg" bekannt, weil das Fest mit dem „Aufsteigen" der Frauen mitsamt ihrer Ausrüstung, Lebensmitteln und quiekenden Ferkeln [Opfertieren] zu den Heiligtümern der Demeter anfing. Die Frauen bauten sich Hütten, in denen sie während der Feiern blieben [...].
Der zweite Tag hieß „Nesteia" („Fasten"), und die Frauen verbrachten ihn mit Fasten und Auf-dem-Boden-Sitzen. An diesem Tag wurden in Athen Gefangene begnadigt, und es fanden keine Gerichtssitzungen und Ratstreffen statt.
Danach stand die Fruchtbarkeit von Land und Menschen im Zentrum der Aktivitäten: Am dritten Tag, den „Kalligeneia", wurden verrottete Reste von Ferkeln aus unterirdischen Gruben geholt, wo sie einige Zeit gelagert hatten, und wurden als künftiges Düngemittel auf Altäre gelegt. Zudem wurde Kalligeneia als Göttin der Geburt angerufen.

J. N. Bremmer: Götter, Mythen und Heiligtümer im antiken Griechenland, 1998, S. 90 ff. (bearbeitet)

***M3** Grabstein einer Großmutter mit ihrem Enkelkind aus Athen. Grabmäler zeigen, dass der Familie große Bedeutung zugemessen wurde. Die verheirateten Frauen hatten auch für die Gräber zu sorgen und die Friedhöfe zu pflegen.*

1. a) Erläutere anhand des Textes M 2 und der Abbildung M 3, welche Rolle Frauen in der demokratischen Polis Athen spielten.
   b) Was könnte eine Frau von heute darauf antworten?

2. a) Liste mithilfe des Textes die wichtigsten Daten aus dem Leben des Metöken Lysias auf.
   b) Verfasse ein Streitgespräch zwischen Themistokles und einem Athener Bürger über die Frage, ob Metöken von der Steuerzahlung ausgenommen werden sollten (M 1).
   Tipp: Seite 196

   c) Arbeite – auch anhand von M 1 – heraus, wie ein Metöke am politischen Leben teilnehmen konnte.

Demokratie damals und heute

Athener in der Volksversammlung. Rekonstruktionszeichnung

Bis in die Gegenwart beruft sich, wer die ↑Demokratie erklären will, auf die ↑Antike. Doch auch wenn der Begriff der gleiche ist, so gibt es doch große Unterschiede zwischen der Demokratie, wie wir sie in Deutschland kennen, und der Demokratie der Athener. Worin bestehen sie?

Wer bestimmt – Bürger oder ihre Vertreter?

Du hast bereits erfahren, wie die griechische Demokratie funktionierte. ↑Historiker nennen eine solche Demokratie eine direkte Demokratie. Denn die ↑Volksversammlung, in der jeder ↑Bürger das Wort ergreifen und über die vorliegenden Gesetzesanträge abstimmen konnte, hatte in allen Angelegenheiten der ↑Polis das letzte Wort. Wie es den Griechen gelang, dass möglichst viele ihrer Bürger mitbestimmen konnten, das hast du ebenfalls erfahren: durch Losverfahren, durch den Rat und die Prytanen, die die Volksversammlung leiteten und Gesetze vorformulierten, sowie durch strenge Redezeitbeschränkung. So konnte jeder, der wollte, reden, ohne dass die Sitzungen zu lange dauerten. Das funktionierte in einer Stadt, die nur etwa 10 000 Bürger hatte, ganz gut. Vor allem auch, weil gute Redner wie Perikles immer wieder die Volksversammlung von ihren Plänen überzeugen konnten. Du hast allerdings auch erfahren, dass viele Athener bei den Volksversammlungen gar nicht zugelassen waren: die Frauen, die Metöken und die ↑Sklaven.

In Deutschland dürfen heute alle etwa 50 Millionen deutschen volljährigen Staatsbürgerinnen und -bürger in der Demokratie mitbestimmen. Dabei wählen sie Menschen, die sie repräsentieren (vertreten). Als Abgeordnete ziehen diese in Parlamente ein, z. B. in das Europäische Parlament, in den Bundestag, in Landtage oder in Gemeinderäte. Dort werden dann die Gesetze beraten und beschlossen. Jeder Wahlberechtigte darf sich auch zum Abgeordneten wählen lassen (passives Wahlrecht). Und er darf in den Parteien bei der Auswahl der zukünftigen Abgeordneten mitbestimmen.

Abgeordnete im Parlament, dem Bundestag in Berlin, aktuelles Foto

Bewunderung und Kritik

Manche Menschen fordern auch heute mehr direkte Demokratie, wie sie im antiken Athen bestand. Damals hätten die Bürger mehr Mitsprachemöglichkeiten gehabt. Andere wenden ein, es sei undemokratisch gewesen, Frauen, Metöken und Sklaven von politischer Mitsprache auszuschließen, und behaupten, die Demokratie in Athen verdiene ihren Namen nicht. Wie wird das in der Forschung beurteilt?

M1 Athen – eine Demokratie?

Der Historiker Wolfgang Schuller beschäftigt sich mit der Demokratie in Athen und lehrte bis 2004 an der Universität Konstanz. Hier haben wir in Interviewform einige seiner Aussagen zusammengestellt:

Kann man bei der Polis Athen überhaupt von einer Demokratie sprechen?
Hin und wieder wird die Meinung geäußert, dass ja wohl nur die Wohlhabenden an der Willensbildung beteiligt gewesen seien. Die Athener haben dieses Problem selbst gesehen. Deshalb sind Zahlungen an die Abgeordneten eingeführt worden. So sollte jedem ermöglicht werden, sich zu beteiligen. Ein anderes waren die vielen Regeln und Verfahren, die bewirkten, dass alles so zügig wie möglich ablief.

Aber Frauen hatten kein Recht, an der Volksversammlung teilzunehmen. Gehören Frauen etwa nicht dazu?
Frauen hatten bis ins letzte Jahrhundert kaum irgendwo politische Rechte. Wenn wir die fehlenden politischen Rechte der Frauen der Demokratie in Athen vorwerfen, dann messen wir sie mit einem Maßstab, der in Deutschland noch keine hundert Jahre gilt. Schließlich dürfen Frauen bei uns erst seit 1918 wählen! Und Menschen, die das Bürgerrecht eines Staates nicht besitzen, sind ja noch heute von politischer Mitwirkung ausgeschlossen, so wie damals die Metöken.

Können wir also sagen, dass die Demokratie in Griechenland erfunden wurde?
Ich denke schon. Wir dürfen auch nicht übersehen, dass in der Geschichte nie wieder so viele Menschen an der Demokratie teilnahmen wie in Athen – auf die Größe der Bürgerschaft bezogen natürlich.

Zusammengestellt nach: W. Schuller: Griechische Geschichte, 1991, S. 37 f.

Eine Historikermeinung untersuchen

Wenn ein Historiker sich mit einem Thema der Vergangenheit befasst, geschieht dies, weil er das Thema für wichtig hält und heutigen Menschen seine Sicht der Vergangenheit mitteilen möchte. Um solche Texte zu verstehen, untersuche sie mithilfe folgender Schritte:

- Entnimm dem Einführungstext Informationen zum Thema, zum Verfasser und zur Zeit der Entstehung des Textes. Manchmal musst du auch etwas recherchieren, z. B. im Internet. Schreibe zu jedem Punkt einen Satz auf.
  Thema: ...
  Verfasser: ...
  Entstehungszeit: ...
- Kläre unbekannte Begriffe. Fasse dann jeden Abschnitt in einer kurzen Formulierung zusammen.
  Im ersten Abschnitt spricht der Historiker von ...
- Arbeite heraus, zu welcher Beurteilung der Verfasser kommt. Schreibe diese in eigenen Worten auf.

1. Erstelle anhand des Textes und deiner bereits gewonnenen Erkenntnisse über die Demokratie in Athen eine Tabelle zu den Vorzügen und den Nachteilen antiker und moderner Demokratie.

2. a) Untersuche M 1 mithilfe des Methodentrainings.
b) Erkläre, aus welchem Blickwinkel der Historiker urteilt.
c) Nimm Stellung zu der herausgearbeiteten Beurteilung des Autors. Formuliere z. B.:
Ich finde, der Verfasser hat recht/nicht recht, wenn er schreibt, dass ...

Griechische Spuren in unserer Zeit

Gruppenarbeit: Eine Mindmap anfertigen

Welchen Einfluss hat die Kultur der griechischen Antike auf unsere Lebenswelt?
Beantwortet diese Frage, indem ihr dazu in Dreiergruppen eine Mindmap erarbeitet (Seite 202).

1. Legt jemanden aus der Gruppe fest, der auf die Zeit achtet, und jemanden, der die nötigen Arbeiten koordiniert. Beachtet: Jeder ist für den Erfolg der Gruppe verantwortlich.

2. Beschäftigt euch arbeitsteilig mit den Materialien zu den Themen „Theater", „Gymnasium" und „Philosophie". Formuliert stichwortartig Antworten auf die oben gestellte Frage.

\+ Wer als erstes mit seinen Materialien fertig ist, sucht in den vorangegangenen Kapiteln nach weiteren Einflüssen auf unsere Lebenswelt. Ihr solltet mindestens einen weiteren Bereich finden.

\+ Wer als zweites fertig ist, beginnt mit der Gestaltung einer Mindmap auf einem Blatt im Format A3.

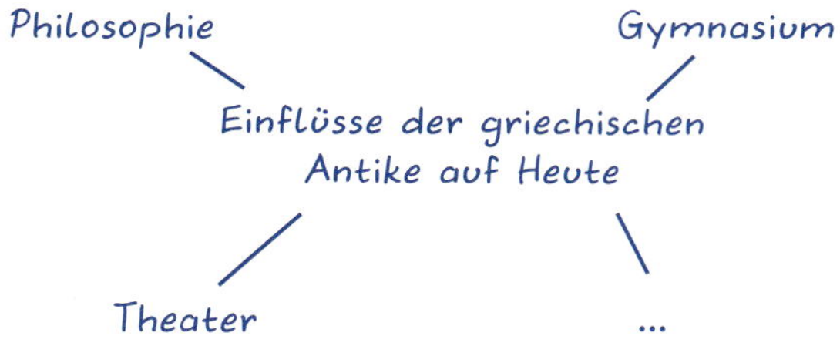

3. Stellt eure Mindmap fertig, indem ihr eure Ergebnisse übertragt. Nutzt nicht nur Begriffe, sondern auch Bilder/Fotos. Achtet auf eine übersichtliche Gestaltung.

4. Führt anschließend einen Galeriegang durch:
a) Bildet neue Gruppen, die aus je einem Mitglied der alten Gruppen bestehen. Geht in diesen neuen Gruppen von Plakat zu Plakat. Immer derjenige, der das jeweilige Plakat erarbeitet hat, präsentiert den anderen das Ergebnis seiner Gruppe. Nach einer vorher festgelegten Zeit erfolgt im Uhrzeigersinn ein Wechsel zum nächsten Plakat.
b) Vergleicht eure Ergebnisse und stimmt über das am besten gelungene Plakat ab. Einigt euch vorher über die Bewertungskriterien (Form und Inhalt).

Thema 1: Theater für Viele

M 1 *Innenraum des „Großen Schauspielhauses", auch: „Theaters des Volkes", in Berlin, das 1919 eröffnet wurde*

Noch heute werden Theaterstücke der antiken Griechen aufgeführt. Sie bringen Probleme, die immer aktuell sind, zur Sprache: So fragt das Stück „Der Frieden" von Aristophanes, das du auf Seite 93 kennengelernt hast, nach der Möglichkeit, in einer friedlichen Welt zu leben.

In der griechischen ↑Antike entwickelten sich aber auch bauliche Teile des Theaters, die wir heute noch kennen: die Bühne und das Bühnengebäude, in dem sich die Schauspieler umziehen oder Requisiten lagern konnten, und der rund angelegte Zuschauerraum. Die besondere Architektur ermöglichte es, dass jeder Zuschauer das Schauspiel gut sehen und hören konnte.

Zu Beginn des 20. Jahrhunderts stützten sich manche Architekten bei ihren Entwürfen für Theaterbauten auf die antiken Vorbilder. Sie wollten Theatervorstellungen für Menschenmassen statt nur für wenige ermöglichen. Der Regisseur Max Reinhardt sprach in den 1920er-Jahren vom „demokratischen Volkstheater".

Das Umschlagmotiv des Romans „Sofies Welt“

Thema 2: Schule damals und heute

In der griechischen Antike waren es in erster Linie Jungen, die eine Schule besuchten. Nicht alle hatten diese Möglichkeit, denn die Eltern mussten den Unterricht selbst bezahlen. Wer aber ein „Gymnasion“ besuchen durfte, erhielt dort ab dem Alter von sieben Jahren Unterricht im Lesen, Schreiben und Rechnen – vor allem aber in Sport: Springen, Laufen, Rennen und Ringen gehörten zu den Pflichtsportarten. Auch wenn dir das heute komisch vorkommt: Sie wurden nackt – griechisch: „gymnos“ – ausgeübt.

M2 *Vasenmalerei, 6. Jahrhundert v. Chr..*

Der Name der Schulform, die du besuchst, ist vom griechischen Namen zwar abgeleitet, aber sonst ist manches im „Gymnasium“ anders: In Deutschland gibt es diese Schulform seit mehr als hundert Jahren. Im altsprachlichen Gymnasium legte man viel Wert auf Latein und Griechisch; im neusprachlichen lernte man moderne Fremdsprachen wie Französisch und Englisch. Das naturwissenschaftliche Gymnasium, auch Oberrealschule genannt, stellte Fächer wie Physik oder Biologie in den Mittelpunkt. Heutzutage spielen diese Unterschiede meistens keine Rolle mehr. Unsere heutige Schulform soll Schülerinnen und Schüler auf ein Studium an einer Universität vorbereiten, indem sie viele Fähigkeiten und Wissen in verschiedenen Bereichen vermittelt.

Thema 3: Die Philosophie

Der griechische Philosoph Sokrates brachte seine Mitmenschen zum Nachdenken und Fragen. Der norwegische Schriftsteller Jostein Gaarder erzählt in dem Roman „Sofies Welt“, wie es danach mit der Philosophie weiterging.

M3 Sofies Welt

Die vierzehnjährige Sofie erhält Briefe eines unbekannten Absenders, die Fragen stellen: „Wer bist du?“ oder „Woher kommt die Welt?“ In einem der Briefe heißt es:

Liebe Sofie! Viele Menschen haben unterschiedliche Hobbys. Manche sammeln alte Münzen oder Briefmarken, andere handarbeiten gern, noch andere widmen fast all ihre Freizeit einer bestimmten Sportart. […] Gibt es trotzdem etwas, das alle interessieren sollte? Gibt es etwas, das alle Menschen angeht? […] Die Philosophen meinen, ja. Sie meinen, dass der Mensch nicht vom Brot allein lebt. Alle Menschen müssen natürlich essen. Alle brauchen auch Liebe und Fürsorge. Aber es gibt noch etwas, das alle Menschen brauchen. Wir haben das Bedürfnis, herauszufinden, wer wir sind und warum wir leben. […]

Einer der alten griechischen Philosophen, die vor über zweitausend Jahren gelebt haben, glaubte, dass die Philosophie durch die Verwunderung der Menschen entstanden sei. Der Mensch findet es so seltsam zu leben, dass die philosophischen Fragen ganz von selber entstehen, meinte er. […]

DIE FÄHIGKEIT, UNS ZU WUNDERN, IST DAS EINZIGE, WAS WIR BRAUCHEN, UM GUTE PHILOSOPHEN ZU WERDEN.

J. Gaarder: Sofies Welt. Roman über die Geschichte der Philosophie, 1993, S. 19ff. (gekürzt)

Wenn du die vorangegangenen Seiten bearbeitet hast, kannst du folgende Aufgaben lösen bzw. Fragen beantworten. Ob du richtigliegst, erfährst du auf Seite 205.

***M1** Rekonstruktionszeichnung des Standbilds der Schutzgöttin Athene im Parthenon, dem Haupttempel auf der Akropolis (→rechts)*

M2 Die Bürger und die Politik

Der Geschichtsschreiber Thukydides lebte im 5. Jahrhundert v. Chr.., zur Zeit des Perikles. Er überliefert eine Rede, die dieser auf die ↑Polis Athen gehalten haben soll:

Wir Athener sorgen sowohl für unseren ↑Oikos [Haus] als auch für unsere Polis [Stadt]. Jeder von uns geht zwar seinem Beruf nach. Dennoch bildet sich jeder auch eine Meinung über die Angelegenheiten der Polis. Wer dem politischen Leben fernsteht, ist für uns nicht ein stiller ↑Bürger, sondern ein schlechter. Nur wir entscheiden in den Angelegenheiten der Polis selbst – oder denken sie doch wenigstens genau durch. [...] Ich fasse zusammen: Unsere Stadt ist eine Schule, ein Vorbild, für ganz Griechenland.

Thukydides: Peloponnesischer Krieg 40 f. (bearbeitet)

1. Beschreibe M 1. Welche Gedanken und Gefühle löste das Standbild wohl bei einem Menschen der Antike aus? Begründe.

2. Erkläre, was den Griechen ein Gefühl von Zusammengehörigkeit verschaffte, obwohl sie in Siedlungen lebten, die durch Gebirge oder das Meer getrennt waren.

3. Stelle in einem kurzen Text die Unterschiede der heutigen Olympischen Spiele zu denen der Antike heraus.

4. Heute ist Athen die Hauptstadt ganz Griechenlands. Erörtere, ob diese Aussage auch für die Antike galt.

5. Untersuche die Quelle M 2:
   a) Bestimme die Entstehungszeit des Textes und benenne sein Thema. Wer ist der Verfasser? Wer ist der Redner?
   b) Gib die Meinung des Redners in eigenen Worten wieder.
   c) Überprüfe mit deinem Wissen über die griechischen Poleis die Meinung des Redners. Formuliere ein abschließendes Fazit.

\+ Thukydides war wie Perikles ein Athener Stratege. Wegen eines militärischen Misserfolgs musste er seine Heimat verlassen. Erst nach Jahren konnte er zurückkehren. Erläutere, wie sein Lebenslauf seine Darstellung beeinflusst haben könnte.

Leben in der griechischen Polis

Anders als an den weitläufigen Nilufern in Ägypten, wo viele Menschen zusammenarbeiteten und eine übergeordnete ↑Verwaltung entstand, entwickelte sich in der zerklüfteten griechischen Landschaft kein einheitliches Reich. Hier bildeten sich viele voneinander unabhängige Stadtstaaten (Poleis; Singular: **Polis**) heraus. Eine Polis war nicht größer als eine heutige Kleinstadt und hatte ein Zentrum mit Marktplatz (**Agora**), Regierungsgebäuden, **Theatern**, Schulen und Tempeln; auch Ackerflächen gehörten dazu. In einigen Poleis entstanden erste Reihenhäuser. In der Zeit der Kolonisation (ca. 750–550 v. Chr..) gründeten Griechen auch Stadtstaaten an vielen Küsten des Mittelmeeres.

Den Lebensmittelpunkt jeder griechischen Familie bildete der **Oikos** (Plural: Oikoi), die Haus- und Wirtschaftsgemeinschaft. Unser Begriff Ökonomie (Wirtschaft) ist davon abgeleitet. Der Oikos umfasste die Familie **freier Bürger**. Nur diese durften Land besitzen. Außerdem gehörten zum Oikos Bedienstete und ↑**Sklaven**, Land, Gebäude und alle beweglichen Gegenstände.

Die Griechen lebten weit verstreut, dennoch einte sie der Glaube an gemeinsame **Götter** und an sagenhafte Erzählungen ihrer Geschichte, wie die „Ilias“, die der Dichter Homer überliefert hatte (↑**Mythos**, Plural: Mythen). Auch hatten die Griechen eine gemeinsame Sprache und Schrift. Alle vier Jahre feierten Menschen aus allen griechischen Poleis Wettkämpfe und Spiele zu Ehren des höchsten griechischen Gottes Zeus: die **Olympischen Spiele**.

Im 5. Jahrhundert v. Chr. wurde Athen zur mächtigsten und reichsten griechischen Polis: Es beherrschte viele Inseln im Ägäischen Meer. In Athen entstanden prächtige Bauwerke wie z. B. der Parthenontempel auf der **Akropolis**. Handwerker produzierten kunstvolle Vasen, Dichter schrieben Theaterstücke, die noch heute gespielt werden; es entstand die **Philosophie**.

Damals war die Staatsform in Athen die ↑**Demokratie**, die Volksherrschaft. Diese hatte die ↑**Aristokratie**, die Adelsherrschaft, abgelöst. Allerdings durften nur die Bürger Athens in der ↑**Volksversammlung** mitbestimmen. Frauen hatten kein Stimmrecht, ebenso wenig die **Metöken** (zugewanderte Freie) und die Sklaven.

- **776 v. Chr.** Textquellen berichten, dass erstmals die Olympischen Spiele stattfanden.
- **um 750 v. Chr.** Der Dichter Homer schreibt Versgedichte über den Kampf um Troja, die „Ilias“, und über den Helden Odysseus, die „Odyssee“, auf.
- **um 750–550 v. Chr.** Die Griechen gründen Poleis an den Küsten des Mittelmeeres.
- **5. Jahrhundert v. Chr.** Das demokratisch regierte Athen wird zur mächtigsten und reichsten griechischen Polis. Wichtige Großbauten, Kunstwerke und Theaterstücke entstehen.

Rekonstruktionszeichnung der Akropolis von Athen

Das Römische Reich

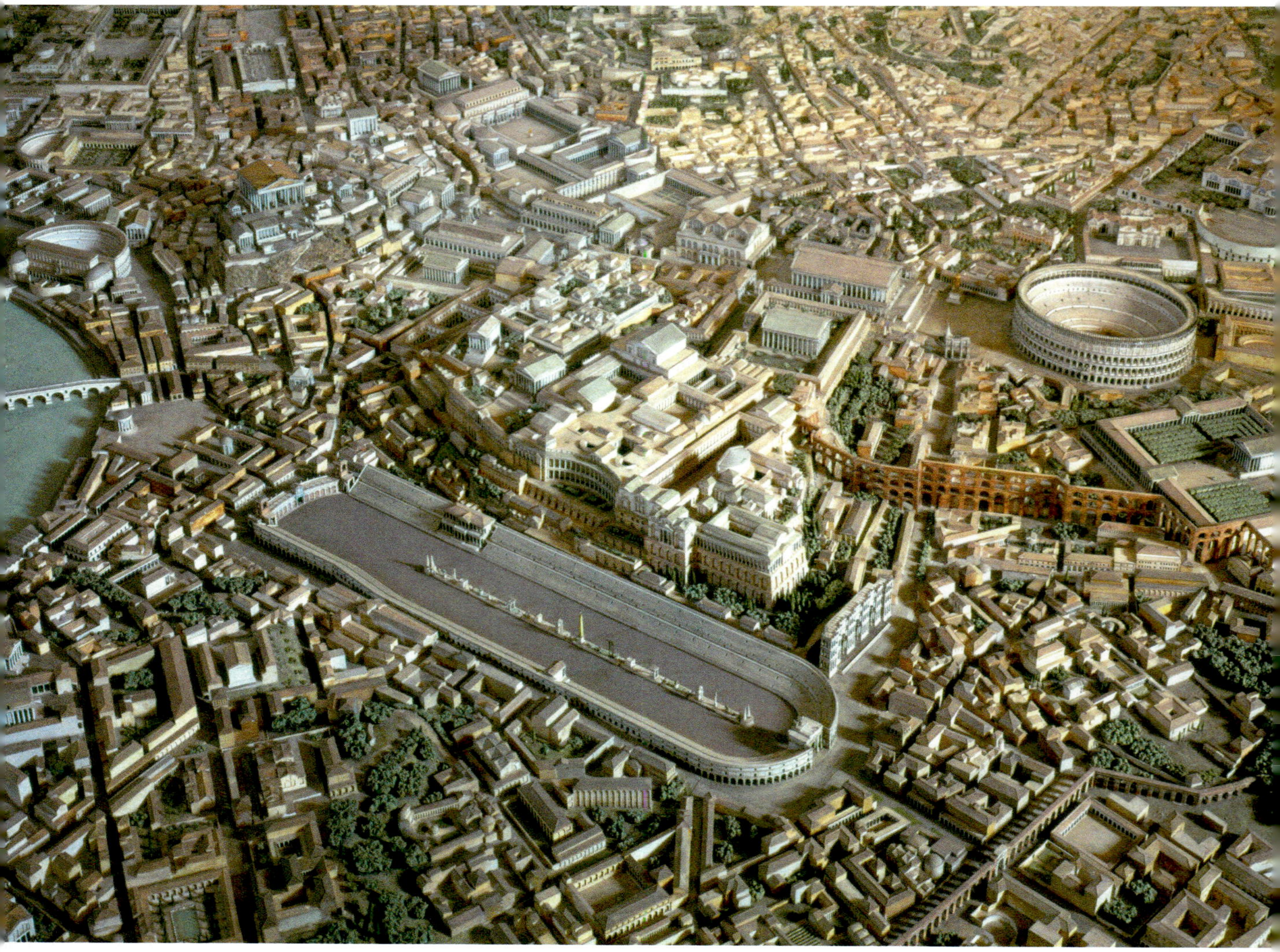

Dieses Modell zeigt das antike Rom im 4. Jahrhundert n. Chr. Um diese Zeit hatte die Stadt ungefähr 1,5 Millionen Einwohner. Im Vordergrund sieht man den Circus Maximus, weiter hinten das Colosseum. Dazwischen liegen die Kaiserpaläste auf dem Hügel Palatin, neben diesen ein großer Aquädukt (eine Wasserleitung).

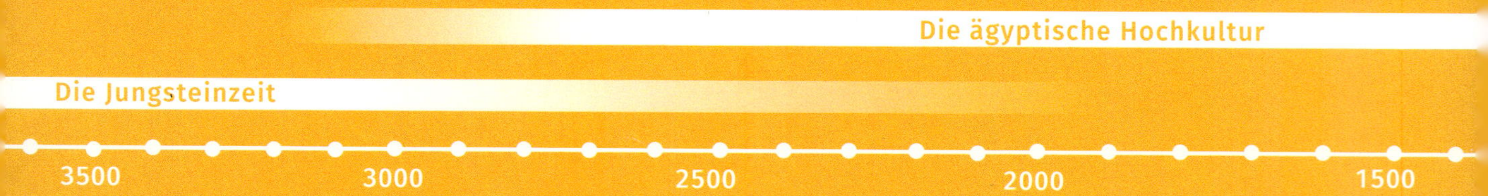

Römische Legionäre in Kampfkleidung mit dem Zeichen ihrer Legion, dem Legionsadler. Gut ausgerüsteten und ausgebildeten Soldaten verdankte Rom seine militärischen Erfolge.

Rekonstruierter Hausaltar in einem Römermuseum. Vor dem Bild der Schutzgötter wurden Speiseopfer dargebracht.

Ein kaiserlicher Reisewagen auf einem römischen Relief. Ein solcher Wagen konnte an einem Tag auf guten Straßen bis zu 120 km zurücklegen.

Die Sage von der Wölfin

M2 *Römische Münze, 2. Jahrhundert v. Chr.*

Alle Römer kannten die Sage von der Wölfin. Schon Kinder konnten sie erzählen, so oft hatten sie diese von ihren Eltern, Großeltern oder Lehrern gehört:

M1 *Die kleine Steinskulptur, die um 500 v. Chr. entstanden ist, zeigt Aeneas, der mit seinem Vater aus Troja flieht.*

„Die ältesten unserer Vorfahren stammen gar nicht aus Italien, sondern aus Troja. Als die Griechen diese Stadt nach zehnjähriger Belagerung erobert hatten, konnte Aeneas, ein trojanischer Prinz, mit einigen Gefährten fliehen und sogar seinen alten Vater aus den brennenden Trümmern retten. Dabei half ihm Aphrodite. Denn es heißt, dass diese Göttin, die bei uns Venus genannt wird, seine Mutter war.

Nach langen Irrfahrten und vergeblichen Versuchen, eine neue Heimat zu finden, landeten die Flüchtlinge in Italien an der Mündung unseres Flusses, dem Tiber. Dort erkämpften sie sich Land und ließen sich nieder. Nachdem sie Frieden mit den Besiegten geschlossen hatten, heiratete Aeneas die Tochter des unterworfenen Königs. Er gründete eine neue Stadt und seine Nachkommen eine weitere: Alba Longa, ganz in unserer Nähe.

Viele Generationen später wollte dort der Königssohn Amulius die rechtmäßige Herrschaft seines älteren Bruders nicht hinnehmen. Er vertrieb ihn, tötete dessen Sohn und zwang dessen Tochter Rhea Silvia, Priesterin zu werden. Denn als Priesterin, meinte er, würde sie keine Kinder haben, die ihm gefährlich werden könnten. Aber sie wurde trotzdem schwanger, und zwar von unserem Kriegsgott Mars. Rhea Silvia bekam Zwillinge, Romulus und Remus.

Amulius wollte nun auch diese töten und im Tiber ertränken lassen, weil sie die rechtmäßigen Thronerben waren. Sein Diener erfüllte aber aus Mitleid diesen Auftrag nicht, sondern setzte sie in einem Weidenkorb auf dem Fluss aus.

Wieder kam göttliche Hilfe: Der Korb blieb an der Wurzel eines Feigenbaums hängen, genau unterhalb eines unserer sieben Hügel, des Palatins. Eine Wölfin hörte das Wimmern der Kleinen. Sie brachte sie ans Ufer und ließ sie an sich saugen. Bald darauf entdeckte sie der Hirte Faustulus, der sie gemeinsam mit seiner Frau aufzog.

Als Erwachsene erfuhren Romulus und Remus von ihrer Herkunft, töteten Amulius und setzten ihren Großvater wieder als König ein. Sie selbst gründeten mit Gefährten auf dem Palatin eine neue Stadt, in der sie leben wollten. Die Entscheidung, wer von ihnen die Stadt regieren sollte, überließen sie den Göttern. Romulus und Remus vereinbarten: Wer mehr Adler in einer bestimmten Zeit erblickte als der andere, sollte König werden. Remus entdeckte sechs, Romulus aber zwölf. Also übernahm er die Herrschaft und nannte die Stadt „Rom".

Eines Tages machte sich Remus über die Stadtbefestigung lustig, die Romulus erbaut hatte. Zwischen den Brüdern kam es zu einem heftigen Streit. Voller Wut tötete Romulus seinen Bruder. Später bereute er das sehr und stellte neben seinen Thron einen zweiten, um an Remus zu erinnern.

Romulus wollte, dass die Römer an seinen Entscheidungen mitwirken. Er berief ↑Volksversammlungen ein und holte sich Rat bei den erfahrensten Männern, den Senatoren. Sie und das Volk haben noch heute großen Einfluss bei uns."

Geschichten wie diese dienten früher dazu, dass Menschen sich erklären konnten, woher sie kamen. Sie setzten sich oft aus mehreren Erzählungen zusammen und veränderten sich deshalb im Lauf der Zeit immer wieder. Solche Erzählungen nennt man **Gründungsmythos** (↑Mythos) oder Gründungssage.

***M3** Die „Kapitolinische Wölfin" ist in Rom im Kapitolinischen Museum ausgestellt. Die Bronzeplastik stammt aber nicht aus Roms Frühzeit, sondern wurde erst später geschaffen.*

1. Schreibe auf, wie der Hirte Faustulus die Geschichte der Zwillinge als alter Mann seinen Enkeln erzählt haben könnte.
   Tipp: Seite 197

2. a) Nenne die Stellen in der Sage, bei denen sich das Mitwirken der Götter zeigt.
   b) Begründe, warum den Römern die göttliche Herkunft wichtig war.

3. Vergleiche die Darstellungen der Wölfin auf den Abbildungen M 2 und M 3. Achte jeweils auf die Haltung der Wölfin.
   a) Ordne der Wölfin auf beiden Abbildungen Eigenschaften zu.
   b) Erkläre, weshalb die Römer die Wölfin auf Münzen prägten und sich selbst „Söhne der Wölfin" nannten.

Auf den folgenden Seiten erfährst du,

- *wie es die zu Anfang unbedeutende Stadt Rom schaffte, ein riesiges Reich zu erobern und zu beherrschen.*
- *wie sich die Regierungsform in Rom im Lauf von mehreren Jahrhunderten wandelte.*
- *auf welche Weise die Menschen in der Hauptstadt Rom lebten und ihre Freizeit verbrachten.*
- *dass die Römer das Leben in den eroberten Gebieten auf vielfältige Weise prägten.*
- *dass auch im fernen Asien – in China – ein bedeutendes Reich existierte.*

Außerdem übst du,

- *Quellentexte und Karten gründlich zu erschließen.*
- *mit Rekonstruktionen – Zeichnungen und Modellen – umzugehen.*
- *ein Kurzreferat zu einem selbst gewählten Thema in einer Gruppe vorzubereiten und zu halten.*
- *in Expertengruppen zu arbeiten und dabei Mitschülerinnen und -schülern Rückmeldungen zu geben sowie von anderen Rückmeldungen anzunehmen.*
- *einen Vergleich zu ziehen, indem du Merkmale zweier Kaiserreiche zueinander in Beziehung setzt.*

Die Ursprünge Roms

„753 – Rom schlüpft aus dem Ei", diesen Merksatz kennen viele und verbinden ihn mit der Sage von der Wölfin. In Wirklichkeit ist Rom jedoch viel älter; der Ort ist langsam gewachsen. Bei Ausgrabungen fanden ↑Archäologen heraus, dass es auf dem Hügel Palatin (⑥) schon seit 1000 v.Chr. eine Siedlung gab. Sie entdeckten Löcher in Felsplatten, die damals den Stützen für einfache Hütten Halt gaben (M2). Hier mussten Hirten oder Bauern vom Volk der Latiner gelebt haben. In den folgenden Jahrhunderten dehnten sich die Siedlungen auf die benachbarten Hügel und in das sumpfige Flusstal aus. Auf dem steilsten Hügel, dem Capitol, fanden sich Spuren von einer Burg und an einer Flussinsel (④) Überreste einer ersten Holzbrücke über den Tiber.

Allmählich gerieten die Siedlungen unter die ↑Herrschaft der Etrusker. Diese lebten nördlich des Tibers. Durch Metallverarbeitung, Handel und fortschrittliche Landwirtschaft waren sie reich geworden und hatten mächtige Städte gegründet. Die Etrusker schlossen die verstreuten Siedlungen am Tiber zu einer Stadt zusammen und gaben ihr den Namen „Ruma". Etruskische ↑Adlige regierten als Könige über die latinischen Römer und ließen Mauern, Tempel und einen Marktplatz errichten, das „Forum Romanum".

Etruskische Einflüsse

Die Römer behielten ihre lateinische Sprache und ihre Sitten bei, lernten aber sonst viel von den Etruskern: Wie man das sumpfige Tibertal entwässert und wie man Häuser aus Stein baut, wie man aus Bronze Werkzeuge und Kunstwerke herstellt und wie man erfolgreich Krieg führt. Auch die lateinische Schrift geht auf die etruskische zurück. Dieses alles konnten Wissenschaftler durch archäologische Funde und schriftliche ↑Quellen nachweisen.

Die Religion der Etrusker übernahmen die Römer ebenfalls. Sie verehrten wie diese eine Vielzahl von Göttern, die – abgesehen von den Namen – ungefähr der griechischen Götterfamilie entsprachen (Seiten 78/79). Die Römer glaubten, dass es für die Lebensführung wichtig sei, den Willen der Götter zu ergründen. Ein Priester – die Römer sagten „Pontifex" – sollte die Verbindung zu ihnen herstellen. Wie die Etrusker waren auch die Römer davon überzeugt, in den Eingeweiden von Opfertieren oder aus dem Vogelflug Hinweise auf richtiges Handeln erkennen zu können. Vor allen wichtigen Entscheidungen, z.B. für oder gegen einen Krieg, wurden die Götter befragt. Ein solches etruskisches Orakel entschied in der „Sage von der Wölfin", dass Romulus König werden sollte.

***M1** Rekonstruktionszeichnung der Landschaft, in der Rom entstand:*
① der Tiber
② ein wichtiger Handelsweg
③ eine flache Stelle im Fluss
④ eine Tiberinsel – außerdem die Hügel
⑤ Aventin
⑥ Palatin
⑦ Capitol

M2 Modell eines frühen Dorfes auf dem Hügel Palatin. Es wurde nach Erkenntnissen von Archäologen erstellt.

1. Erkläre anhand der Rekonstruktionszeichnung M 1, weshalb diese Gegend am Tiber für die Entwicklung einer Stadt geeignet war.

2. Vergleiche M 1 und M 2. Arbeite dabei Gemeinsamkeiten und Unterschiede heraus. Suche nach Gründen dafür, dass man sich bei M 1 für eine Zeichnung und bei M 2 für ein Modell entschieden hat.

3. „Ohne die Etrusker wäre Rom wohl eine bedeutungslose Siedlung geblieben." Begründe diese Aussage mithilfe des Textes.
   Tipp: Seite 197

4. Vergleiche die Erkenntnisse der Archäologen mit den Inhalten der Gründungssage. Arbeite Gemeinsamkeiten und Unterschiede heraus.

Mit Rekonstruktionen umgehen

Erkenntnisse der Forschung werden oft durch Rekonstruktionen veranschaulicht. Sie sollen es dem Betrachter leichter machen, sich etwas vorzustellen, das nicht mehr existiert.
So kann an **Modellen** z. B. gezeigt werden, wie ein Gebäude konstruiert war oder wie ein Werkzeug vermutlich funktionierte. Manche Modelle geben den rekonstruierten Gegenstand in Originalgröße wieder und machen Einzelheiten deutlich. Andere Modelle zeigen einen Gegenstand in verkleinertem Maßstab und mit weniger Details. Sie geben dem Betrachter eher einen Überblick, z. B. über eine ganze Siedlung. Auch **Zeichnungen** eignen sich hierfür.
Weil archäologische Funde nicht immer eindeutig sind, müssen beim Rekonstruieren oft Vermutungen weiterhelfen. Wenn wir mit Rekonstruktionen umgehen, sollten wir daher fragen:

- Mit welcher Absicht wurde die Rekonstruktion gestaltet?
- Was konnte der Zeichner/der Modellbauer wohl genau gewusst haben? Was könnte er frei ergänzt haben, um dem Betrachter einen vollständigen Eindruck zu verschaffen?

Wie Italien römisch wurde

* Volksgruppe: größere Gruppe von Menschen, die eine gemeinsame Abstammung haben

Auf dem Gebiet des heutigen Italien lebten um das Jahr 500 v. Chr. viele Volksgruppen mit verschiedenen Sprachen und ↑Kulturen. Die Größe Roms war zu jener Zeit mit der einer griechischen ↑Polis vergleichbar oder auch mit der des heutigen Berlin. Etwa 200 Jahre später aber herrschten die Römer über fast ganz Italien. Wie war es dazu gekommen?

Römer gegen Latiner

* Vorherrschaft: eine Macht, die so groß ist, dass andere davon abhängig sind

Im 5. Jahrhundert v. Chr. gelang es den Römern, sich aus der Vorherrschaft* der Etrusker zu befreien und ihre Stadt selbst zu regieren. Doch immer wieder wurde Rom zum Ziel von Angriffen. So eroberten Gallier, die zuvor Norditalien unterworfen hatten, im Jahr 387 v. Chr. die Stadt und plünderten sie. Diese „Gallierkatastrophe" hinterließ bei den Römern tief sitzende Ängste. Sie beschlossen, ihr Militär zu stärken und den Sicherheitsgürtel um ihre Stadt zu vergrößern. Dabei gerieten sie immer wieder in Konflikte mit Gruppen, die in der Nähe Roms siedelten.

Im Jahr 340 v. Chr. erhoben sich mehrere Städte aus der Landschaft Latium in der unmittelbaren Umgebung der Stadt gegen die Ausdehnung Roms. Doch die Römer besiegten die Angreifer und konnten ihren Machtbereich erweitern. Das bezeichnet man als **Expansion.**

M1 *Diese Bronzestatue eines römischen Kriegers ist um 300 v. Chr. entstanden.*

Bündnisse und Unterwerfungen

Wegen ihrer militärischen Erfolge, die sie vor allem ihren starken Fußtruppen verdankten, waren sie bald als Bündnispartner begehrt. Dadurch wurde Rom oft in Kriege hineingezogen. Diese endeten immer mit weiteren römischen Gebietsgewinnen.

Ab der Mitte des dritten Jahrhunderts v. Chr. herrschten die Römer über ein Gebiet, das fast so groß war wie das heutige Italien und in dem damals schon mehrere Millionen Menschen lebten. Die römische ↑Herrschaft darf man sich aber nicht wie in Ägypten vorstellen – mit einer großen ↑Verwaltung und einheitlichen Gesetzen. Vielmehr versuchten die Römer, ihre Macht über die besiegten Städte und Volksstämme mit möglichst geringem Aufwand zu sichern. Deshalb schlossen sie mit den meisten Unterworfenen Verträge. Sie regelten z. B., ob die Bündnispartner ihre alten Gesetze behalten durften. Nur wenn die Römer hartnäckigen Widerstand befürchteten, besetzten sie die eroberten Gebiete und legten Militärstützpunkte an.

Die Verträge legten darüber hinaus fest, dass die Unterworfenen Rom im Kriegsfall unterstützen mussten – mit Soldaten und Lebensmitteln. Im Kriegsfall konnten die Römer nun große Armeen aufstellen. Man schätzt, dass Rom im Jahr 225 v. Chr. über 270 000 eigene Soldaten verfügte. Hinzu kamen noch einmal etwa 500 000 Soldaten aus den besiegten Gebieten. Sollten sich die Römer mit ihren starken Truppen nun nicht auch daran wagen, Gebiete außerhalb Italiens zu gewinnen?

M2 Aussagen von Besiegten aus Städten aus der Nähe Roms: Tusculum, Velitrae und Antium. Der römische Geschichtsschreiber Livius hat sie überliefert (zusammengestellt nach: Livius 8, 13/14).

Ein Einwohner von Tusculum berichtet:

Vor dem Krieg hatten wir das römische Bürgerrecht und waren den Römern gleichberechtigt. Dieses Recht haben die Römer uns gelassen. Sie haben nur einige unserer Anstifter bestraft. Ich glaube, wir haben unsere Lektion gelernt.

Ein Einwohner von Velitrae berichtet:

Auch wir waren römische Bürger und dürfen es bleiben. Trotzdem haben die Römer uns hart bestraft, denn sie haben unsere Stadtmauern niedergerissen. Jetzt sind wir auf ihren Schutz angewiesen.

Ein Einwohner von Antium berichtet:

Uns haben die Römer all unsere Kriegsschiffe weggenommen und einige ihrer altgedienten Soldaten bei uns angesiedelt. Ihnen sollen wir nun gehorchen. Auch haben sie uns den Handel über das Meer verboten. Und wir dürfen keine Frauen aus anderen latinischen Städten mehr heiraten oder uns mit Bürgern aus diesen Städten zu gemeinsamen Versammlungen treffen. Warum gerade wir?

1. Beschreibe die Mittel, mit denen sich das junge Rom über Italien ausdehnte.
2. Versetze dich in die Lage der drei Bürger (M 2) und verfasse für jeden einen Text, in dem er schreibt, was er über die Römer denkt.
3. Diskutiert darüber, ob die Römer sich bei der Ausdehnung über Italien klug verhielten. Begründet eure Meinungen.

Rom oder Karthago?

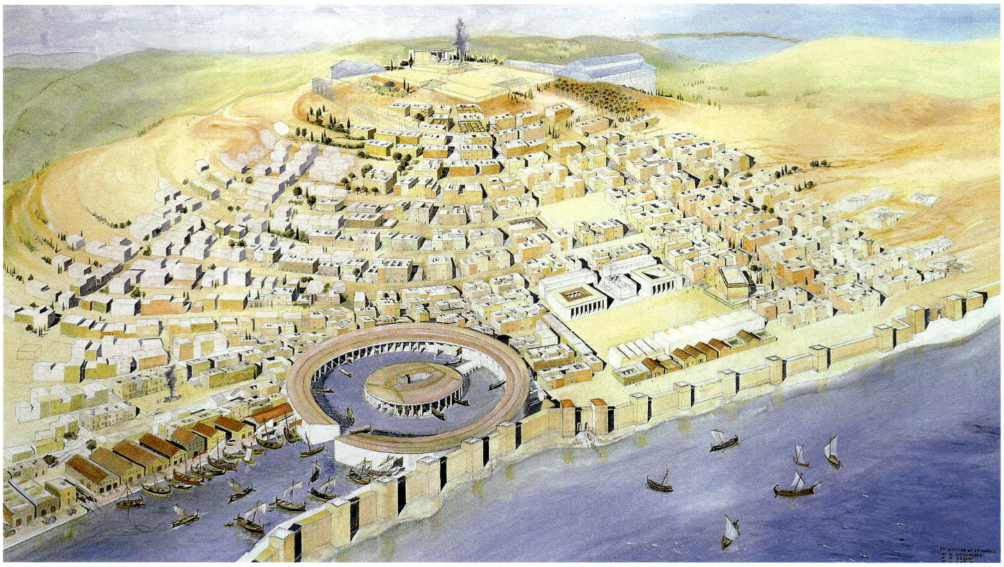

***M1** Modell der Stadt Karthago im 3. Jahrhundert v. Chr. In dem runden Hafenbecken hatten etwa 300 Kriegsschiffe und in dem rechteckigen Handelshafen davor ebenso viele Frachtschiffe Platz.*

1. a) Beschreibe die Hafenanlage M 1 und erläutere ihre Bauelemente.
   b) Stellt mit einem Partner Vermutungen an, warum den Karthagern die Hafenanlage wichtig war.

Karthago war eine Seefahrerstadt an der Küste Nordafrikas auf dem Gebiet des heutigen Tunesien. Die Phönizier*, die von den Römern „Punier“ genannt wurden, hatten sie gegründet. Dank eigener Tochterstädte war Karthago im 4. Jahrhundert v. Chr. zu einer reichen Handelsstadt geworden und beherrschte mit seiner Kriegsflotte das westliche Mittelmeer.

Krieg um Sizilien

Lange Zeit trieben die Römer friedlich Handel mit den Karthagern. Mit der Ausweitung der römischen ↑Herrschaft nach Süden kam es aber zu Spannungen. In einem Streit der ↑Bürger von Messana auf Sizilien um die Macht in der Stadt verschärfte sich die Situation: Ein Teil der Messanier wandte sich an die Römer und verlangte Unterstützung, ein anderer Teil rief die Karthager zu Hilfe. Nun standen sich Rom und Karthago als Feinde im Ersten Punischen Krieg gegenüber: Die Römer fürchteten, genau wie die Karthager, einen zu starken Rivalen in unmittelbarer Nachbarschaft.

Erst nachdem die Römer eine starke Flotte aufgebaut hatten, konnten sie sich gegen die Karthager durchsetzen. Die Besiegten mussten den Römern Sizilien überlassen, wenig später auch Sardinien und Korsika. Diese Inseln wurden die ersten römischen **↑Provinzen***. Über ihre Einwohner, die wie Untertanen behandelt wurden und hohe Abgaben entrichten mussten, bestimmten hohe römische ↑Beamte, die als sogenannte **Statthalter** die Interessen der römischen Regierung vertraten.

** Phönizier: Seefahrervolk, das an der östlichen Mittelmeerküste lebte. Auf die Phönizier geht unser Alphabet zurück (Seite 40).*

** Provinz (lateinisch: „provincia“): ein Gebiet außerhalb Italiens, in dem die Römer herrschten und Steuern einzogen*

Der Krieg gegen Hannibal

Den Karthagern gelang es, die großen Gebietsverluste auszugleichen, indem ihre Truppen unter der Führung des Feldherrn Hannibal den Süden Spaniens eroberten. Nachdem die spanische Stadt Sagunt das verbündete Rom um Unterstützung im Kampf gegen die Truppen Hannibals gebeten hatte, ging dieser zum Angriff über: Mit Zehntausenden Fußsoldaten, mit Reitern und etwa vierzig Kriegselefanten zog er im Jahr 218 v. Chr. an der Mittelmeerküste entlang und anschließend über die Alpen. Sein Ziel war es, die römischen Truppen im eigenen Land zu besiegen. Der nun beginnende Zweite Punische Krieg führte fast zu einer Katastrophe für die Römer: Hannibal besiegte das römische Heer in mehreren Schlachten. Allein in der Nähe des süditalienischen Ortes Cannae kamen im Jahr 216 v. Chr. etwa 50 000 römische Soldaten um ihr Leben.

„Hannibal ad portas“?

Als die Meldungen von der militärischen Katastrophe Rom erreichte, brach in der Stadt Panik aus. Man glaubte, Hannibal stehe nun vor den Toren (ad portas) Roms. Doch der Angriff kam nicht. Denn anders, als Hannibal erwartete, unterstützten die meisten der von den Römern unterworfenen Städte ihn nicht.

Trotz der gewaltigen Verluste gelang es den Römern daher, neue Truppen zusammenzustellen. Zudem änderten sie ihre Kriegstaktik: Sie vermieden jede größere Schlacht und zermürbten die karthagischen Kämpfer schließlich durch lange Märsche und kleine Gefechte. Zugleich setzten römische Truppen unter ihrem Feldherrn Publius Cornelius Scipio nach Spanien und Afrika über, um die karthagischen Streitkräfte dort in Kämpfe zu verwickeln. Dadurch zwangen sie Hannibal, mehr und mehr Truppen aus Italien abzuziehen, um Karthago vor römischen Angriffen zu schützen.

Ein Kriegselefant als Motiv eines phönizischen Ziertellers. Historiker vermuten allerdings, dass die meisten der Elefanten die Alpenüberquerung nicht überlebten.

Im Jahr 202 v. Chr. kam es nahe Karthago schließlich zur Entscheidungsschlacht, in der die Römer siegten. Im Friedensvertrag mussten die Karthager fast alle Gebiete abtreten, große Geldzahlungen leisten und auf eine Kriegsflotte verzichten. Im ganzen westlichen Mittelmeerraum herrschte nun nur noch eine Macht: Rom. Unter einem Vorwand überfielen die Römer später Karthago und zerstörten 146 v. Chr. die Stadt. Geschah dies aus Angst davor, dass der ehemalige Feind Karthago Rom noch einmal gefährlich werden könnte? Wir können darüber nur spekulieren. Von Karthago ist jedenfalls nur ein Ruinenfeld übrig geblieben.

Das Mittelmeer wird römisch

Im 2. Jahrhundert v. Chr. mischte sich Rom auch in Konflikte im östlichen Mittelmeerraum ein. Dort wurde zuerst Makedonien römische Provinz, es folgten Griechenland und Teile von Kleinasien. Viele Herrscher unterstellten sich freiwillig Roms Führung. Die Römer nannten das Mittelmeer nun **„mare nostrum“** (unser Meer) oder „mare internum“ (inneres Meer), da fast alle Küsten zum Römischen Reich, dem ↑**Imperium** Romanum, gehörten.

Aus dem reichen Osten brachten die Römer große Schätze mit, auch viele gebildete griechische ↑Sklaven. Die römische Oberschicht übernahm die als überlegen angesehene griechische Lebensweise.

ZEITREISE Marhabal berichtet von Cannae

Marhabal war ein General des Hannibal und befehligte ein Reiterheer.

Hannibal wollte die Römer auf dem Schlachtfeld besiegen und erst danach die Stadt Rom erobern. So zogen wir mit ihm in Richtung Süden, an Rom vorbei. Schon ein ganzes Jahr lang waren uns römische Truppen gefolgt, aber erst im Sommer waren sie bereit zur entscheidenden Schlacht. Sie hatten ein gewaltiges Heer aufgestellt: 16 Legionen mit fast 80 000 Soldaten und 6 000 Reitern. Wir wussten, dass wir mit unseren 40 000 Mann Fußtruppen den Römern zahlenmäßig unterlegen waren. Eine offene Feldschlacht wäre also ein großes Risiko gewesen. Nur bei den berittenen Soldaten waren wir den Römern überlegen. Außerdem waren unsere Leute gut ausgebildete Berufssoldaten, die besten, die man für Geld bekommen konnte. Meine leicht bewaffneten und pfeilschnellen Reiter kamen aus Numidien in Afrika. Seine Fußtruppen hatte Hannibal in Gallien, Spanien und in Nordafrika angeworben.

Am 2. August 216 v. Chr. – es war ein brütend heißer Tag – kam es in der Nähe des Dorfes Cannae zur Schlacht. Hannibal hatte mir und den anderen Offizieren vorher genau erklärt, was er vorhatte. Er wollte die Römer in eine Falle locken, und so geschah es auch. Nach den ersten Gefechten ließ er die leicht bewaffneten und beweglichen Fußsoldaten, die in einem halbmondförmigen Bogen angegriffen hatten, zurückweichen. Unsere Linien bildeten nun einen Halbkreis nach hinten, wie bei einem Rückzug. Die Römer sahen sich schon als Sieger und rannten mit großem Geschrei auf uns los. Doch sie ahnten nicht, dass es sich um einen Scheinrückzug handelte, so wie Hannibal es mit uns besprochen hatte.

Die schwer bewaffneten und etwas langsameren Fußsoldaten waren von Hannibal zu Beginn der Schlacht an beiden Flügeln seiner Schlachtreihe aufgestellt worden. Sie konnten nun in die linke und rechte Seite der römischen Armee stoßen. Die Ordnung der Römer kam völlig durcheinander. Im Kampf gelang es uns karthagischen Reitern, die römische Kavallerie* zu überwinden. Jetzt konnten wir die römischen Fußsoldaten von hinten angreifen. Damit waren die Römer eingekesselt. Was nun folgte, war ein entsetzliches Gemetzel. Die Verluste der Römer waren gewaltig, ich schätze 50 000 bis 60 000 Tote. Darunter waren auch viele Angehörige der Oberschicht, die in der Armee als Offiziere dienten.

Für die Römer war es die größte Niederlage ihrer Geschichte. Die Zahl unserer Gefallenen war viel geringer. Unser Jubel war unbeschreiblich. Und was tat Hannibal? Er ließ die Gelegenheit verstreichen! Wir zogen weiter durch Italien, berauscht vom großen Sieg, aber ohne wirkliches Ziel. Ich forderte Hannibal auf, nach Rom zu marschieren, doch er nahm meinen Rat nicht an. Wütend sagte ich zu ihm: „Siegen, das kannst du, Hannibal, aber deine Siege auch ausnutzen, das kannst du nicht!"

** Kavallerie: bewaffnete Reiter, berittene Truppen*

Eine sogenannte Falcata, ein aus der Antike erhaltenes Schwert, wie es auch von den Karthagern eingesetzt wurde

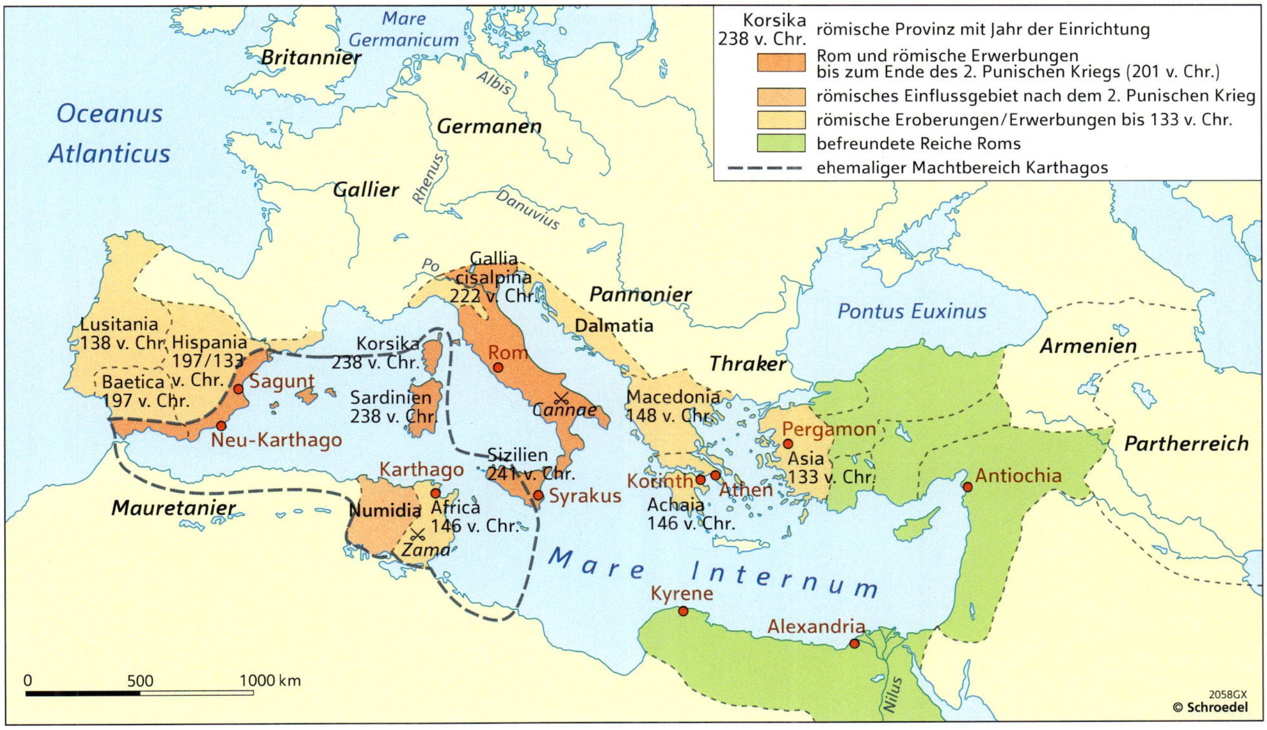

***M2** Die Ausdehnung des römischen Machtbereichs vom Ersten Punischen Krieg (264–241 v. Chr.) bis 133 v. Chr.*

Eine Geschichtskarte untersuchen

Die Karte M2 zeigt eine Entwicklung im Mittelmeerraum, die sich über mehr als hundert Jahre erstreckte. Um die Entwicklungsschritte zu unterscheiden, wurde die Farbe, das Orange, immer etwas stärker aufgehellt. Eine solche Karte nennt man **dynamische Karte**. Dynamik bedeutet Veränderung.

Man hätte die Schritte, die die Karte zusammenfasst, auch in mehreren Karten darstellen können. Der Vorteil einer dynamischen Karte ist aber, dass sie die Entwicklung auf einen Blick zeigt, während man einzelne Karten genau miteinander vergleichen müsste, um die Entwicklung zu erkennen.

- Erkläre anhand der Bildunterschrift und der Legende, was die Karte verdeutlichen soll.
- Liste auf, in welchen Schritten sich das Römische Reich ausgedehnt hat.

2. a) Beschreibe die Ausdehnung des römisches Herrschaftsgebietes mithilfe der Methode Kartenarbeit.
b) Schreibe anhand der Karte hinten im Buch fünf Staaten heraus, die sich heute auf dem Gebiet befinden.
c) Beurteile: Gebrauchten die Römer die Bezeichnung „mare nostrum“ mit Recht?
Tipp: Seite 197

3. Setze den Bericht von Marhabal (Zeitreise) in eine Skizze um, die den Ablauf der Schlacht von Cannae zusammenfasst.
Tipp: Seite 197

4. Stell dir vor, du bist ein römischer Legionär, der Cannae überlebt hat und nach Rom zurückkehrt. Berichte mithilfe der Informationen aus den Texten dieses Kapitels Verwandten und Freunden von deinen Erlebnissen.

Was machte die Römer so erfolgreich?

***M1** Diese Karte zeigt das Römische Reich (Imperium Romanum) in seiner größten Ausdehnung. Es bestand in dieser Zeit aus ungefähr sechzig Provinzen.*

1. a) Vergleiche das römische Herrschaftsgebiet im 1. Jahrhundert n. Chr. mit der Ausdehnung um 133 v. Chr. (Seite 119).
   b) Nenne die heutigen Namen des nördlichsten und des südlichsten Landes, das zum Römischen Reich gehörte.

Viele Zeitgenossen der Römer glaubten, die Macht und die Größe Roms seien auf den Willen der Götter zurückzuführen und machten sich keine großen Gedanken darüber. Andere aber versuchten, die Ursachen für die Ausdehnung des Römischen Reiches zu ergründen. „Die Römer errichteten ihre Weltherrschaft durch die Tapferkeit ihrer Heere“, meinte der griechische Geschichtsschreiber Diodor, der im 1. Jahrhundert v. Chr. lebte. Und vor etwa 160 Jahren schrieb der deutsche Historiker Theodor Mommsen, die Römer hätten sich immer nur verteidigen wollen. Anfangs hätten sie dabei nach „natürlichen Grenzen“ – also Gebirgszügen und Meeren – gesucht, die ihren Machtbereich vor eindringenden Feinden schützen würden. So hätten sie den eigenen Verteidigungsaufwand gering halten wollen. Erst später hätten sie gekämpft, um ihre Zivilisation* an andere Völker weiterzugeben. Warum waren die Römer dabei so erfolgreich?

Heutige ↑Historiker fragen z. B. danach, ob nicht auch römische Traditionen und Werte oder der technische Fortschritt im Römischen Reich zum Aufstieg der Römer beigetragen haben könnten. Auf den folgenden Seiten erfahrt ihr,

- welche Werte den Römern wichtig waren,
- wie sie kämpften,
- wie sie ihr großes Land erschlossen und
- wie sie mit den Besiegten umgingen.

** Zivilisation: die Lebensart und die Lebensbedingungen eines Volkes*

M2 „Roma" und die Götter: Jupiter, der höchste Gott, und die Siegesgöttin Victoria als Wagenlenkerin auf einem Viergespann. Motiv einer römischen Münze, die nach dem Sieg über Karthago verbreitet wurde

Gruppenarbeit

Schaut euch die Themen auf den folgenden Seiten an und sucht euch eines zur Bearbeitung aus. Diejenigen, die dasselbe Thema bearbeiten, bilden Kleingruppen und arbeiten zusammen.

1. a) Jedes Gruppenmitglied für sich liest den Text und betrachtet die Abbildungen. Macht euch klar, worum es geht.
   b) Besprecht in der Gruppe, was ihr erfahren habt. Falls ihr Fragen habt, sprecht darüber mit eurer Lehrerin oder eurem Lehrer.
   c) Verteilt die Aufgaben 1 und 2 auf den Seiten zu eurem Thema untereinander und findet möglichst viel über euer Thema heraus.
   d) Berichtet anschließend den anderen Mitgliedern der Gruppe über eure Erkenntnisse. Entscheidet gemeinsam, was wichtig und interessant ist.
   e) Bearbeitet Aufgabe 3 zusammen.

2. Bereitet mithilfe der Hinweise rechts einen Kurzvortrag vor und präsentiert eure Ergebnisse in der Klasse.

3. Erstellt am Ende mit der ganzen Klasse eine Mindmap an der Tafel. Jede Gruppe macht Vorschläge für die Begriffe, die auf die einzelnen „Arme" aufgenommen werden sollen. Übertragt die fertige Mindmap in eure Mappen.

4. Beantwortet gemeinsam die Frage: Welche Rolle könnten die Themen für den Erfolg der Römer gespielt haben?

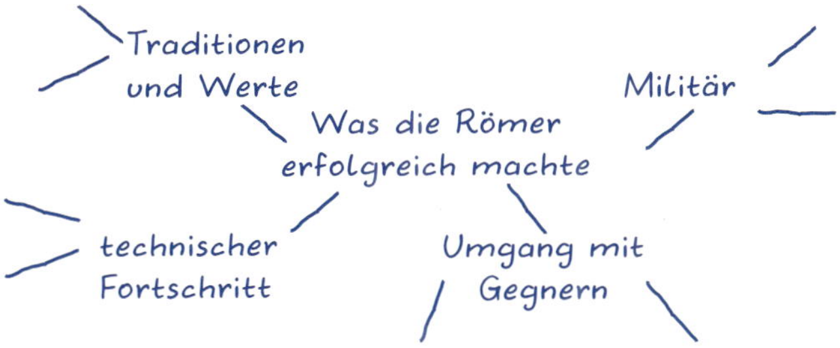

Einen Kurzvortrag halten

Mit einem Kurzvortrag stellt ihr Arbeitsergebnisse in der Klasse vor. Aber Achtung: Es geht nicht nur darum, andere über euer Thema zu informieren, sondern auch darum, das Interesse der Zuhörer wecken.

Schritt 1: **Erarbeitet eine Gliederung.**
- Entscheidet, was ihr erzählen wollt (→ Aufgaben 1.d und e), und bringt dies in eine sinnvolle Reihenfolge.
- Versucht, die Gliederungspunkte so einzuteilen, dass möglichst viele von euch zu Wort kommen.

Schritt 2: **Bereitet eure Präsentation vor.**
- Sucht passende Bilder für euren Vortrag aus – auch mithilfe des Internets.
- Schreibt Stichworte zu eurem Thema auf Karteikarten.
- Berücksichtigt, wie viel Zeit ihr habt, und übt euren Vortrag ein.
- Stellt sicher, dass die benötigten Geräte zur Verfügung stehen, z.B. ein Beamer.

Schritt 3: **Stellt euer Thema klar vor.**
- Nennt euer Thema deutlich.
- Lest beim Vortragen eure Notizen nicht ab, sondern versucht, frei zu sprechen. Für die Zuhörer ist das interessanter.

Thema 1 Römische Traditionen und Werte

eine Familie und Freunde haben – sich beschützt fühlen – wissen, dass man sich auf andere verlassen kann – ehrlich gegenüber anderen sein …

Umfragen unter Kindern und Jugendlichen haben gezeigt, dass diese Werte* den meisten besonders wichtig sind. Wie war das bei den Römern? Haben sie ähnliche Wertvorstellungen gehabt wie wir?

* *Werte/Wertvorstellungen: als erstrebenswert empfundene Merkmale des Handelns und Zusammenlebens*

Die Sitten der Römer

Aus ↑Quellen haben ↑Historiker ermittelt, dass den Römern schon früh althergebrachte Sitten (lateinisch: „mores") sehr wichtig waren. Sie bezeichneten sie als „Mores maiorum". „Maiores" heißt „Vorfahren". Gemeint ist, dass die „Sitten" – wir würden heute „Werte" sagen – von einer Generation zur nächsten weitergegeben wurden.

***M 1** Standbild eines Römers mit den Büsten seiner Vorfahren (entstanden um Christi Geburt)*

Die Mores maiorum bestimmten, wie jeder Römer sich verhalten sollte, nämlich:

- arbeitsam,
- genügsam,
- zuverlässig,
- gerecht,
- ehrfürchtig gegenüber den Göttern und den eigenen Vorfahren.

Zudem sollte sich jeder tapfer und beharrlich für Rom einsetzen. Nur wer sich daran hielt, war in der römischen Frühzeit als würdiger Römer angesehen.

Hoch verehrte Vorfahren

Besonders die Verehrung der Vorfahren (auch: „Ahnen") spielte im alten Rom eine große Rolle. In täglichen Zusammenkünften ehrte man die Seelen der Verstorbenen. Man glaubte, sie würden den Haushalt und die Familie beschützen. Auf Hausaltären standen deren Totenmasken oder Büsten (M 1). Diese sollten die Nachkommen an die Leistungen der Ahnen erinnern und dazu ermuntern, ihnen nachzueifern und die überlieferten Sitten einzuhalten.

Wenn besonders angesehene Familienmitglieder starben, wurde für sie ein Trauerzug veranstaltet. Dabei führten die Römer die Masken oder Büsten ihrer Vorfahren mit. Der römische Geschichtsschreiber Polybios berichtete sogar, dass Personen, die eine ähnliche Figur und Größe wie ihre Vorfahren hatten, deren Masken dabei aufsetzten. Bei der Trauerfeier hielt der älteste Sohn eine Rede über die Leistungen des Verstorbenen. Danach zeigte er auf die Vorfahren, die in ihren Masken anwesend waren, und berichtete von ihren Erfolgen. „Auf diese Weise wird die Erinnerung an die Verdienste tüchtiger Menschen immer wieder erneuert und ihr Ruhm unsterblich", sagten die Römer.

M2 Die alte römische Art

Der griechische Geschichtsschreiber Plutarch (46–120 n. Chr.) bereiste das Römische Reich. Später berichtete er über den römischen Politiker Cato (234–149 v. Chr.), der den berühmten Feldherrn Manius Curius Dentatus (gestorben 270 v. Chr.) bewunderte:*

In der Nähe zu Catos Gut lag ein Häuschen, wo einst der siegreiche Feldherr Manius Curius Dentatus gewohnt hatte. Da ging Cato oft hin und betrachtete den geringen Umfang des Gutes und die Bescheidenheit der Wohnung. Er vergegenwärtigte sich, wie dieser Mann, der der Größte unter den Römern gewesen war und die streitbarsten Völker unterworfen hatte, nach seinen Triumphen dieses Gütchen selbst umgrub und diese Hütte bewohnte. Hier war es, wo die Gesandten eines Nachbarvolks ihn trafen, wie er am Herd saß und Rüben kochte, als sie ihm Geldgeschenke überreichen wollten. Aber Manius Curius Dentatus schickte sie wieder weg mit den Worten, wem ein solches Essen genüge, der brauche kein Geld, und rühmlicher, als Geld zu haben, schiene es ihm, die zu besiegen, die Geld hätten.

Plutarch: Cato der Ältere 2 (bearbeitet)

Seine Mahlzeiten bereitete Curius selbst zu.

Curius hatte nur wenig Land, das er selbst bewirtschaftete.

Curius war ein erfolgreicher Heerführer, der viele Feinde besiegt hatte.

Bei Curius Dentatus kamen nur die allerbesten Speisen auf den Tisch.

Curius war stolz auf eine lange Reihe berühmter Vorfahren.

Gesandte anderer Völker empfing Curius im prunkvollen Rathaus Roms.

Curius war mit einem einfachen kleinen Haus zufrieden.

?

* *Feldherr: Heerführer, Oberbefehlshaber im Krieg*

1. Vergleicht die Bedeutung, die Vorfahren für euch haben, mit der, die sie für die Römer hatten. Bezieht euch dabei auf den Text ab Zeile 38.

2. a) Untersucht die Textquelle M 2 mithilfe des Methodentrainings aus Seite 199.
b) Erklärt mithilfe des Textes, warum Cato den Feldherrn Manius Curius Dentatus als Vorbild sah.

Oder (dafür braucht man etwas mehr Zeit):
a) Lest M 2 aufmerksam durch und ordnet dann die Aussagen auf den Zetteln den passenden Textstellen zu. Findet heraus, welche der Aussagen nicht in der Textquelle enthalten sind. Fotokopiert die Quelle und schreibt die Textstellen mit Pfeilen dazu.
b) Formuliert eine Aussage, die auf dem leeren Zettel stehen könnte.
c) Erklärt mithilfe des Textes, warum Cato den Feldherrn Manius Curius Dentatus als Vorbild sah.

3. Beurteilt: Welche Bedeutung hatten die Traditionen und Werte für die Ausdehnung des Römischen Reiches?

\+ a) Sammelt Werte, die euch wichtig sind, und stellt sie in einer Tabelle den römischen Werten gegenüber.
b) Diskutiert eure Ergebnisse.

Thema 2 Das römische Militär

Die römische Armee war ein Bürgerheer. Jeder männliche Einwohner Roms war von seinem 18. bis 46. Lebensjahr zum Wehrdienst verpflichtet. Als junger Mann hatte er eine einjährige Dienstzeit abzuleisten und sich danach für den römischen ↑Staat bereitzuhalten. Seine Ausrüstung musste er selbst beschaffen. Römer, die nicht genug Geld hatten, um sich auszurüsten, waren vom Kriegsdienst befreit, sie mussten aber in späterer Zeit oft als Ruderer auf den römischen Kriegsschiffen Dienst tun. Später wurde aus dem Heer eine Berufsarmee. Die Ausrüstung bekamen die Soldaten nun vom Staat.

(Schlacht-)Ordnungen ...

Das römische Heer setzte sich aus Legionen zusammen, die aus 4000 bis 6000 Soldaten bestanden und in zehn Kohorten gegliedert waren. Am Anfang traten sie zum Kampf in der Phalanx* („Walze“) an. Die Legionäre marschierten in mehreren langen Reihen hintereinander und versuchten, den Gegner „niederzuwalzen“. Diese Schlachtordnung entwickelten die Römer zur sogenannten Manipulartaktik weiter. Die Aufstellung ihres Heeres ähnelte nun einem Schachbrett: Die Manipel waren Einheiten von 120 bis 160 Mann, zwischen denen es Lücken gab. Durch diese Lücken konnten Soldaten aus den vorderen Reihen, die verwundet waren oder ihre Waffen verloren hatten, zurückweichen und von vorrückenden Kämpfern aus den hinteren Manipeln ersetzt werden. Damit machten es die römischen Truppen dem Gegner unmöglich, größere Lücken in ihre Schlachtreihe zu reißen.

** Feldherr: Heerführer, Oberbefehlshaber im Krieg*

** Die Phalanx wurde von griechischen Kriegern entwickelt (Seite 95, M3). Die Römer haben sie von den Griechen übernommen.*

***M1** Römische Soldaten in der Ausbildung bei einer Waffenübung. Rekonstruktionszeichnung*

... und Disziplin

Sehr wichtig war den Römern die Disziplin ihrer Soldaten. Es gab harte Strafen für das Fehlverhalten von Einzelnen oder ganzen Einheiten. Feigheit vor dem Feind und Befehlsverweigerung wurden mit dem Tod bestraft. Hatte eine Truppeneinheit ihre Aufgaben nicht erfüllt, gab man ihr zur Strafe statt Weizen nur noch Gerstenbrei als Nahrung. Gerste wurde sonst nur an Tiere verfüttert. Andere Maßnahmen sollten die Motivation der Legionäre fördern. So lebten sie während der Kriegszüge in Zeltgemeinschaften: Ein „Contubernium“ bildeten acht bis zehn Soldaten, die gemeinsam kämpften und arbeiteten.

Die Befehlshaber der Armee waren meist auch hohe Politiker. Wenn sie einen großen Sieg gegen äußere Feinde errungen hatten, wurde ihnen und ihren Truppen ein Triumphzug durch Rom gewährt. Ihre Kriegsgefangenen und auch die Beute führten sie mit sich. Der siegreiche Feldherr* fuhr als Triumphator am Ende des Zuges auf einer Quadriga, einem Wagen, vor den vier Pferde gespannt waren. Auf dem Kapitolshügel brachte er Jupiter, dem höchsten römischen Gott, ein Opfer.

***M2** Angriffsfolge eines römischen Legionärs: Zuerst wurden leichtere, dann schwerere Wurfspieße eingesetzt. Im Nahkampf kam das Schwert zum Einsatz. Der hier dargestellte Gegner ist mit einer Lanze bewaffnet.*

M3 Kampftaktiken im Vergleich

Die Römer kämpften in Manipulartaktik, die Makedonen in der Phalanx. Der griechische Historiker Polybios verglich die Arten der Kriegsführung:*

Aber was ist nun der Grund, dass die Römer siegen, und was ist es, das die Makedonen, die die Phalanx anwenden, unterliegen lässt? [...]
Für die Phalanx gibt es nur eine gute Gelegenheit und nur eine Art von Gelände, in dem sich ihre Vorzüge voll auswirken können. [...] Die Phalanx braucht ebenes Gelände, das außerdem kein Hindernis aufweist – wie Gräben, Schluchten, Felsspitzen und Wasserläufe. Denn all das kann eine solche Formation durcheinanderbringen und aufreißen. [...]
Die Römer dagegen machen ihre Schlachtreihen nicht gleich stark und setzen nicht alle Truppen einem Frontalangriff der Phalanx aus, sondern nur ein Teil ihrer Streitkräfte schlägt sich mit dem Feind, während der andere Teil in Reserve bleibt. Wenn nun die Phalanx den ihr gegenüberstehenden Feind durch ihren Ansturm zurückdrängt [...], ist ihre Ordnung zerstört.
Die Römer können dann in die Stellung des Feindes einrücken. Sie brauchen nun nicht mehr von vorn anzugreifen, sondern können durch eine seitliche Bewegung der gegnerischen Phalanx in die Flanke oder in den Rücken fallen. [...] Die römische Taktik ist stets wirkungsvoll, weil jeder römische Soldat [...] sich jedem Gelände, jeder Lage und jedem Zufall gleich gut anpassen kann.
Polybios 18, 28 ff. (bearbeitet)

** Makedonen: Bewohner von Makedonien, das im Norden an das griechische Siedlungsgebiet angrenzte*

1. Beschreibt die Mittel, mit denen die Römer die Disziplin ihrer Soldaten zu erreichen oder zu erzwingen versuchten.

2. a) Stellt anhand des Textes und der Quelle M3 die Unterschiede der beiden Kampftechniken heraus.
b) Begründet die Überlegenheit der römischen Kriegsführung gegenüber derjenigen der Makedonen.

3. Beurteilt: Welche Bedeutung hatten die militärische Disziplin und die Kampftechnik der Römer für die Ausdehnung ihres Reiches?

\+ Sammelt mögliche Gründe, die junge Männer und Frauen heute dazu bewegen, Soldat oder Soldatin zu werden.

Thema 3 Sieger und Besiegte

M1 Ein römischer Triumphzug, gezeichnet von dem Franzosen Albert Uderzo für „Asterix in Spanien“

1. Beschreibe, wie der Zeichner die Römer und den Besiegten darstellt.

Strafen oder verschonen?

„Du sollst die Unterworfenen schonen und die Hochmütigen besiegen.“ – So heißt es bei einem römischen Dichter. Er meinte: Wer sich den Römern in den Weg stellte, sollte mit militärischer Gewalt niedergekämpft werden. Diejenigen, die sich ihnen ergaben, sollten dagegen Milde von den Römern erfahren. Die historischen ↑Quellen geben Hinweise auf beide Verhaltensweisen.

Als die Römer einen makedonischen* König besiegt hatten, verkündete der römische Feldherr Titus Quinctius Flamininus im Jahr 196 v. Chr., dass alle griechischen Städte nun frei sein sollten. Dies brachte den Römern großen Respekt bei den Griechen ein. Einige Jahrzehnte später zeigten sich die Römer jedoch von ihrer anderen Seite: Nachdem einige griechische Städte sich gegen Rom zusammengeschlossen hatten, wurden sie von den Römern im Kampf besiegt. Die bedeutendste Stadt unter ihnen, Korinth (Seite 73, M1), zerstörten die Sieger und machten die Einwohner zu ↑Sklaven. Es war das Jahr 146 v. Chr., in dem auch Karthago von römischen Truppen völlig zerstört wurde.

Auch wenn sie Städte der Besiegten bestehen ließen, so plünderten römische Soldaten doch meistens die Häuser und erbeuteten große Mengen an Silber und Gold. Die Römer sahen dies nicht als Raub an, sondern als Lohn für ihren Kriegseinsatz. Denn die römischen Legionäre erhielten erst seit dem 1. Jahrhundert v. Chr. einen Sold, der ihren Lebensunterhalt sicherte.

** Makedonien: Gebiet, das im Norden an den griechischen Siedlungsraum angrenzte*

Kritik, aber keine Reue

Kritik am Verhalten der Römer gegenüber den Besiegten wurde vor allem im Ostteil des Römischen Reiches laut. Im Jahr 156 v. Chr. kam eine Gesandtschaft von griechischen Philosophen nach Rom. Einer von ihnen sagte in einer Rede vor hohen römischen Politikern, die römische ↑Herrschaft beruhe ausschließlich auf Habgier und Unrecht. Die Römer sollten das Geraubte zurückgeben und in ihre Hütten zurückkehren! Selbstverständlich wurde diese Aufforderung nicht befolgt.

Die Römer selbst waren nämlich der Auffassung, dass sie das Recht hätten, frei über die Behandlung der Besiegten zu entscheiden. Sie glaubten, im Auftrag der Götter zu handeln. Immer wieder erzählten sie sich die Geschichte der Gründung Roms, nach der sie durch Aeneas und Romulus Nachfahren von der Göttin Venus und dem Kriegsgott Mars waren. Viele Römer waren daher überzeugt, dass ihre Herrschaft ewig dauern würde.

M2 Aus einem Bericht des Sallust

Der römische Geschichtsschreiber Sallust (86–35 v. Chr.) berichtete von einem Brief, den ein von den Römern vertriebener Fürst aus Kleinasien an den Fürsten eines benachbarten Herrschaftsbereiches im Jahr 69 v. Chr. geschrieben hat. Darin heißt es:

Für die Römer gibt es seit eh und je einen einzigen Anlass, mit allen Stämmen, Völkern und Königen Krieg zu führen: ihre unermessliche Gier nach Macht und Reichtum […]. Sie besitzen nichts, was nicht geraubt wäre: Haus und Frauen, Ländereien und Macht. […] Mit diesem Verhalten werden sie alles vernichten oder selbst zugrunde gehen.

Sallust: Historiae VI, 5 (bearbeitet)

M3 Aus einem Bericht des Diodor

Der aus Sizilien stammende griechische Geschichtsschreiber Diodor (um 80–29 v. Chr.) schrieb:

Die Römer errichteten ihre Weltherrschaft durch die Tapferkeit ihrer Heere. Sie brachten ihr Reich zur größten Ausdehnung durch die überaus anständige Behandlung der Unterworfenen […]. Denn während die Besiegten mit der härtesten Bestrafung rechneten, ließen sich die Sieger an Mäßigung von keinem anderen übertreffen. […] Keinem trugen sie die frühere Feindschaft härter nach als nötig. Wahrlich, dies Übermaß an Milde war der Grund, dass Könige und freie Städte und schließlich ganze Völker aus freiem Willen sich der römischen Vormacht unterstellten.

Diodor: Historische Bibliothek 32, 4 (bearbeitet)

M4 *Diese Darstellung aus römischer Zeit zeigt ebenfalls, wie Kriegsgefangene bei einem Triumphzug den Römern vorgeführt werden.*

1. Arbeitet aus M 1 und M 2 heraus, wie die römische Herrschaft jeweils beurteilt wird. Schreibt zunächst wichtige Begriffe aus den Texten heraus:

Sallust	Diodor

   b) Erklärt, wie die Urteile begründet werden.

2. Stellt euch vor, ihr gehört zu den griechischen Gesandten, die im Jahr 156 v. Chr. Rom besuchten. Versucht, ihre Sichtweise zu verstehen: Sammelt Argumente, die der Philosoph in seiner Rede vorgetragen haben könnte.

3. Beurteilt: Welche Bedeutung für die Ausdehnung ihres Reiches hatte der Umgang der Römer mit den Besiegten?

\+ Diskutiert in der Gruppe darüber, ob man die Herrschaft der Römer als gerecht bezeichnen kann.

Thema 4 Technischer Fortschritt

Den Römern gelang es nicht nur, Gebiete zu erobern. Sie waren auch gute Techniker. Hier werden beispielhaft einige ihrer Fertigkeiten vorgestellt, die sie in ihrem Reich einsetzten.

Fernstraßen verbinden Städte

Die Römer sorgten für gute Verkehrswege: Sie verbanden die Städte des Reiches mit befestigten Straßen. Diese waren mit großen Pflastersteinen bedeckt, sodass es möglich war, mit einem Reisewagen (Seite 109) bis zu 120 km am Tag zurückzulegen – zumindest bei gutem Wetter und in flachem Gelände. Die Abbildung M 1 zeigt, wie eine solche Römerstraße aufgebaut war.

Beim Bau wurde zuerst der Straßenverlauf mit Stangen abgesteckt. Dann legten Arbeiter auf beiden Seiten Gräben an und setzten Randsteine. Zwischen diesen Begrenzungen wurde anschließend ein tiefer Graben ausgehoben und mit Lagen verschieden grober Steine wieder aufgefüllt. Diese Steinlagen sorgten für einen stabilen Grund. Die obere Lage bestand aus großen, flachen Steinen, die zu einem gleichmäßigen Pflaster zusammengefügt waren. Damit Regenwasser zu den Seiten hin abfließen konnte, wurden die Straßen zur Mitte hin leicht gewölbt angelegt.

M 1 Der Aufbau einer Römerstraße

Hindernisse werden überbrückt

Um größere Flüsse oder Täler überqueren zu können, errichtete man sogar Steinbrücken. Dafür mussten im Fluss verankerte Pfeiler gebaut und Rundbögen gemauert werden. Die Arbeiter fügten zuerst zugespitzte Eichenstämme dicht an dicht zusammen, sodass sie einen Hohlraum umschlossen. Die entstandene Form wurde mit Lehm abgedichtet und ins Flussbett getrieben. Danach pumpte man aus ihrem Inneren das Flusswasser ab. Nun konnten die Arbeiter in dem Hohlraum den steinernen Pfeiler bauen. Wenn zwei Pfeiler fertig waren, zimmerte man ein hölzernes Bogengerüst zwischen ihnen. Maurer belegten es mit keilförmigen Steinen. Nachdem der letzte Stein eingefügt war, wurde das Gerüst für den nächsten Bogen verwendet.

Die um 10 n. Chr. errichtete Brücke von Alcántara im Südosten Spaniens gilt als eine der am besten erhaltenen Römerbrücken. In ihrer Mitte befindet sich ein „Ehrenbogen“ für Kaiser Trajan (53–112 n. Chr.).

M 2 Eine römische Brücke in Spanien

M 3 Die Bogenkonstruktion

Sauberes Trinkwasser wird transportiert

Wo die Römer hinkamen, sorgten sie dafür, dass in den Siedlungen und Städten fließendes Wasser zur Verfügung stand. Dafür bauten sie steinerne Wasserleitungen, sogenannte **Aquädukte**. Dies waren rechteckige, etwa 1,80 m hohe und 1,20 m breite Steinkanäle. Sie wurden mit wasserundurchlässigem Zement ausgegossen und abgedichtet. Durch sie wurde das Wasser aus oft weit entfernt liegenden Gebirgsregionen in die Städte geleitet.

Mit technischen Hilfsmitteln gelang es Landvermessern und Baumeistern, genau zu ermitteln, wie eine Leitung durch hügeliges Gelände geführt werden musste. Wichtig war, dass die Neigung des Aquädukts stimmte: Denn das Wasser durfte auf seinem langen Weg nicht aufhören zu fließen! Wasserdiebstahl und -vergiftung verhinderte man dadurch, dass Aquädukte in großen Höhen verlegt wurden (M 5).

M 5 Das noch heute erhaltene Aquädukt in der spanischen Stadt Segovia nahe Madrid

Technik erleichtert die Lebensmittelherstellung

Ein Hauptnahrungsmittel im Römischen Reich war Brot. Für den täglichen Bedarf musste in vielen Gegenden Getreide eingeführt und schnell verarbeitet werden. Hilfsmittel für die Herstellung von Mehl waren große steinerne Mühlen (M 4/M 6). Sie wurden von jeweils zwei Männern bedient: Mithilfe einer Holzvorrichtung drehten sie einen äußeren Mühlstein um einen inneren. Zwischen ihnen wurde das Korn zermahlen. Dem Mehl gab man anschließend Wasser, Salz und Hefe zu und formte diesen Teig dann zu flachen runden Broten, die in Ziegelöfen gebacken wurden.

M 4 Mühlen in einer Bäckerei

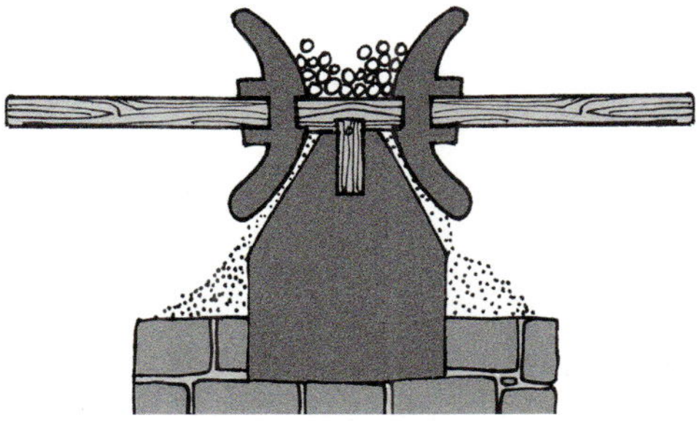

M 6 Querschnitt einer römischen Mühle. Zwei Männer, oft Sklaven, bewegten sie, indem sie je ein Ende der Stange hielten und im Kreis liefen.

1. Beschreibt die dargestellten Techniken.
2. Bewertet eine ausgewählte Technik aus der Sicht eines Provinzbewohners.
   Tipp: Seite 197
3. Beurteilt: Welche Bedeutung hatten die technischen Fertigkeiten der Römer für die Ausdehnung ihres Reiches?

\+ Diskutiert in der Gruppe darüber, ob man die Lebensweise der Römer als modern bezeichnen kann.

Familie und Erziehung im antiken Rom

Die Römer lebten in Gemeinschaften, die sie „Familia“ nannten. Eine Familia war meist größer als Familien heute; sie umfasste oft mehr als zwanzig Personen. Denn auch die Ehefrauen und Kinder der Söhne sowie ↑Sklaven gehörten zu ihr. Im Römischen Reich gab es viele Sklaven, denn sie waren günstig zu bekommen: Es waren Kriegsgefangene.

Nach römischem Recht wurde die Familia vom Hausvater, dem Pater familias, geführt. Nur er hatte die unumschränkte Macht über alle Mitglieder der Familia:

- Er begutachtete die Neugeborenen und nahm sie in die Familia auf. Das konnte er auch ablehnen. In dem Fall wurden die Neugeborenen ausgesetzt, was aber fast nie vorkam.
- Er sorgte für die Erziehung der Söhne und bestimmte, wen seine Kinder heirateten.
- Er konnte Strafen verhängen, in Extremfällen sogar die Todesstrafe.
- In allen Fragen des Besitzes hatte er das Recht, zu bestimmen.

__M1__ Die Familia eines vornehmen Römers (Schaubild)

Eine ↑Gesellschaft, in der Väter eine solch herausragende Stellung haben, wird als Patriarchat bezeichnet.

Nicht nur Pater, auch Patron

Die römische Gesellschaft setzte sich zusammen aus wenigen vornehmen Familien, den Patriziern, und einer großen Zahl von Menschen, die als „Plebejer“ (Menge) bezeichnet wurden. Die meisten Plebejer waren Kleinbauern, Handwerker und Händler. Weil über sie nur wenig überliefert wurde, wissen wir nicht viel darüber, wie ihre Familien beschaffen waren. Bekannt ist aber: Wenn ein Plebejer mit seiner Familia in eine Notlage geriet, musste er den Schutz eines Patriziers erbitten. Ein Patrizier wurde dadurch der Patron (Schutzherr) des verarmten Plebejers und seiner Angehörigen. Als Klienten (Abhängige) gehörten dann auch sie zur Familia des Patriziers.

Frauen in der Familia

In der Familia war die Ehefrau des Pater familias, die Matrone, für den Haushalt sowie für die Erziehung der Kleinkinder und der heranwachsenden Mädchen zuständig. Anders als verheiratete Athenerinnen durften sich römische Ehefrauen in der Öffentlichkeit frei bewegen und z. B. auch ins Theater gehen. Doch wie in Athen waren auch in Rom die Frauen den Männern klar untergeordnet, zuerst ihren Vätern, später ihren Ehemännern. So reichte ein Ausspruch des Pater familias („Gehe weg und nimm deine Sachen mit!“), um seine Ehefrau aus der Familia zu verstoßen. Wenn sich ein Mann von seiner Ehefrau trennte, bekam sie aber den gesamten Besitz zurück, den ihre Eltern ihr in die Ehe mitgegeben hatten.

M2 Das Relief aus dem 2. Jahrhundert n. Chr. zeigt in mehreren Szenen die Rolle des Vaters bei der Erziehung eines Jungen.

M3 Die Erziehung eines Sohnes

Der griechische Geschichtsschreiber Plutarch (46–120 n. Chr.) berichtete, wie der römische Patrizier Cato (234–149 v. Chr.) seinen Sohn erzogen haben soll:

Sobald der Junge größer war, lehrte Cato ihn selbst lesen, obgleich er einen Sklaven hatte, der viele Kinder unterrichtete. Er wollte nicht, dass sein Sohn von einem Sklaven beschimpft oder am Ohr gezupft wurde. Er brachte ihm nicht nur das Fechten und Reiten bei, sondern auch das Boxen und Schwimmen im Tiber. Eigenhändig schrieb er ihm in großen Buchstaben Geschichten auf, damit der Sohn mit den Sitten und Taten der Vorfahren vertraut würde.
Unanständige Worte hat er in Gegenwart seines Sohnes nicht gebraucht. Er fand, es gehörte sich nicht, sich in seiner Gegenwart auszuziehen oder zu baden.
Der Sohn zeigte sich in allem folgsam, doch war sein Körper so schwächlich, dass der Vater in seiner allzu harten Erziehung etwas nachlassen musste. Dennoch war der junge Cato im Krieg tüchtig.
Als ihm im Kampf das Schwert aus der schweißnassen Hand entglitt, stürzte er sich mit Kameraden auf die Feinde, bis er das Schwert wiederfand.
Plutarch: Cato 20 (bearbeitet)

1. In der römischen Gesellschaft hat der Pater familias das letzte Wort. Schildere, wie heute – z. B. bei Anschaffungen oder Reisen – entschieden wird.

2. Erkläre und unterscheide folgende Begriffe: Pater familias, Patrizier, Patron, Plebejer.

3. Ordne mit einem Partner den Szenen in Bild M2 die passenden Stellen aus M3 und aus dem ersten Abschnitt des Textes (bis Zeile 23) zu.

4. a) Arbeite aus M3 heraus, welche Eigenschaften Cato bei seinem Sohn sehen wollte.
b) Suche Gründe dafür, dass Plutarch die Erziehung des Cato als beispielhaft würdigt.
c) Nimm Stellung: Hältst du die Art, in der Cato seinen Sohn erzieht, heute noch für aktuell? Begründe deine Meinung.

Tonspielzeug aus dem antiken Rom

Wie wurde Rom regiert?

* res publica: Von diesem Begriff leitet sich unser Wort „Republik“ ab.

Die Römer nannten ihre Stadt zwar res publica* – eine „Angelegenheit, die alle etwas angeht“ – doch anfangs übernahmen nur Patrizier politische Ämter oder waren Anführer im Krieg. Im Senat, dem „Rat der Alten“, entschieden sie über alle wichtigen Angelegenheiten. Plebejer dagegen konnten nur in der ↑Volksversammlung, die bei wichtigen Fragen einberufen wurde, mitreden und sich an Wahlen beteiligen. Allerdings hatte ihre Stimme wenig Gewicht. Vor allem die ärmeren Plebejer konnten ihre eigenen Bedürfnisse nicht vertreten. Als Klienten waren sie von ihrem Patron vollkommen abhängig.

Unter den Plebejern gab es aber auch Familien, die zu Reichtum gekommen waren und eine lange Ahnenreihe hatten. Sie drängten darauf, Rom mitzuregieren. In Kriegszeiten drohten sie damit, sich nicht an der Verteidigung Roms zu beteiligen. So erreichten sie, Ämter übernehmen zu dürfen und in den Senat aufsteigen zu können.

Im dritten Jahrhundert v. Chr., als etwa 100 000 Menschen in Rom lebten, hatte sich eine politische Ordnung herausgebildet, die lange bestehen blieb: die römische ↑**Republik**. Darum geht es in der folgenden Zeitreise.

ZEITREISE Ein Senator im Gespräch mit seiner Enkelin

M1 *Die Abbildungen, zwei römische Skulpturen, zeigen zwar nicht Julia und ihren Großvater; so ähnlich könnten die beiden aber ausgesehen haben.*

Julia kommt von draußen in den Vorraum. Dort zieht sich ihr Großvater gerade an. Er hat sich seine mit einem Purpurstreifen umsäumte Tunika bereits übergestreift und ist dabei, sich die Lederriemen seiner roten Schuhe bis über die Waden zuzuschnüren. Julia unterhält sich mit ihm.

Julia: Du hast ja eine viel schönere Tunika als Vater. Und erst die Schuhe!
Großvater: Die dürfen nur Senatoren wie ich tragen. Alle sollen uns auf den ersten Blick erkennen und den Weg für uns frei machen. Für diese Ehre muss man sich als ↑Beamter aber ganz schön für Rom anstrengen!

Julia: Das hast du! Ich weiß, dass du sogar Konsul gewesen bist. Du warst damals für alles verantwortlich und hast auch das römische Heer kommandiert.
Großvater: Vorher hatte ich aber niedrigere Ämter mit verschiedenen Aufgaben: Zuerst musste ich mich als Quästor um die Steuern kümmern, ein paar Jahre später als Ädil dafür sorgen, dass auf dem Markt alles mit rechten Dingen zuging. Auch Prätor bin ich gewesen und habe Gerichtsverhandlungen geleitet. Erst danach wurde ich Konsul. Aber nicht allein: Immer hatte ich einen Kollegen dabei, der mich auf Fehler aufmerksam machen konnte. Und wenn ich anderer Meinung war als er, konnte ich seine Entscheidung verhindern. Ich sagte dann nur: Veto! Ich verbiete es!

Julia: Und warum bist du nicht länger Konsul geblieben? Vater erzählt doch immer, dass du deine Sache so gut gemacht hast!

Großvater: Das ging nicht! Man darf in Rom jedes Amt nur für ein Jahr bekleiden. Keiner soll zu mächtig werden, wie es vor langer Zeit einmal die Könige waren.

Julia: Wie hast du denn dein erstes Amt bekommen?

Großvater: Dafür war erst einmal wichtig, dass alle unsere Vorfahren Senatoren waren. Als reiche Patrizier war es ihnen möglich, sich ohne Bezahlung für Rom einzusetzen. Denn Beamte und Senatoren bekommen kein Geld für ihre verantwortungsvolle Arbeit. Trotzdem musste ich mich aber für jedes Amt zur Wahl stellen. Mir hat geholfen, dass mir nicht nur befreundete Patrizier, sondern auch meine Klienten ihre Stimme gegeben haben.

Julia: Wie lange bleibst du noch Senator?

Großvater: Solange ich mir es zutraue. Du siehst ja, schon das Anziehen fällt mir schwer. Außerdem muss ich die Überprüfung des Zensors bestehen. Das ist ein würdiger Beamter, der regelmäßig prüft, ob wir 300 Senatoren wohlhabend genug sind und die römischen Sitten einhalten.

Julia: Und was besprecht ihr heute?

Großvater: Eine Stadt in Süditalien möchte, dass Rom sie gegen ihre Feinde unterstützt. Einer der beiden Konsuln hat wie bei allen wichtigen Fragen den Senat um Rat gebeten. Wie die meisten im Senat bin ich dafür, unsere Truppen zu schicken. Aber wer weiß, ob nicht ein Volkstribun* als Vertreter der Plebejer sein Veto einlegt. Die Plebejer haben immer Angst, dass wir sie in einen Krieg hineinziehen könnten. Aber immerhin sind sie ja in der ↑Volksversammlung dabei, die solchen Entscheidungen zustimmen muss. Meist hört das Volk aber auf uns, wir sind ja schließlich seine „Väter" – so werden wir Senatoren genannt.

Mit geübten Handgriffen legt sich der Großvater die Toga um und macht sich auf den Weg.

***M2** Die Toga ist kein genähtes Gewand, sondern ein großes, trapezförmig zugeschnittenes Stück Stoff. Man trägt sie über einem kurzen Untergewand, der Tunika.*

* *Volkstribun: von den Plebejern gewählter politischer Vertreter, der Einspruch gegen Entscheidungen des Senats einlegen konnte*

1. In dem Gespräch sind einige Aussagen über die römischen Beamten enthalten, eine davon ist: „Die römischen Beamten bekamen keine Bezahlung für ihre Tätigkeit." Finde mindestens drei weitere solcher Regeln.

2. a) Schreibt in Partnerarbeit die unterstrichenen Begriffe auf kleine Zettel und notiert ihre Bedeutungen.
   Ädil - Bedeutung: Beamter, der den Markt/den Handel überwachte
   b) Legt die Kärtchen auf eurem Tisch so aus, dass die Anordnung die Machtverhältnisse in Rom wiedergibt.

3. Diskutiert darüber, ob die politische Ordnung Roms eine ↑Demokratie war.
   Tipp: Seite 197

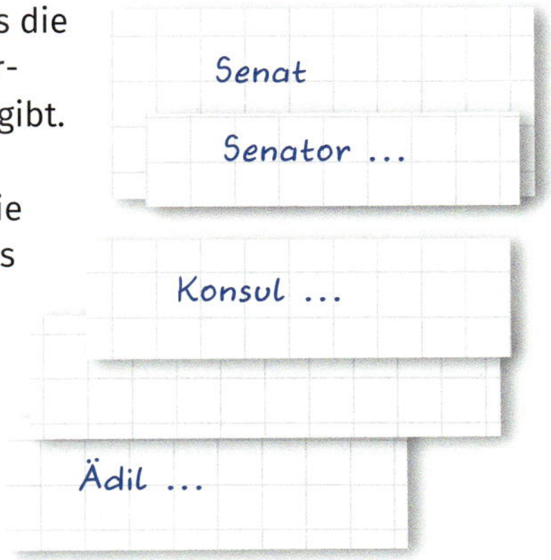

Die römische Republik in der Krise

M1 Eine Alltagsszene auf einem Relief aus dem 1. Jahrhundert n. Chr.

1. Beschreibe das Bild und ziehe Schlüsse auf die Lebensverhältnisse des dargestellten Mannes.

Die Lage der Bauern

Die römischen Bauern mussten in den Jahre dauernden Kriegen als Fußsoldaten dienen. Am Ende konnten sie sich nicht als Sieger fühlen: Ihr Beuteanteil war gering, und während der Kriegszüge waren ihre Familien nicht imstande, die Höfe richtig zu bewirtschaften. Schlechte Ernteerträge und Verschuldung waren die Folge, sodass viele ihren Grundbesitz nicht halten konnten. Wenn dann ein reicher Nachbar für wenig Geld ihr Land abkaufen wollte, gingen die verarmten Bauern meist darauf ein und wurden Tagelöhner* der Gutsherren. Sie waren zu Notleidenden geworden, die nichts besaßen als ihre Nachkommen (lateinisch: proles). Man nannte sie deshalb „Proletarier".

Einen Ausweg sahen viele darin, in die Großstadt Rom zu ziehen und zu versuchen, dort Geld zu verdienen. Auch für verwitwete Frauen mit Kindern schien dies oft die einzige Möglichkeit zu sein.

Die Oberschicht wird reicher

Ganz anders erging es den Männern der Oberschicht. Als Offiziere erhielten sie den Großteil der Beute und auch bei der ↑Verwaltung der ↑Provinzen konnten sie sich bereichern. Mit diesem Geld kauften sie das Land der verarmten Bauern oder Staatsland* hinzu. Auf ihren ausgedehnten Gutsbetrieben ersetzten sie den Getreideanbau durch Viehzucht und Weinanbau oder legten Olivenhaine an. Nur mit ↑Sklaven konnte man diese Form der Landwirtschaft gewinnbringend betreiben.

Mangel an Soldaten

Mit der Verarmung der Bauern wuchsen nicht nur die Spannungen innerhalb der Bevölkerung Roms stark an. Auch die militärische Stärke des Römischen Reiches litt: Denn für den Militärdienst kamen nur freie Römer, die sich selbst ausrüsten konnten, infrage. Doch die Zahl derer, die über genügend Geld verfügten, nahm immer weiter ab. Für den ↑Staat wurde es daher immer schwieriger, Soldaten zu verpflichten.

** Staatsland: erobertes Land, das vom Senat zu Besitz des römischen Staates erklärt wurde*

** Tagelöhner: jemand, der tageweise, nur wenn er gebraucht wird, arbeitet und dafür Lohn erhält*

M2 Die „Herren der Welt“

133 v. Chr. war Tiberius Gracchus in Rom zum Volkstribun gewählt worden. Um 100 n. Chr überlieferte der griechische Schriftsteller Plutarch eine Rede des Tiberius:

Tiberius stritt für seine gute und gerechte Sache mit seiner unvergleichlichen Redekunst. Er war als Gegner gefährlich, ja unüberwindlich, wenn er – vom Volk umlagert – sprach:
„Die wilden Tiere, die Italien bevölkern, haben ihre Höhlen und kennen ihre Lagerstätte, ihren Schlupfwinkel. Die Männer aber, die für Italien kämpfen und sterben, haben nichts als Luft und Licht. Rastlos, ohne Haus und ohne Heim, ziehen sie mit Weib und Kind im Land umher. Die Heerführer lügen, wenn sie in der Schlacht ihre Soldaten aufrufen, Gräber und Heiligtümer gegen die Feinde zu verteidigen. Denn keiner von diesen armen Römern hat einen Altar von seinen Vätern geerbt, kein Grabmal seiner Ahnen. Für Wohlleben und Reichtum anderer setzen sie im Krieg ihr Leben ein. Herren der Welt werden sie genannt: In Wirklichkeit besitzen sie nicht das kleinste Stückchen Land.“
Plutarch: Tiberius 9 (bearbeitet)

2. Versetze dich in die Situation eines Bauern und erzähle aus seiner Sicht, wie sich die Lebensbedingungen verändert haben. Beziehe M 3 ein.

3. Bearbeite M 2 mithilfe des Methodentrainings. Schreibe anschließend heraus, was genau man aus der Rede über die Notlage der Bauern erfährt.

+ Nenne Gründe, weshalb Plutarch wohl in seiner Darstellung die Rede des Tiberius in wörtlicher Rede wiedergab.

Eine Textquelle zeitlich einordnen

Wenn du aus einer Textquelle Informationen über vergangene Zeiten sammeln willst, ist es nicht nur wichtig, ihre Aussagen zu verstehen. Du solltest auch darauf achten, ob der Verfasser an den Ereignissen oder Umständen, die er schildert, beteiligt war oder ob er mit größerem zeitlichem Abstand darüber schreibt. Wenn jemand über etwas schreibt, was schon lange zurückliegt, solltest du zusätzlich überlegen, wie glaubwürdig die Quelle ist.

- Ermittle den zeitlichen Abstand zwischen dem Inhalt der Quelle (Ereignis) und dem Bericht darüber.
- Überlege, worauf der Geschichtsschreiber seine Beschreibung gestützt haben könnte und wie glaubhaft dir der Bericht erscheint.

M3 *Ein verwundeter Soldat. Ausschnitt aus einem Relief, 1. Jahrhundert n. Chr.*

Reformieren, aber wie?

Als Folge der Punischen Kriege waren die Kleinbauern verarmt. Für das römische Militär standen sie daher nicht mehr zur Verfügung, denn jeder Soldat musste für seine Ausrüstung selbst aufkommen. Das konnten die Kleinbauern nicht mehr leisten. Eine Schwächung des Militärs aber war für den römischen ↑Staat, der sein vergrößertes Gebiet sichern musste, ein großes Problem.

In dieser kritischen Situation teilte sich der Senat. Eine kleinere Gruppe wollte mit Gesetzen der ↑Volksversammlung Reformen für das Volk, um die militärische Stärke Roms zu erhalten. Diese Gruppe nannte sich „Popularen“, abgeleitet von „populus“: Volk. Eine größere Gruppe wollte dagegen die bestehende Ordnung erhalten. Diese Gruppe bezeichnete sich als „Optimaten“, von „optimus“: zu den Besten gehörig. Beide Seiten bestimmten zu verschiedenen Zeiten die Politik Roms.

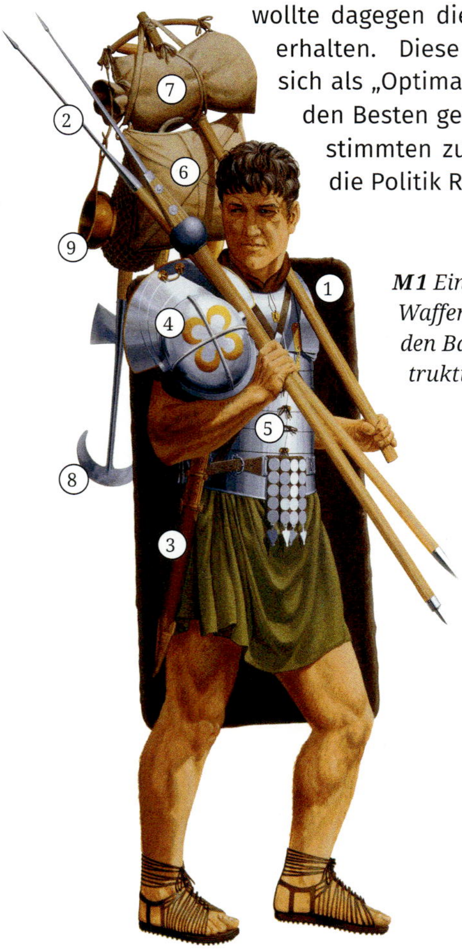

M1 *Ein römischer Soldat mit Waffen und Werkzeugen für den Bau eines Lagers, Rekonstruktionszeichnung.*

1. *Schild*
2. *Wurfspeere*
3. *Kurzschwert*
4. *Helm*
5. *Brustpanzer*
6. *Rucksack mit Verpflegung*
7. *Wolldecke*
8. *Hacke*
9. *Kochgeschirr*

Popularen

Tiberius Gracchus. Büste aus dem Jahr 1853

Der junge Volkstribun Tiberius Gracchus schlug im Jahr 133 v. Chr. ein Gesetz vor, das den Landbesitz der Großgrundbesitzer beschränkt. Das abgegebene Land sollte an die Kleinbauern verteilt werden, um sie dadurch in die Lage zu versetzen, sich auszurüsten. Rom würden damit wieder genügend Soldaten zur Verfügung stehen.

Marius, Büste aus dem 1. Jahrhundert v. Chr.

Als germanische Stämme im Jahr 105 v. Chr. nach Süden vordrangen, wurde deutlich, dass Rom zu schwach war, um sich zu verteidigen. In dieser Situation führte 104 v. Chr. der Konsul und Heerführer Marius eine Berufsarmee ein: Der Staat sollte die Waffen stellen und alle männlichen Einwohner Roms sollten als Soldaten arbeiten können, bezahlt von ihren Heerführern. Nach ihrem Dienst sollte der Heerführer sie auch mit erobertem Land versorgen.

Der Einfluss der Heerführer auf die römische Politik wuchs ständig weiter.

1. a) Findet zu zweit arbeitsteilig heraus, welche Maßnahmen von Popularen bzw. Optimaten durchgeführt wurden.
b) Tauscht eure Ergebnisse aus und bestimmt, welche Veränderungen, die der jeweilige politische Gegner durchgesetzt hat, von der anderen Seite später beibehalten und welche abgelehnt wurden.

2. Erzähle den Verlauf der Krise
- aus der Sicht eines Senators, der die Optimaten unterstützt oder
- aus Sicht eines Kleinbauern, der auf der Seite der Popularen steht.

\+ In Deutschland gibt es keine Wehrpflicht mehr, sondern nur noch Berufssoldaten. Sprich mit deinen Eltern oder anderen Erwachsenen darüber und hole dazu ihre Meinungen ein.

Optimaten

Alle Senatoren waren Großgrundbesitzer. Sie und auch andere Anhänger der alten Ordnung lehnten den Reformvorschlag des Tiberius Gracchus ab. Einige Senatoren schreckten sogar vor politischem Mord nicht zurück: Während einer Versammlung erschlugen sie Tiberius Gracchus und einige seiner Anhänger. Die alte Ordnung sollte erhalten bleiben. Aber das Problem der fehlenden Soldaten blieb ungelöst.

Senatoren auf einem Relief aus dem 1. Jahrhundert v. Chr.

Sulla war ein römischer Heerführer. Weil ihm auf Veranlassung des Marius der Befehl über sein Heer entzogen worden war, befahl er seinen Truppen, gegen Rom zu marschieren. Ein Bürgerkrieg entwickelte sich. Seit 83 v. Chr. bestimmte Sulla die römische Politik als ↑Diktator, Alleinherrscher für begrenzte Zeit. Seine Gegner, die Anhänger des Marius, ließ er ermorden. Mit ihrem Besitz versorgte er seine Soldaten. Die Volksversammlung und die Volkstribunen entmachtete er und stärkte den Senat.

Sulla, Büste aus dem 1. Jahrhundert v. Chr.

Caesar setzt sich durch

M1 *Gaius Julius Caesar. Diese Porträtbüste aus Marmor wurde noch zu Caesars Lebzeiten angefertigt.*

Im Jahr 60 v. Chr. trafen sich drei bedeutende Römer, die sich Sorgen um ihren politischen Einfluss machten. Es waren der zu dieser Zeit mächtigste Heerführer, Gnaeus Pompeius, außerdem Marcus Licinus Crassus, der reichste Mann Roms, und der beim Volk beliebte Politiker Gaius Julius Caesar. Pompeius, Crassus und Caesar beschlossen, heimlich ein Bündnis einzugehen: Sie wollten dafür sorgen, dass in der römischen Politik in Zukunft nichts gegen ihren Willen unternommen werde.

Erfolg und Neid

Tatsächlich gelang es ihnen (teils durch Bestechung), ihre Ziele auch gegen Beschlüsse des Senats durchzusetzen: Sie sorgten dafür, dass Caesar ins Amt des Konsuls gewählt wurde, und machten sich zu Provinzverwaltern. So erhielt Caesar 59 v. Chr. das Kommando über die Truppen an der Grenze zu Gallien. Innerhalb von zehn Jahren eroberte er mit seinen Soldaten Gallien, ohne dazu vom Senat beauftragt zu sein! Dieser Erfolg sorgte nicht nur dafür, dass er – als Figur des Comics „Asterix" – bis in unsere Zeit allseits bekannt ist. Seine Siege machten ihn reich und verhalfen ihm zu treuen, kampferprobten Truppen.

M2 *Caesar als Comicfigur, gezeichnet von dem Franzosen Albert Uderzo*

Pompeius sah seinen bisherigen Verbündeten nun als Konkurrenten. Auch dem Senat war Caesar längst zu mächtig: Auf Drängen von Pompeius wurde beschlossen, Caesar als Heerführer abzusetzen. Umgehend sollte er seine Legionen entlassen und als Privatmann nach Rom zurückkehren! Caesar weigerte sich – angeblich mit dem Spruch: „Der Würfel ist gefallen" – und führte im Jahr 49 v. Chr. sein Heer nach Rom. Es kam zu einem Bürgerkrieg, der mehrere Jahre andauerte. Schließlich gelang es Caesar, sich durchzusetzen.

Caesar als Alleinherrscher

Im Jahr 45 v. Chr. hatte Caesar eine Machtfülle erreicht wie kein Römer vor ihm:

- Er setzte viele neue Senatoren ein, die meisten waren seine Anhänger.
- Als höchster Priester war er verantwortlich für die Art der Götterverehrung.
- Im Jahr 44 v. Chr. übertrug ihm der Senat das für Krisenzeiten vorgesehene Amt des ↑Diktators auf Lebenszeit.
- Nachdem er Land an 80 000 Proletarier verteilt hatte, konnte er sich auf die ↑Volksversammlung verlassen.
- Seine früheren Soldaten unterstützten ihn.

Doch gegen Caesars Macht regte sich Widerstand: Einige Senatoren fürchteten, dass er sich zum König machen wollte, und erinnerten an gewalttätige Etruskerherrscher. Weil sie die Existenz der ↑Republik in Gefahr sah, ermordete eine Gruppe von Senatoren Caesar am 15. März 44 v. Chr. während einer Senatssitzung. Ein weiterer Bürgerkrieg zwischen den Mördern Caesars und seinen Anhängern, die die Bluttat rächen und ihre politische Macht sichern wollten, begann.

M3 Caesar baut seine Macht aus

Der griechische Schriftsteller Plutarch schrieb um 100 n. Chr. über Caesar:

Caesar schuf sich in den gallischen Kriegen seine politische Macht. Während man meinte, er schlüge sich in weit entfernten Gegenden mit Belgiern, Sueben und Britanniern herum, verstand er es mit seiner politischen Begabung doch, heimlich gegen Pompeius zu arbeiten. In Gallien wollte er seine Truppen in den Kämpfen gegen die Barbaren* zur Härte erziehen. [...] Kostbare Beute schickte er nach Rom. So wagte er hier und da Bestechungen, unterstützte die Ädilen, Prätoren und Konsuln [...] bei ihren Ausgaben und schuf sich immer neue Freunde.

Plutarch: Pompeius 51 (bearbeitet)

M4 Caesar – ein König?

Der römische Schriftsteller Sueton, der zur Zeit Plutarchs lebte, überlieferte:

Caesar nahm übertriebene Ehren an: die ständige Wiederwahl zum Konsul, die Diktatur auf Lebenszeit, außerdem den Titel „Imperator“* und den Beinamen „Vater des Vaterlandes“, ein Standbild zwischen denen der Könige und einen Thron im Theater. Darüber hinaus duldete er auch Ehrungen, die Menschen nicht angemessen sind: einen goldenen Sessel im Senat und im Gericht, Standbilder neben den Götterstatuen, die Benennung eines Monats nach seinem Namen. Er nahm und vergab auch Ämter, wie es ihm gefiel. In aller Öffentlichkeit äußerte er, dass die Republik ein Nichts sei. Besonderen Hass zog er sich durch Folgendes zu: Er empfing die Senatoren im Sitzen, als sie ihm weitere Ehren übertragen wollten. Doch: Dem Volk, das ihn als König begrüßte, antwortete er: „Ich bin Caesar, kein König.“

Sueton: Caesar, 76–79 (bearbeitet)

** Barbaren: Fremde (Seite 76)*

** Imperator: Ehrentitel für einen militärischen Befehlshaber*

M5 *Karl Theodor von Piloty malte fast 2000 Jahre nach der Ermordung Caesars dieses sogenannte Historienbild – ein Bild, das ein historisches Ereignis wiedergibt. Antike Quellen berichten, dass die Senatoren sich Caesar mit Bittschriften angenähert hatten. Als sie bei ihm standen, zogen sie Messer aus ihren Gewändern und erstachen Caesar.*

1. Belege an M3, weshalb der Krieg in Gallien für Caesars politischen Aufstieg wichtig war.

2. Schreibe aus M4 heraus, wie sich Caesar gegenüber den Ehrungen verhielt.

\+ Caesar lehnte es ab, König genannt zu werden. Nimm dazu Stellung.

3. Vergleiche die Caesar-Darstellungen beider Autoren (M3 und M4).

4. Caesar hatte unter den Anhängern der alten Sitten (Seite 122) erbitterte Gegner. Verfasse eine Rede, in der ein solcher Gegner das Vorgehen Caesars leidenschaftlich angreift.

\+ Suche in Asterix-Comics nach Caesar-Darstellungen.
a) Beschreibe, mit welchen Eigenschaften Caesar darin ausgestattet ist.
b) Untersuche, ob sie zu den Darstellungen M1 und M5 passen.

Augustus schafft eine neue Ordnung

Nach Caesars Tod setzten sich sein Adoptivsohn Oktavian und Marcus Antonius, ein Vertrauter Caesars, in einem Bürgerkrieg gegen die Senatoren durch, die das Attentat auf Caesar verübt hatten. Beide teilten sich nun die ↑Herrschaft. Doch aus den Verbündeten wurden bald Feinde, und es kam wieder zum Krieg. Oktavian errang schließlich den Sieg und kehrte in einem Triumphzug 27 v. Chr. nach Rom zurück.

In der Kurie, dem Senatsgebäude, erwarteten feierlich gekleidete Senatoren voller Sorge die Rede Oktavians. Sie alle hatten die Schrecken des Bürgerkriegs durchgemacht. Dabei hatte sich Oktavian durch Grausamkeit hervorgetan. Was waren seine Bedingungen für den ersehnten Frieden? Würden die Senatoren, wie in den vergangenen Jahren, auch unter der Herrschaft Oktavians nicht mehr über die römische Politik mitentscheiden können? Wollte Oktavian vielleicht wie Caesar für immer ↑Diktator werden? Die Senatoren waren bereit, alles hinzunehmen, wenn nur die Kriege enden würden.

Aber Oktavian überraschte die Senatoren: Er erklärte, auf alle Sondervollmachten zu verzichten und zu der alten republikanischen Ordnung zurückzukehren. Die Senatoren dankten ihm dafür und schlugen vor, ihn „pater patriae“ (Vater des Vaterlands) zu nennen und mit dem Beinamen „Augustus“ – „der Erhabene“ – zu ehren. Oktavian nahm dies wohlwollend an.

Eine neue Ordnung: der Prinzipat

Augustus selbst nannte sich bescheiden Princeps, „erster ↑Bürger“, und tat scheinbar alles, um die alte Verfassung wiederzubeleben: Jährlich wurden Konsuln und ↑Beamte gewählt, der Senat beriet alle anstehenden Probleme, Senatoren durften wie früher wichtige ↑Provinzen verwalten. Doch die wahren Machtverhältnisse sahen anders aus: Augustus verlangte das letzte Wort bei allen wichtigen Entscheidungen – ob es z. B. um die Besetzung von Ämtern oder um Staatsausgaben ging.

Tatsächlich hatte Augustus die alte Ordnung *nicht* wiederhergestellt, sondern eine andere Regierungsform eingeführt. Man bezeichnet sie (abgeleitet von „Princeps“) als **„Prinzipat“**. Ihr Charakter zeigte sich besonders am Ende der über vierzigjährigen Herrschaft des Augustus: Er bestimmte seinen Stiefsohn Tiberius als Nachfolger, so, wie auch er selbst als Adoptivsohn Caesars zu dessen Nachfolger geworden war. Der Prinzipat war zu einer Form der **↑Monarchie** geworden. So ist zu erklären, dass aus dem Namen Caesar ein Titel für Herrscher wurde. Die Römer nannten sie „Caesaren“ – lateinisch für ↑Kaiser. Aus der Republik war ein **Kaiserreich** geworden.

Der „Augustusfrieden“

Die Römer empfanden die Regierungszeit des Augustus als eine Zeit des Friedens: Handel und Wirtschaft hatten einen Aufschwung, prunkvolle öffentliche Bauten entstanden, die Zeit der politischen Wirren war vorbei.

Um seine Stellung zu sichern und seine Leistungen im besten Licht darzustellen, nutzte Augustus viele Wege. Er beauftragte Dichter und Geschichtsschreiber, ihn und seine Taten zu preisen. In allen Städten waren Statuen des Augustus zu bewundern, Münzen mit seinem Abbild wurden im Reich verbreitet. Seine Regierungszeit ließ er als „Pax Augusta“ (Augustusfrieden) bezeichnen, auch wenn an den Grenzen des Reiches die Kriege weitergingen.

M1 Was Augustus über sich sagte

Vor seinem Tod verfasste Augustus einen „Tatenbericht" über sein Wirken und ließ ihn auf Bronzetafeln gravieren. In vielen Städten wurden Kopien aufgestellt. Hier ein Auszug:

Mit 19 Jahren habe ich auf eigenen Entschluss und mit eigenen Mitteln ein Heer aufgestellt, mit dem ich die Republik in die Freiheit zurückführte. Die Mörder meines [Adoptiv-]Vaters [Caesar], vertrieb ich und rächte ihr Verbrechen dem Gesetz entsprechend. Krieg habe ich zu Wasser und zu Land auf der ganzen Welt oft geführt und alle die Bürger geschont, die mich um Gnade baten.
Die mir vom Senat und Volk angebotene Diktatur habe ich abgelehnt. Auch das lebenslängliche Konsulat habe ich zurückgewiesen. In Notlagen habe ich die Getreideversorgung [Roms] übernommen, ohne darum gebeten worden zu sein. Die Gebäude des Capitols (und zahlreiche andere Tempel, öffentliche Bauten und Straßen) habe ich wiederhergestellt oder bauen lassen. Nachdem ich die Flammen der Bürgerkriege gelöscht hatte, habe ich die Macht im Staat wieder an den Senat und das Volk übertragen.

M2 *Die 19. v. Chr. entstandene 2,04 m hohe Statue zeigt Augustus überlebensgroß, bewaffnet, aber barfuß – wie sonst nur Götter. Die Bilder auf dem Brustpanzer weisen auf seine Siege hin und heben hervor, dass die Götter ihn unterstützen.*

Seitdem habe ich alle an Ansehen und Einfluss* übertroffen, aber als Beamter hatte ich nicht mehr Befugnisse als meine Amtskollegen.

Augustus: Tatenbericht 1–3; 5; 20; 34 (bearbeitet)

1. Betrachte das Standbild M 2 und erkläre mithilfe der Bildunterschrift, welche Eigenschaften des Herrschers darin besonders hervorgehoben werden. Tragt eure Beobachtungen in der Klasse zusammen.

2. Augustus starb mit 76 Jahren friedlich im Schlaf. Erkläre mithilfe des Textes, warum er dem Schicksal Caesars entging.
Tipp: Seite 197

3. a) Ordne den in M 1 genannten Maßnahmen Eigenschaften des Augustus zu. Ein Beispiel:
Maßnahme: Er schonte die Gegner.
Eigenschaft: Milde, Nachsicht

b) Vergleiche das Bild, das Augustus in M 1 von sich selbst entwirft, mit dem, das du aus dem Text auf Seite 140 gewonnen hast.
c) Benenne Gründe, warum er ein so positives Bild von sich entwirft.

Rom – die Hauptstadt des Reiches

M1 *Foto eines Stadtmodells von Rom um 300 n. Chr. Die meisten der Gebäude stammen bereits aus früheren Jahrhunderten.*
(1) Capitol, (2) Circus Maximus, (3) Colosseum, (4) Forum Romanum, (5) Palatin, (6) Aquädukt, (7) Thermen, (8) Tiber

ZEITREISE Ein Stadtrundgang in Rom

Rom im Jahr 85 n. Chr. Claudia und Quintus haben gerade erfahren, dass der Athener Kimon, ein Freund des Vaters, mit seinen Kindern in Brundisium angekommen ist. In einigen Tagen werden sie in Rom erwartet.

Claudia: Vater hat erzählt, wie gastfreundlich Kimon und seine Familie waren. Da dürfen wir uns nicht blamieren.

Quintus: Mutter sorgt schon dafür, dass sie gut untergebracht werden und leckeres Essen bekommen. Aber wir müssen uns wohl um Philippos und Helene kümmern. Große Lust habe ich nicht. Wie sollen wir uns überhaupt verständigen?

Claudia: Mit unserem Griechisch, das uns der ↑Sklave Patroklos beigebracht hat, wird es schon klappen. Hände und Füße haben wir ja auch noch. Bestimmt wird es nett! Lass uns mal überlegen, was wir mit ihnen unternehmen!

Quintus: Na ja, sie sollen schon merken, dass Rom die prächtigste Stadt der Welt ist. Athen ist ja nichts dagegen.

Claudia: Angeber! Du warst doch noch nie in Athen. Aber einen Tag brauchen wir mindestens, um ihnen zu zeigen, was jeder Rombesucher gesehen haben muss. Am besten starten wir auf dem Capitol.

Quintus: Ja, von dort hat man einen tollen Blick auf den Tiber und die Aquädukte.

Und da sehen sie auch gleich den riesigen Circus Maximus und das nagelneue Colosseum.

Claudia: Und wenn wir schon einmal auf dem Capitol sind, können unsere Gäste gleich in den Tempeln den Göttern danken, dass sie heil übers Meer gekommen sind.

Quintus: Weiter geht's die Stufen vom Capitol hinunter zum alten Forum und den Kaiserforen mit den Triumphbogen und den Prachttempeln. Auf jeden Fall müssen wir ihnen dann noch den Palatin mit den Prunkvillen der ↑Kaiser zeigen. Die werden sie umhauen.

Claudia: Reicht das nicht fürs Erste?

Quintus: Na, zum Grabmal des Augustus und zu dessen Friedensaltar auf dem Marsfeld müssen wir unbedingt. Ohne diesen Friedensstifter sähe es in Rom ganz anders aus, sagt Vater immer. Du kannst bestimmt was zu den großen Reliefs am Altar sagen.

Claudia: Und du über die Sonnenuhr des Augustus mit dem 20 Meter hohen Uhrzeiger.

Quintus: Das ist ein Obelisk*, der wurde extra aus Ägypten hergeschafft. ... Aber bis zum Marsfeld ist es ganz schön weit. Und das bei der Hitze!

Claudia: Wir können ja im Schatten der Arkaden bleiben. Langweilig wird's bestimmt nicht. Was für Typen auf der Via Flaminia unterwegs sind! Dunkelhäutige und Leute mit strohblondem Haar und seltsamer Kleidung, manche richtig zum Fürchten. Sklaven aus aller Welt und feine Leute. Da merken sie, dass Rom eine Weltstadt ist.

Quintus: Danach müssen wir aber eine Pause machen! Am besten gehen wir zurück am Pompeius-Theater entlang, dort gibt es mehrere Garküchen*. Gut gewürztes Fleisch mit frischem Fladenbrot und ordentlich Fischsoße darüber. Da freu ich mich jetzt schon drauf!

Claudia: Trinkflaschen brauchen wir nicht mitzunehmen. An jeder Ecke gibt es ja Brunnen mit Wasser aus den Bergen. Unter einer dieser großen Wasserleitungen kommen wir auch durch. ... Ob es in Athen wohl auch so viele öffentliche Klos mit Wasserspülung gibt wie bei uns?

Quintus: Glaub ich nicht. – Aber was machen wir am Nachmittag? Die Foren müssen wir uns wohl noch etwas näher ansehen. Von dort aus wird doch die Welt regiert, meinen die Senatoren noch immer! Erst wenn man in den Hallen und Tempeln war, spürt man, wie riesig sie sind.

Claudia: Vielleicht haben wir Glück und können bei einer Gerichtsverhandlung zuhören. Und durch die Verkaufshallen müssen wir auf jeden Fall noch gehen. Das wird Helene auch mögen, vielleicht findet sie eine Seidenstola oder eine Parfümsalbe.

Quintus: Mir macht es am meisten Spaß, den Marktschreiern zuzuhören. Aber das reicht dann auch als Programm für den ersten Tag. Schließlich gibt es zu Hause bestimmt noch ein Fünf-Gänge-Menü!

Claudia: Außerdem können wir ja dann noch einen Tag mit ihnen in die Thermen gehen – und dann natürlich noch in den Zirkus ...

** Obelisk: Steinpfeiler. Die langen Schatten, die Obelisken warfen, wurden im alten Ägypten als Strahlen des Sonnengottes Re gedeutet. Man glaubte, der Obelisk würde eine Verbindung zu den Göttern schaffen.*

** Garküche: eine Art Schnellimbiss*

1. Beschreibe den Eindruck, den das Gespräch dir von Rom vermittelt, und nenne die erwähnten Besonderheiten, die Rom als Hauptstadt auszeichnen.
2. Suche die in der „Zeitreise" unterstrichenen Sehenswürdigkeiten in der Abbildung des Stadtmodells (M 1) und mache dir klar, wo der Stadtspaziergang entlangführt.
3. Diskutiert, warum die Römer, vor allem die Kaiser, so viele Prachtbauten errichten ließen.
   Tipp: Seite 197

Alltagsleben und Freizeit der Römer

In Rom, der Hauptstadt des Reiches, lebten zur Kaiserzeit etwa eine Million Menschen, die meisten von ihnen in einfachen Unterkünften. Doch die Stadt bot Römern aller Gesellschaftsschichten beliebte Freizeiteinrichtungen. An den vielen römischen Feiertagen konnten sich die Menschen dort kostenlos erholen und vergnügen. Die ↑Kaiser selbst ließen große, prächtige **Theater** oder **Thermen** – große öffentliche Bäder – errichten und ordneten an, dass etwa jeden zweiten Tag „Zirkusspiele" stattfinden sollten. Zudem sorgten sie für die Einfuhr von Getreide auf Staatskosten und ließen es an die Bevölkerung verteilen. So musste niemand hungern. **„Brot und Spiele"** – so nennen ↑Historiker diese kaiserliche Politik.

Gruppenarbeit: Experten werden

Auf den folgenden fünf Seiten lernt ihr das Leben im antiken Rom der Kaiserzeit näher kennen. In Quellentexten und Bildern begleitet ihr Römer in die Thermen, in den Circus, in ein Wohngebiet oder zu einem Gastmahl. Bearbeitet die Themen in Gruppen.

1. a) Jedes Gruppenmitglied liest die Texte und sieht sich die Bildquelle zu seinem Thema genau an.
b) Stellt die interessantesten Informationen zu eurem Thema zusammen. Achtet dabei auch darauf, die Meinung des Autors der Textquellen zu dem von ihm beschriebenen Verhalten der Menschen wiederzugeben.
c) Gestaltet gemeinsam ein Plakat (Seiten 202/203), das die wichtigsten Ergebnisse anschaulich macht.

2. a) Legt alle Plakate zusammen in einer Tischgalerie* aus und fügt jeweils ein leeres Blatt für Kommentare hinzu.
b) Betrachtet die Plakate in einem Galeriegang (Seite 203). Notiert auf den beigelegten Blättern eure Kommentare und Fragen oder Besonderheiten, die euch aufgefallen sind. Schreibt zuerst auf, was gelungen ist. Macht danach, falls nötig, Verbesserungsvorschläge.
c) Besprecht die Rückmeldungen und überarbeitet eure Plakate, falls nötig.

3. Ordnet mithilfe eines Diagramms zu, auf welche Bevölkerungsgruppen der römischen Gesellschaft sich die einzelnen Themen beziehen.

4. Benennt in einem Klassengespräch Ähnlichkeiten und Unterschiede zu unserer Zeit und nehmt zu ihnen Stellung.

5. Diskutiert darüber, was die römischen Kaiser wohl mit ihrer „Brot-und-Spiele"-Politik erreichen wollten.

** Tischgalerie: Präsentation von Arbeitsergebnissen auf Tischen*

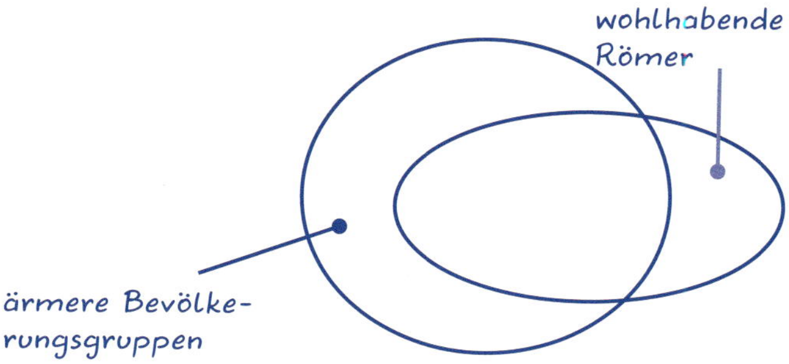

Thema 1 Römische Thermen: antike Spaßbäder?

M1 Rekonstruktionszeichnung der Caracalla-Thermen. Sie wurden in der Amtszeit des Kaisers Caracalla (212–217 n. Chr.) erbaut.

1. *Schwimmbad im Freien*
2. *Frigidarium (Kaltbad)*
3. *Caldarium (Warmbad)*
4. *Gymnasium (Sportraum)*
5. *Bibliothek*
6. *Gärten*

„Ein gesunder Geist ist in einem gesunden Körper“, sagten die Römer. Um sich zu pflegen und Sport zu treiben, konnten sie die Thermen besuchen. Das waren riesige Badeanstalten, zu denen nicht nur mehrere Badebecken, sondern auch Sporträume, Bibliotheken und Gartenanlagen gehörten. ↑Sklaven waren als Masseure oder Friseure tätig oder bedienten die Fußbodenheizung, die für Wärme in den Hallen sorgte.

M2 Die Thermen – Vergnügen oder Ärgernis?

Der römische Philosoph Seneca klagt in einem Brief:

Stille ist so notwendig für einen, der in seine Studien vertieft ist. Doch direkt oberhalb von Thermen wohne ich. Stelle dir nun alle Arten von Geräuschen vor. Wenn Kraftprotze üben und ihre Hände schwingen, die mit Bleigewichten beschwert sind. Wenn sie sich abmühen, höre ich ihr Stöhnen. Wenn sich jemand mit dem Einsalben begnügt, höre ich das Klatschen der Hand, die auf die Schultern schlägt. Wenn ein Ballspieler dazukommt und die Bälle zu zählen beginnt, ist es mit meinen Studien ganz vorbei. Und dann noch das Geschrei eines Streithahnes, eines ertappten Diebes oder von einem, dem seine Stimme im Bad gefällt oder das Geplatsche derer, die ins Becken springen! Denke dann noch an einen Haarauszupfer, der seine dünne schrille Stimme unentwegt ertönen lässt, um sich bemerkbarer zu machen. Der ist nur still, wenn er einem Kunden die Achselhaare auszupft, der dann an seiner Stelle schreien muss. Schon höre ich die verschiedenen Rufe von Getränkeverkäufern, Wursthändlern, Bäckern und Imbissbetreibern, wie sie auf eigene Weise ihre Waren anpreisen.

Seneca: Epistulae morales ad Lucilium ep. 56,1–2, S. 20–23 (bearbeitet)

Thema 2 Eine Attraktion im Circus Maximus

Neben Theatervorführungen und Gladiatoren- oder Tierkämpfen zählten Wagenrennen zu den beliebtesten Freizeitvergnügen der Römer. Die größte Rennbahn dafür im ganzen Römischen Reich bot der Circus Maximus in Rom*. Sie war 570 m lang. Auf den Rängen des Circus fanden etwa 150 000 Zuschauer Platz – und meistens war er gut besucht!

* *Abbildung Seite 142, M1/②*

Bei einem Wagenrennen musste die Bahn sieben Mal umrundet werden. Dabei versuchten die Fahrer, sich gegenseitig wegzudrängen oder vom Wagen zu stoßen. Um nicht herunterzufallen, wickelten sie sich die Zügel um den Körper. Erfolgreiche Wagenlenker wurden wie heutige Sportstars verehrt; sie konnten zu Millionären werden! In Rom gab es vier Rennställe, die nach Farben unterschieden wurden: die Roten, die Blauen, die Weißen und die Grünen.

M2 Wagenrennen, (k)eine Freude?

Der Politiker Plinius der Jüngere lebte um 100 n. Chr. Er schrieb in einem Brief:

Es gab neulich Zirkusspiele in Rom, ein Vergnügen, das mich überhaupt nicht reizen kann. Es reicht, wenn man sie einmal gesehen hat. Umso mehr wundert mich, dass so viele Tausend Erwachsene so kindisch immer wieder danach verlangen, die rennenden Pferde und die auf den Wagen stehenden Männer zu sehen. Wenn sie von der Schnelligkeit und der Geschicklichkeit der Lenker begeistert wären, hätte es ja noch einen Sinn. Sie aber jubeln den Farben ihrer Mannschaft zu. Das gilt nicht nur für die einfachen Leute, sondern auch für ernsthafte Männer. Wenn ich daran denke, dass diese Leute bei einer so sinnlosen Sache ihre Zeit vertun, habe ich Spaß daran, dass ich daran keinen Spaß habe.

Plinius der Jüngere: Epistulae IX, 6 (bearbeitet)

M1 *Wagenrennen. Römisches Relief, 2. Jahrhundert n. Chr.*

Thema 3 Als Zuschauer dabei sein

Der Circus Maximus war Roms gesellschaftliches Zentrum. Dort fanden Zirkusspiele, aber auch Triumphzüge und religiöse Prozessionen statt. Auch die Zirkusspiele waren ursprünglich eingeführt worden, um die Götter zu ehren: Wenn die Teilnehmenden in die Arena eingezogen waren, wurde zuerst den Göttern ein Opfer dargebracht.

Nach und nach änderte sich der Charakter der Spiele aber. In der Kaiserzeit waren sie für Römer aller Gesellschaftsschichten vor allem ein beliebtes Freizeitvergnügen. Den Besuchern wurde ein abwechslungsreiches Programm geboten – mit Wagenrennen, Theatervorführungen, Gladiatoren- oder Tierkämpfen. In der Arena traf man einander und vergnügte sich – durchaus ähnlich wie bei heutigen Jahrmärkten. In den zum Circus gehörenden Kneipen konnte man sich stärken und in Wahrsagerbuden die Zukunft voraussagen lassen. Wie mag es während der Spiele im Publikum zugegangen sein?

M1 Annäherung nach Anleitung

Der Dichter Ovid gab Ratschläge für eine Annäherung an Frauen:

Viele Vorteile bietet der Circus* mit seiner Menschenmenge. Setze dich dicht neben deine Angebetete. [...] Versuche, ein Gespräch über Alltäglichkeiten anzufangen: Frage eifrig, wessen Pferde als nächste dran sind. Ergreife sofort Partei für das Team, für das sie ist. Wenn die Prozession der Wettkämpfer mit der Göttin Venus einzieht, dann applaudiere nicht der Göttin, sondern deiner Angebeteten.
Fällt zufällig, wie oft an diesem Ort, Staub auf ihr Kleid, dann klopfe ihn ab. Und wenn kein Staub fällt, dann klopfe den nicht vorhandenen ab. Jeder Anlass für eine Gefälligkeit soll dir recht sein. Hängt das Kleid zu tief auf der Erde, hebe es schnell vom schmutzigen Boden auf. Belohnung für deinen Diensteifer ist der Anblick ihrer Beine – sie wird es zulassen! Achte darauf, dass keiner auf der Bank hinter euch seine Knie gegen ihren zarten Rücken drückt.
Kleinigkeiten nehmen sie für dich ein. Oft hat es sich gelohnt, das Sitzkissen zurechtzurücken. Es ist auch nützlich gewesen, mit einem Fächer frische Luft zuzufächeln oder einen Schemel unter ihre zarten Füße zu stellen. Das sind die Annäherungsmöglichkeiten, die der Zirkus und die Tränen bringende Arena einer neuen Liebe bieten.

Ovid: Ars amatoria, Vers 185 ff. (bearbeitet)

* *Abbildung Seite 142, M1/②*

Das Foto unten zeigt die Ruinen des Theaters in Ostia bei Rom.

Thema 4 Wohnen in Rom

Fast 50000 Mietshäuser gab es zur Kaiserzeit in Rom. Es waren mehrgeschossige Gebäude, in denen viele kleine Wohnungen und – zu ebener Erde – Läden, Wirtshäuser und Werkstätten untergebracht waren. Wie Inseln vom Meer waren die Mietshäuser auf allen Seiten von Straßen umgeben. Deshalb nannte man sie „Insulae“ (Einzahl: „Insula“). Mehrköpfige Familien mussten sich oft mit einem einzigen Raum begnügen. Wasser holte man sich aus öffentlichen Brunnen an Plätzen, wo es auch öffentliche Toiletten gab. Meist wurden aber Nachttöpfe benutzt, die man an öffentlichen Sammelstellen entleeren konnte.

Wohlhabende Römer dagegen lebten in freistehenden Häusern, deren Mittelpunkt ein Innenhof, das Atrium, war: Sie schirmten das Familienleben nach außen gegen Hitze und Lärm ab.

M2 Weltstadttrubel

Der Dichter Martial lebte um 100 v. Chr. in Rom. In einer seiner Schriften klagte er:

Du fragst, warum ich zu meinem kleinen, bescheidenen Landhaus aufbreche? In Rom gibt es keinen Ort, wo man zum Nachdenken oder zur Ruhe kommt, mein Freund. Die Lehrer vermiesen einem das Leben am Morgen mit ihren lauten Belehrungen, die Bäcker in der Nacht und die Hämmer der Schmiede den ganzen Tag. Hier klimpert der faule Geldwechsler mit seinem Kleingeld auf dem schmutzigen Tisch, dort hämmert einer, der mit seinem Schlägel Blattgold verarbeitet. Auch die Anhänger der Kriegsgöttin Bellona geben mit ihren lauten Gebeten nie Ruhe, auch nicht der Junge, der von seiner Mutter zum Betteln erzogen wurde oder der triefäugige Straßenhändler. Nachts schreckt mich das Lachen der Passanten auf, als ob ganz Rom an meinem Bett steht.

Martial: Epigramme XII, 57 (bearbeitet)

M1 *Modell eines mehrstöckigen Mietshauses in Ostia*

Thema 5 Römische Gastfreundschaft

Mahlzeiten in Italien: Man frühstückt fast im Vorbeigehen, ein kleiner Imbiss reicht zur Mittagszeit, am Abend aber folgt ein Essen mit mehreren Gängen. So hielten es die Römer auch in der ↑Antike.

Für die Angehörigen der Oberschicht war es zudem üblich, möglichst oft zu einem Gastmahl einzuladen. Dabei konnten sie nicht nur mit erlesenen Speisen beeindrucken, sondern auch mit kostbar ausgestatteten Speiseräumen. In ihnen lagen sich die eingeladenen Männer – Frauen und Kinder speisten in Nebenräumen – auf Liegen gegenüber. Wein und mundgerecht zerlegte Speisen wurden ihnen in kostbaren Gefäßen gereicht.

***M1** Ein Gastmahl. Wandmalerei aus Pompeji, 1. Jahrhundert n. Chr.*

M2 Das richtige Maß finden

Ein Erlebnis bei einem Gastmahl veranlasste den Schriftsteller Plinius den Jüngeren zu diesem Brief:

Ich war bei einem Bekannten zu Gast, der sich selbst für vornehm und aufmerksam hielt, den ich aber geizig und verschwenderisch fand. Sich und einigen Auserwählten ließ er Leckereien auftischen, den übrigen Gästen billige Speisen in kleinen Portionen. Den Wein stellte er in drei Krügen bereit, den einen – den besten! – für sich und uns, einen anderen für weniger gute Freunde und einen dritten für seine und unsere ehemaligen ↑Sklaven.
Der neben mir am Tisch lag, fragte mich: „Und wie machst du es?“ – „Ein und dasselbe setze ich allen vor. In jeder Hinsicht behandele ich die gleich, die ich zu einem Gastmahl einlade.“ – „Auch die freigelassenen Sklaven?“ – „Ja, auch sie. Denn für mich sind sie Gäste, keine Freigelassenen.“– „Ist das nicht zu teuer für dich?“ – „Aber nein! Denn meine Freigelassenen trinken natürlich nicht dasselbe wie ich, sondern ich dasselbe wie die Freigelassenen.“
Und beim Herkules: Denn es fällt einem nicht schwer, viele Gäste zu haben, wenn man Gaumen und Kehle zügelt. Sie muss man mäßigen, um die Kosten im Rahmen zu halten. Das schafft man besser mit eigener Mäßigung, als indem man manche Gäste kränkt.
Denk also dran: Vermeide diese neumodische Verbindung von Luxus und Geiz. Jedes für sich ist schon abscheulich, aber viel schlimmer ist die Verbindung von beiden.

Plinius der Jüngere: Epistulae II, 6 (bearbeitet)

Von Rom in die Welt hinaus

ZEITREISE Ein Nachmittag auf einem römischen Gutshof

„Fang mich doch!" „Na warte", dachte Gaius, als er seine Schwester Lucia vom Badehaus in Richtung Speicher davonsausen sah. „Bestimmt versteckt sie sich im Tempelbezirk oder in der Mühle! Ich werde mich an der Mauer entlang anschleichen." Und schon war er wie ein Legionär im Spähtrupp unterwegs. Leise schlich er zum Eckturm am äußersten Ende der Umfassungsmauer und kletterte die Holzleiter hinauf.

Auf der Plattform angekommen, entdeckte er seine Schwester tatsächlich hinter der Mühle. Doch was hörte er da? Ein lang gezogenes Hornsignal! Waren das die ersehnten Händler aus Arae Flaviae*? Oder doch wieder nur Legionäre auf ihrem Zug zur Grenze? Schnell machte Gaius sich auf den Weg zurück zum Haupthaus, um seinem Vater die Besucher anzukündigen.

Schon bald meldeten die Wachen am Tor die Ankunft von Legionären. Gaius und Lucia liefen zu ihnen, denn beide waren neugierig. Tatsächlich hatten die Legionäre Spannendes zu erzählen: Im Norden des Reiches gab es Unruhen – immer wieder drangen Alemannen* über die Grenze, den **Limes**, ins Reichsgebiet ein! Deshalb sollten die Legionäre die Garnison im Castellum Grinario verstärken und dort weitere Befehle abwarten. Nachdem sie gespeist und sich etwas ausgeruht hatten, brachen sie wieder auf. Ihr Nachtquartier in Sumelocenna* mussten sie noch vor Einbruch der Dunkelheit erreichen!

Gaius blickte der abrückenden Kohorte nach. Sein Vater hatte ihm schon oft aus seiner Zeit als Legionär erzählt. „Ob ich wohl auch mal Legionär werde?", dachte er. Doch dann freute er sich, als seine Schwester ihn wieder zum Spielen aufforderte.

** Alemannen: ein germanischer Stamm, der im Südwesten Deutschlands beheimatet war*

** Sumelocenna: das heutige Rottenburg*

** Arae Flaviae: das heutige Rottweil*

Reste der Fußbodenheizung im Bereich des Badehauses

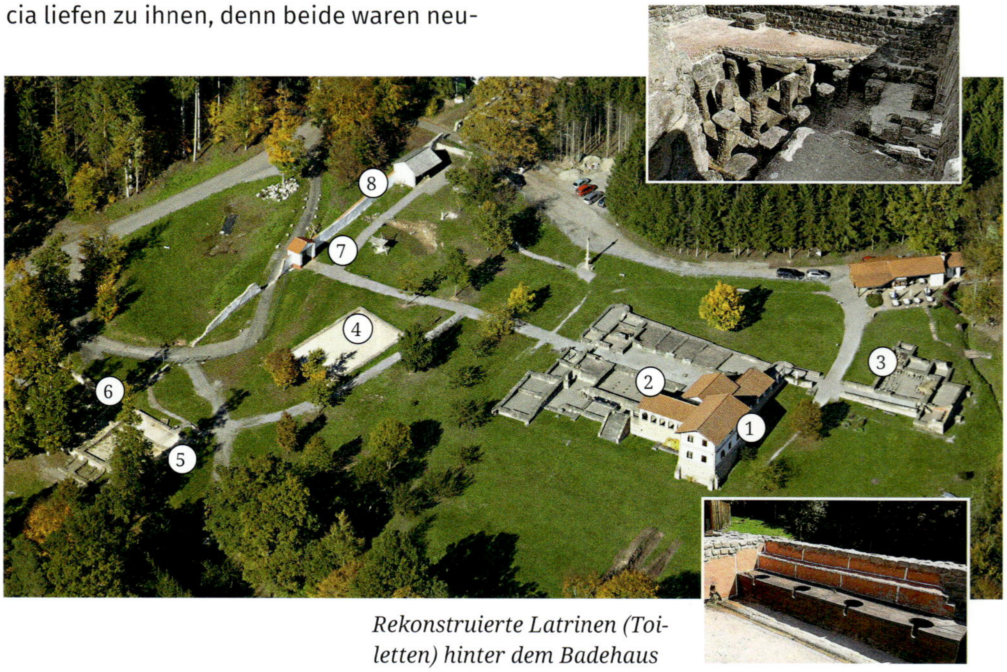

M1 *Der rekonstruierte Gutshof „Villa Rustica" in Hechingen-Stein in einer Luftaufnahme aus dem Jahr 2013. Heute ist er ein Freilichtmuseum.*

1. *das Haupthaus*
2. *die Küche*
3. *das Badehaus*
4. *Grundfläche des Speichers*
5. *Mühle*
6. *Tempelbezirk*
7. *Tor*
8. *Mauerreste*

Rekonstruierte Latrinen (Toiletten) hinter dem Badehaus

M3 Das rekonstruierte Speisezimmer der „Villa Rustica“ Hechingen-Stein

Militärischer Stützpunkt oder Versorgungsposten?

Die römische Besetzung des deutschen Südwestens begann mit der Eroberung des Alpenvorlandes um 15 v. Chr. Ungefähr um 85 n. Chr. erreichten die Römer den Neckar. Um diese Zeit dürfte auch die „Villa Rustica“ (ländliches Haus) in Hechingen-Stein (M 1) entstanden sein.

Ausgrabungen haben gezeigt: Die „Villa Rustica“ in Hechingen-Stein liegt an einem sonnigen Südhang. Das Hauptgebäude war mit prachtvollen Säulengängen ausgestattet. Es gab sogar eine Badeanlage mit einer aufwendigen Fußbodenheizung. Neben verschiedenen Wirtschaftsgebäuden und einer Schmiede wurde auch ein kleiner Tempelbezirk freigelegt. Die Gesamtanlage war umgeben von einer etwa 2 m hohen Mauer.

Über die genaue Funktion dieser „Villa rustica“ rätseln ↑Archäologen und ↑Historiker bis heute: Ihre Lage an wichtigen Verkehrsstraßen und am Albaufstieg macht eine militärische Nutzung wahrscheinlich. Oder war sie nur ein großer landwirtschaftlicher Betrieb, der die römischen Legionäre und die Bevölkerung in der Umgebung versorgen sollte? Meist waren es Veteranen*, die als Pächter für den römischen ↑Staat einen solchen Gutshof leiteten und dadurch Versorgungsdienste übernahmen. Die Gutshöfe erfüllten auf diese Weise neben den Städten, Wehrdörfern und Kastellen (Kasernen) wichtige Aufgaben in den römischen ↑Provinzen.

** Veteranen: erfahrene Soldaten, die aus dem Militärdienst entlassen worden waren*

M2 Die Funktionsweise einer römischen Wand- und Fußbodenheizung

1. Verfolge mithilfe von M 1 das Spiel von Gaius und Lucia.

2. Erkläre, wie die Heizung (M 2) funktionierte.

\+ Informiere dich mithilfe der Internetseite www.villa-rustica.de über weitere Innenräume des Wohnhauses und vergleiche sie mit unseren heutigen Wohnräumen.

3. a) Beschreibe anhand der Abbildungen und des Textes die Lage und die Aufgaben des Gutshofes.
b) Hältst du den Platz der „Villa Rustica“ für gut geeignet? Begründe deine Meinung.

4. Beurteile anhand der Informationen die Rolle und Bedeutung einer Villa Rustica für die Römer und für die einheimische Bevölkerung.
Tipp: Seite 197

\+ Recherchiere in deiner Umgebung ähnliche römische Gutsanlagen und vergleiche sie mit der Villa Rustica in Hechingen-Stein.

Das Leben in den Provinzen verändert sich

* *unzivilisiert: rückständig – Gegenteil von:*

* *zivilisiert (↑rechte Seite): hoch entwickelt*

1. Suche in der Karte M 1 die in der Zeitreise auf Seite 150 genannten Orte.

2. Arbeite mithilfe des Methodentrainings auf Seite 35 aus der Karte M 1 alle Spuren römischen Lebens im Umkreis von etwa 50 km um deinen Heimatort heraus.

Den Römern in den eroberten ↑Provinzen erschienen die unterworfenen Einheimischen oft unzivilisiert*. Das trifft auch auf die Germanen zu, die von Viehzucht und wenig ertragreichem Getreideanbau lebten. „Vereinzelt und ungeordnet bauen die Germanen ihre Wohnsitze, dort, wo eine Quelle, ein Feld, ein Gehölz ihnen gefällt", wunderte sich der römische Geschichtsschreiber Tacitus. Auf die einfache Lebensweise der Germanen blickten die Römer ei-

M 1 *Die Römer in Baden-Württemberg*

Römer legten an sonnigen Hängen in Süddeutschland die ersten Weinberge an. Zudem hinterließen sie zahlreiche Inschriften in ihrer Schrift, der „Römischen Capitalis".

nerseits herab, andererseits sahen sie darin den Grund für deren kriegerische Stärke.

Erste Städte in den Provinzen

Um die oft nur dünn besiedelten Gebiete als römische ↑Provinzen beherrschbar zu machen, stationierten die Römer dort Legionäre in Militärlagern und Kastellen. Manche lagen günstig an Flüssen und Römerstraßen und wurden im Lauf der Zeit von den Legionären zu Städten ausgebaut, auch in Germanien. Den Einwohnern – vor allem Soldaten und ihren Familien – boten diese neuen Städte recht komfortable Lebensbedingungen, denn sie waren nach römischem Vorbild angelegt: mit Marktplatz, Wasserversorgung, Thermen und Theater. Nach und nach ließen sich auch viele Handwerker und Händler in ihnen und um sie herum nieder, denn Tausende Stadtbewohner mussten versorgt werden.

Römisches Leben

Wenn römische Soldaten aus dem Militärdienst entlassen wurden, erhielten sie als Veteranen ein Stück Land zur Bewirtschaftung. Das diente der Herrschaftssicherung, denn wenn ein ehemaliger Soldat in der Provinz blieb, konnte er im Notfall wieder einberufen werden und zur Sicherung der römischen Grenzen beitragen.

Die meisten Veteranen verfügten über gute handwerkliche Fertigkeiten, die sie sich in ihrer Heimat und als Legionäre angeeignet hatten, z.B. beim Straßenbau, in Handwerksbetrieben wie Ziegeleien und in der Landwirtschaft. Diese waren ihnen nun nützlich. Um ihr Land zu bewirtschaften, verwendeten sie häufig Getreide-, Gemüse- und Obstsorten, die sie aus ihrer Heimat am Mittelmeer kannten. In Germanien führten römische Veteranen z.B. kräftige Viehsorten aus dem Süden ein. Sogar die Hauskatze brachten sie mit in die nördlichen Provinzen!

Die ↑Historiker gehen davon aus, dass die Römer auch ihre Religion und ihren Kaiserkult in den Provinzen einführten. So wurden seit der Zeit des Augustus Kaiserbilder aufgestellt und kultisch, das heißt religiös, verehrt. Auch Tempel und Altäre wurden zu Ehren der ↑Kaiser gebaut. Oft behielten die Provinzbewohner aber eigene religiöse Gewohnheiten bei. So entwickelte sich ein Nebeneinander verschiedener religiöser Bräuche.

Romanisierte Provinzbewohner

Wie stark das Leben der Germanen von den Römern geprägt war, lässt sich am Einfluss der lateinischen Sprache erkennen. Soldaten und ↑Beamten, die die Provinzen verwalteten, sprachen Latein. Wer etwas von ihnen wollte, musste ihre Sprache sprechen. Für viele Dinge, z.B. im Handel, gab es nur lateinische Bezeichnungen, die es noch heute im Deutschen als **Lehnwörter*** aus dem Lateinischen gibt.

Für die germanische Oberschicht wurde es selbstverständlich, Latein zu beherrschen. Viele Germanen hatten im römischen Heer gedient. Sie kleideten und ernährten sich wie Römer und suchten wie diese Entspannung in Thermen und Theatern. Viele erlangten das römische **Bürgerrecht** und wurden damit „Cives Romani". Eine solche Entwicklung, bei der eroberte Provinzen in Sprache, Wirtschaftsweise und Lebensform von den römischen Eroberern geprägt und nach deren Vorbild zivilisiert* wurden, nennt man ↑**Romanisierung**.

** Lehnwörter (von lehnen: leihen): Wörter, die aus einer fremden Sprache übernommen wurden. Z.B. lateinisch: „ager", deutsch: „Acker".*

ZEITREISE Zu Besuch im Römischen Reich

M2 *Handel und römische Lebensart*

Ein kühler Herbsttag im Jahr 220 n. Chr.: Dietmar und Gerhild, zwei junge Germanen, sind mit frisch gesammelten Pilzen unterwegs, um sie jenseits der Grenze zu verkaufen. Da sie das schon oft getan haben, kennen sie sich in der Sprache der Römer so weit aus, dass sie die vielen fremden Dinge dort richtig bezeichnen können.

Am Limes angekommen, müssen sie erst einmal tolonium bezahlen. Wer keine monetae hat, darf die Grenze, die aus einem palum neben dem anderen und einem mächtigen vallum aus gestampftem Lehm besteht, nicht passieren. Über die via strata mit ihrem plastrum haben sie trotz des Regens von letzter Nacht die milia bis zur Stadt schnell zurückgelegt.

Schon sind sie am Haus des Kaufmanns angelangt. Nebenan wird gerade ein neues Gebäude errichtet. Das cellarium ist bereits fertig, der murus wird noch hochgezogen. Vor der Baustelle lagern die tegulae, mit denen später das Dach gedeckt werden soll.

Durch die porta betreten die beiden endlich das Haus des Kaufmanns. Hier lagert ein saccus neben dem anderen, gefüllt mit getrockneten fructi und Gewürzen. Hm, wie das riecht!

Ein Knecht fährt mit einem carrus weitere cistae und corbes herein. Während der caupo ihnen die monetae für ihre Ware gibt, ist seine Frau nebenan in der coquina gerade mit dem coquere fertig. Sie lädt die beiden Besucher ein, mit ihnen zu essen. Auf der hölzernen tabula stehen schon einige pannae mit Speisen. Lecker!

Relief aus Ostia, um 50 n. Chr.

Römische Wandmalerei, 1. Jahrhundert n. Chr.

Funde aus römischen Städten in Süddeutschland

M3 *Ein germanisches Bauernhaus, rekonstruiert für ein Freilichtmuseum*

M4 *Grabbeigaben eines germanischen Adligen*

M5 Ein Römer über die Germanen

Der römische Geschichtsschreiber Tacitus beschreibt um 100 n. Chr. die Lebensweise der Germanen:

Bei den Germanen gedeiht Getreide; Obst hingegen nicht. Vieh gibt es reichlich, doch zumeist ist es recht klein.
In den Grenzgebieten kennen sie unser Geld und nehmen es gerne; doch im Inneren des Landes herrscht noch einfacher Tauschhandel.
Die Germanen tragen einen Umhang, den eine Spange zusammenhält. Nur die Reichsten haben noch Untergewänder. Man trägt auch Tierfelle.
Zum Hausbau verwenden sie nicht Bruchsteine oder Ziegel, sondern unbehauenes Holz, ohne auf ein gefälliges oder freundliches Aussehen zu achten. In jedem Haus wachsen die Kinder nackt und schmutzig zu dieser von uns bestaunten Größe heran.
Als Getränk dient den Germanen ein Saft aus Gerste oder Weizen, der durch Gärung eine gewisse Ähnlichkeit mit Wein erhält. Die Kost ist einfach; wildes Obst, frisches Wildbret oder geronnene Milch. Ohne feine Zubereitung, ohne Gewürze vertreiben sie den Hunger.

Tacitus: Germania, 5, 16–17, 23 (bearbeitet)

3. Finde die passenden deutschen Wörter für die in der „Zeitreise" verwendeten lateinischen Begriffe.

4. Erkläre mithilfe der Informationen in den Texten sowie der Abbildungen auf den Seiten 152–154, was Romanisierung bedeutet. Gehe auf verschiedene Lebensbereiche ein.

5. Gerhild und Dietmar schildern ihren Gastgebern das Leben in Germanien. Was könnten sie erzählen? Schreibt zu zweit einen Dialog mithilfe von M 3, M 4, M 5 und des Textanfangs auf Seite 152.
   Tipp: Seite 197

6. Stellt euch vor, Gerhild und Dietmar kommen auf ihrer Wanderschaft auch zur Villa Rustica nach Hechingen-Stein und treffen dort Gaius und Lucia (Seite 150). Entwickelt in einer Kleingruppe ein Gespräch zwischen den Kindern auf ihrer Erkundungstour durch die Gutsanlage. Worüber werden die germanischen Kinder besonders staunen, worüber sind sie vielleicht nicht so begeistert?

\+ Stell dir vor, du bist ein aus der römischen Armee verabschiedeter Germane. Entscheide, ob du dich in der römischen ↑Provinz niederlassen oder in dein germanisches Heimatdorf zurückkehren möchtest. Begründe deine Entscheidung.
Tipp: Seite 198

7. Diskutiert, ob die ↑Romanisierung einen Fortschritt für die Provinzen bedeutete.

Der Limes – eine unüberwindliche Grenze?

Der Limes, die Grenze zwischen dem Römischen Reich und dem Gebiet der Germanen, zog sich quer durch Süddeutschland. Noch heute kann man an vielen Stellen Reste der Grenzbefestigung erkennen. An einigen Orten sind Wachtürme und Teile des Limes rekonstruiert worden, sodass die Besucher dieser Anlagen sich das Leben zur Zeit der Römer vorstellen können.

Allerdings: Wer sich ausmalt, wie großgewachsene Germanen mit Kriegsgeheul gegen die Grenzmauer anstürmten, der liegt falsch. Der Limes war kein Verteidigungswall, der das Land umgeben hätte wie die Befestigungsmauer eine mittelalterliche Burg. Er markierte die Grenze und diente vor allem der Kontrolle der Menschen, die sie überqueren wollten. Wenn wirklich einmal Germanen angriffen, dann bot ihnen der Limes wenig Widerstand und konnte sie bestenfalls für kurze Zeit aufhalten.

Beobachter auf den Limestürmen – davon gab es etwa 900 – standen mithilfe von Signalen in ständigem Kontakt zu befestigten Militärlagern im Hinterland, den Kastellen wie z. B. in Welzheim (M 2) oder in Köngen, wo sich das Castellum Grinario* befindet. Mehr als hundert Kastelle waren in regelmäßigen Abständen in Sichtweite zueinander erbaut worden. Wenn ein Angriff gemeldet wurde, schickten Kommandeure berittene Einheiten und Fußtruppen zu der gefährdeten Stelle, um die eingedrungenen Feinde hinter den Grenzwall zurückzudrängen.

An den Limesdurchgängen und um die Kastelle herum entwickelte sich ein lebhafter Handel zwischen den römischen Soldaten und den Germanen von jenseits der Grenze. Diese waren besonders an römischem Schmuck, Tonwaren, Öl und Wein interessiert, die Römer an Fellen, Honig, Bernstein und langem Haar für Perücken.

* *Dieses kommt in der Zeitreise (Seite 150) vor.*

***M1** Limes-Modell, gebaut für das Limesmuseum in Aalen*

M2 *Rekonstruierte Tortürme des römischen Kastells im heutigen Welzheim*

1. a) Erläutere die Aufgaben des Limes für die Römer anhand des Textes und M 1.
   b) Diskutiert die Überschrift dieser Doppelseite.

2. Arbeite mithilfe der Karte M 3 heraus,
   - wie lang der Limes war,
   - welche deutschen Städte auf dem früher römischen Gebiet liegen. Ziehe zur Bearbeitung eine Deutschlandkarte hinzu.

   Tipp: Seite 198

\+ Recherchiere weitere Merkmale des Limes. Nutze dazu z. B. die Webseite eines Limesmuseums, wie:
- Limesmuseum Aalen: www.limesmuseum.de oder
- Limesmuseum Ruffenhofen (Bayern): www.limeseum.de.

M3 *Das römische Germanien*

Römische Spuren in unserem Alltag

1. Römische Sprache und Schrift wirken bis in unseren Alltag nach. Wählt zu zweit eines der folgenden Themen aus und recherchiert dazu weitere Informationen im Internet. Ihr könnt die Anregungen unter den Texten nutzen, aber auch andere Themen wählen, die euch interessant erscheinen.

Im Internet recherchieren

Bevor du anfängst, Informationen zusammenzustellen, mach dir klar, was du wissen willst. Eine Orientierung bieten dir die Anregungen unter den Texten. Gehe nun in folgenden Schritten vor:

Schritt 1: **Informationsquellen suchen**
Erste Hinweise erhältst du mithilfe verlässlicher Suchmaschinen, z. B.:
- www.fragfinn.de
- www.blinde-kuh.de oder
- www.helles-koepfchen.de.

Sie bieten keine eigenen Texte zu bestimmten Themen an, sondern stellen Links auf Webseiten zu verschiedenen Fachgebieten bereit.
Eine Webseite, die geschichtliche Themen behandelt, ist z. B.
- www.kinderzeitmaschine.de.

Hier sind Informationen knapp und verständlich aufbereitet.

Schritt 2: **Einen Suchbegriff eingeben**
Fast alle Webseiten geben ein Suchfeld vor, in das du Suchbegriffe eintragen kannst. Keine oder aber sehr viele Ergebnisse sind ein Zeichen dafür, dass du die Suche mit anderen Begriffen ausprobieren solltest. Wenn du dich z. B. über lateinische Sprichwörter informieren möchtest und den Begriff „Latein" eingibst, ist dies zu ungenau; du erhältst zu viele Ergebnisse.

Schritt 3: **Informationen herausschreiben und sortieren**
Notiere Stichworte zu deinem Thema. Was wichtig ist, hängt von der Fragestellung ab, die du bearbeitest. Historiker geben immer an, wo sie ihre Informationen gefunden haben. Schreibe auch du die Fundstellen (Links) zu deinen Informationen auf.

Latein – die Sprache der Römer

M1 „Nivea" ist von dem lateinischen Wort „niveus" abgeleitet. Es bedeutet „schneeweiß".

Die Römer verbreiteten ihr Latein überall, wo sie ↑Provinzen gründeten. Mit ihrer Sprache nahmen sie Einfluss auf die Sprachen der dort lebenden Menschen. Viel Lateinisches hat sich bis in unsere Zeit erhalten. So steckt es nicht nur in manchem Markennamen – wie „Nivea", „Labello" oder „Audi". Auch gehen zahlreiche im Deutschen geläufige Fremdwörter auf Latein zurück. So sagt man statt „beispielhaft" auch „exemplarisch", was vom lateinischen Wort „exemplum" für „Beispiel" abgeleitet ist. Darüber hinaus werden manchmal lateinische Sprichwörter zitiert – wie „Carpe diem". Das heißt „Pflücke den Tag." Aber was bedeutet es?

Anregung

- Findet in einer Internetrecherche die deutschen Übersetzungen und Bedeutungen der folgenden Zitate heraus:
  „Carpe diem."
  „Veni, vidi, vici."
  „Alea iacta est."
  „Errare humanum est."
  „Ex nihilo nihil fit."
  „In dubio pro reo."

Romanische Sprachen in Europa

Unser sprachliches Profil in Unterstufe und Mittelstufe:

Klasse	Sprachen		
ab 5	Englisch	Englisch	Französisch
ab 6	Latein	Französisch	Englisch
ab 8	Spanisch	Latein/ Spanisch	Latein/ Spanisch

***M2** Ein Ausschnitt aus einer Schulbroschüre zeigt, welche Sprachen erlernt werden können.*

Lateinische Lehnwörter finden sich nicht nur im Deutschen (Seite 154), sondern auch im Englischen. Darüber hinaus gibt es aber auch Sprachen, die nicht nur einzelne Wörter übernommen und abgewandelt haben, sondern die sich aus der Sprache der Römer entwickelt haben: die sogenannten romanischen Sprachen. Zu diesen gehören unter anderem Französisch und Spanisch. Viele Wörter in den romanischen Sprachen gehen auf dieselben lateinischen Worte zurück. Wer eine dieser Sprachen beherrscht, dem fällt es meist leicht, eine andere romanische Sprache zu lernen, denn diese Sprachen sind einander sehr ähnlich.

Anregung

- Findet in einer Internetrecherche heraus:
  a) Welche Sprachen gehören zur Familie der romanischen Sprachen?
  b) Was bedeuten die folgenden Wörter in Latein, Französisch und Spanisch?
  Geschichte – Zeit – Stunde – Unterbrechung – arm – einfach – vergleichen – Fahrrad – besuchen

Römische Ziffern

***M3** Eher seltene römische Spuren in unserer Umgebung: römische Ziffern*

Noch heute begegnet man Zahlen in römischer Schreibweise – z. B. an historischen Gebäuden oder als Entstehungsjahr im Abspann von Spielfilmen. Die einzelnen Ziffern bestehen aus klaren Linien. Daher eigneten sie sich gut zum Einkerben in Holz oder Eingravieren in Stein. Alle Ziffern sind Großbuchstaben wie etwa X für 10, L für 50 und C für 100. Um größere Zahlen zu bilden, fügt man einzelne Ziffern nach festen Regeln zusammen. Der Wert einer Zahl ergibt sich aus der Summe ihrer Ziffern – anders als bei unseren arabischen Zahlen. Die römischen Zahlen wurden im Lauf der Jahrhunderte erweitert: So wurde die Zahl M für 1000 erst im Mittelalter üblich.

Denselben Buchstaben darf man bis zu dreimal hintereinanderschreiben (XXX = 30). Will man 40 schreiben, stellt man vor das L ein X (XL = 10 vor 50). Aber: Nicht alle kleineren Ziffern können vor größeren stehen, sondern nur: I vor V und X, X vor L und C, C vor D und M.

Anregungen

- Recherchiert im Internet eine römische Zifferntafel.
- Schreibt diese römischen Zahlen in unseren arabischen Zahlen auf:
  XV – LII – LXXXII – XCIX – CXLI – MLX – ML – MCCCXXV
- Schreibt eure Geburtsdaten römisch.

Auf Handelswegen bis nach China

Wohlhabende Römer liebten einen edlen Stoff, der bei Kälte den Körper warm hält und auch bei Hitze angenehm ist: Seide. Seit dem 1. Jahrhundert v. Chr. konnte man ihn im Römischen Reich kaufen – Händler brachten ihn aus dem fernen China.

Die Chinesen hatten bereits mehr als 3000 Jahre zuvor das Verfahren der Seidenherstellung aus dem Kokon des Maulbeerspinners, einer Raupe, entdeckt. Lange konnten sie ihr Wissen geheim halten, sodass ihre Erzeugnisse in aller Welt begehrt waren. Erste Handelsbeziehungen nach Europa gab es schon um 500 v. Chr. Seit etwa 115 v. Chr. aber ist ein lebhafter Handel belegt – über die **Seidenstraße**. Man darf sie sich jedoch nicht wie eine einzige große Straße vorstellen: Es waren mehrere Routen, die von Südeuropa über Kleinasien und den Iran nach China führten. Auf diesen Wegen wurden auch andere Handelsgüter transportiert: Gewürze und Pelze nach Westen – Glas und Edelsteine in Richtung China. Oft nahmen die Händler auch neu erworbenes Wissen auf ihre Reise mit. So kamen im Mittelalter z. B. das Porzellan, der Steigbügel und das Schwarzpulver nach Europa. Was war das für ein Reich, dessen Erfindungen und Techniken die Europäer so beeindruckten?

China – das Reich des Ersten Erhabenen Kaisers

Schon viele Jahrhunderte vor Christi Geburt hat es auf dem Gebiet des heutigen China ↑Hochkulturen gegeben – mit eigener Schrift, geschriebenen Gesetzen und einer staatlichen ↑Verwaltung. Auch die Philosophie war hoch entwickelt.

Die Seidenstraße verband drei Großreiche: das Römische Reich, das Partherreich (auf dem Gebiet der heutigen Türkei und Syriens) und China.

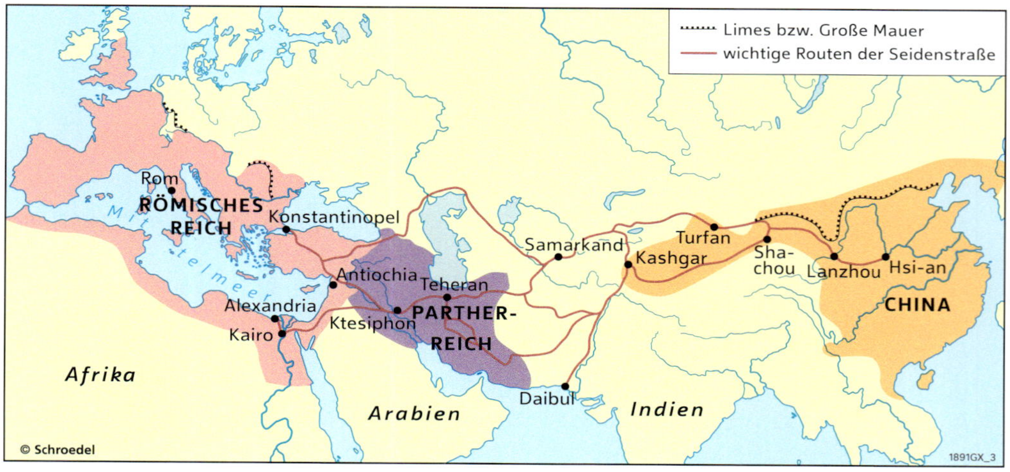

M1 *Die Seidenstraße im 1. Jahrhundert v. Chr.*

Im Jahr 221 v. Chr. schuf der Feldherr Qin Shi huangdi aus mehreren einzelnen Reichen ein großes Reich. Er nannte sich nun **„Erster Erhabener Kaiser"** und ließ sich als Gott verehren. Qin war Oberbefehlshaber der Armee, oberster Priester und Herrscher in einer Person. Er setzte ↑Beamte ein, die in ihren Verwaltungsbezirken Steuern erhoben, aber auch Arbeits- und Kriegsdienste organisierten. Um sein Reich gegen Überfälle der Steppenvölker im Norden zu sichern, ließ Qin vorhandene Grenzanlagen zu einer zusammenhängenden Mauer ausbauen.

***M2** Die **„Große Mauer"** durchzieht Gebirge und die Wüste Gobi. Um sie zu errichten, mussten Tausende von Bauern lange Zwangsarbeit leisten. Anfangs war die Mauer ein aus Lehm gestampfter Wall. Erst später erhielt sie die Form, die das Foto wiedergibt.*

Im Jahr 1974 entdeckten Bauern bei Bohrarbeiten das Grabmal des ↑Kaisers. Darin befanden sich Tausende lebensgroße Terrakotta*-Krieger – eine ganze Armee! Jede Figur hat eigene Gesichtszüge. Man vermutet, dass diese Soldaten die Leibwache des Kaisers im Jenseits sein sollten.

Das Leben der Bevölkerung

Der größte Teil der Bevölkerung waren Bauern. Sie lebten in Gruppen von fünf bis zehn Familien. Oft zwang man sie, Arbeiten für den ↑Staat zu verrichten. Nur wer reich genug war, konnte der Zwangsarbeit entgehen, indem er sich davon freikaufte. Immer wieder kam es zu Aufständen der Bauern gegen die Zwangsarbeit, doch der Kaiser ließ das Militär hart gegen die Aufständischen vorgehen. Doch obwohl der Kaiser die Bauern mit Härte behandeln ließ, verbesserten sich ihre Lebensbedingungen unter kaiserlicher ↑Herrschaft. Denn es wurde ein Bewässerungssystem geschaffen, sodass die Ernteerträge anstiegen. Auch konnten Bauern nun Land kaufen, das vorher dem ↑Adel gehört hatte.

** „Terrakotta" ist italienisch und bedeutet „gebrannte Erde". Das gebrannte Material ist wasserfest und frostbeständig.*

1. Vergleiche das chinesische Kaiserreich mit dem Römischen Reich zur Zeit des Augustus. Denke dabei an:
- Größe und Ausdehnung,
- Machtausübung,
- Schutz des Reiches,
- Leben und Arbeit der Bevölkerung.

Tipp: Seite 198

***M3** Ein Blick auf die Terrakotta-Armee des Kaisers Qin. Sie besteht aus Generälen, Fußsoldaten, berittenen Soldaten, Bogenschützen, kaiserlichen Beamten und Pferdegespannen.*

SELBSTÜBERPRÜFUNG

Wenn du die vorangegangenen Seiten bearbeitet hast, solltest du folgende Aufgaben lösen bzw. Fragen beantworten können. Schreibe die Lösungen in dein Heft. Ob du richtigliegst, erfährst du auf den Seiten 205/206.

M1 *In der römischen Provinz, Rekonstruktionszeichnung*

1. Finde die passenden Begriffe für folgende Umschreibungen:
   a) der politische Mittelpunkt Roms, ursprünglich ein Marktplatz,
   b) erfahrener römischer Politiker, der eine Toga mit Purpurstreifen trug,
   c) Ausspruch, mit dem ein römischer Beamter ein Gesetz verhindern konnte,
   d) von den Römern neu eroberte und verwaltete Gebiete,
   e) Vater der römischen „familia",
   f) Angehöriger der römischen Unterschicht, der vom Staat mit Getreide versorgt wurde.

2. Erkläre, wofür folgende Männer bekannt sind:
   Romulus – Hannibal – Tiberius Gracchus – Augustus.

3. Vergleiche die römische Hochkultur mit dem alten Ägypten und arbeite Gemeinsamkeiten und Unterschiede heraus.

4. Stelle zusammen, was deiner Meinung nach an Rom als „fortschrittlich" bezeichnet werden kann.

5. Betrachte die Rekonstruktionszeichnung M 1 und erkläre, welche Themen der römischen Zivilisation und des römischen Lebens hier dargestellt werden.

\+ Hältst du eine solche Szene für wirklichkeitsgetreu? Begründe!

Das Römische Reich

Die Römer erzählten sich eine Sage, nach der ihre Stadt 753 v. Chr. von Romulus gegründet worden ist (**Gründungsmythos**). Doch die erste Siedlung am Fluss Tiber entstand bereits um 1000 v. Chr. Sie stand zunächst unter etruskischer Herrschaft. Aus dem Dorf wurde eine Stadt, die in vielen Kriegen zunächst die ↑**Herrschaft** über Italien und dann über den gesamten Mittelmeerraum erringen konnte. Hauptgegner im Westen war die Seefahrerstadt Karthago.

Mit dem Aufstieg Roms zur Weltmacht änderte sich die Regierungsform: Am Anfang waren es adlige Familien, die **Patrizier**, die in der ↑**Republik** den meisten Einfluss hatten. Die einfache Bevölkerung, in Rom **Plebejer** genannt, konnte in den ↑**Volksversammlungen** mitbestimmen. Durch die vielen Kriege bekamen die Feldherren immer mehr Einfluss auf den Staat, so auch **Julius Caesar**, der zum Alleinherrscher wurde. Nach jahrzehntelangen Bürgerkriegen kehrte unter **Augustus** wieder Frieden in Rom und Italien ein. Mit Augustus begann die **Kaiserzeit**, auch **Prinzipat** genannt.

Das Leben in der Hauptstadt Rom war in vieler Hinsicht modern und bot den Menschen zahlreiche Annehmlichkeiten. Ihr Reich verwalteten die Römer in ↑**Provinzen**. Dort errichteten sie Städte, Straßen und Bauernhöfe, an einigen Orten auch Grenzbefestigungen, den **Limes**. Viele Menschen in den Provinzen übernahmen die römische Lebensweise. Sie wurden **romanisiert**. In den **romanischen Sprachen** lebt die Sprache der Römer, das Lateinische, weiter. Auch das Deutsche hat viele **Lehnwörter** aus dieser Sprache übernommen.

„Vorsicht! Bissiger Hund!" Ein Fußbodenmosaik aus Pompeji

- **um 1000 v. Chr.** Am Tiber werden Siedlungen errichtet, aus denen die Stadt Rom entsteht.
- **um 500 v. Chr.** Die römische Republik entsteht.
- **201 v. Chr.** Nach dem Ersten und dem Zweiten Punischen Krieg herrschen die Römer über den gesamten westlichen Mittelmeerraum und errichten Provinzen.
- **2. Jahrhundert v. Chr.** Viele römische Bauern verarmen. Zugleich gewinnen die erfolgreichen Heerführer immer mehr Einfluss auf den römischen Staat.
- **45 v. Chr.** Der Feldherr Caesar wird Diktator auf Lebenszeit.
- **31 v. Chr.** Mit Octavian, seit 27 v. Chr. Augustus genannt, beginnt die Kaiserzeit.
- **117 n. Chr.** Das Römische Reich erreicht seine größte Ausdehnung.

Neue Religionen – neue Reiche

Karl, der König des Frankenreiches, wird in Rom vom Papst, dem Oberhaupt der christlichen Kirche, zum Kaiser gekrönt. Buchmalerei in einer Darstellung der französischen Geschichte aus dem 14. Jahrhundert

Der Osten des Römischen Reichs wurde seit dem 4. Jahrhundert von Konstantinopel, dem ehemaligen Byzanz, aus beherrscht. Hier ist Kaiser Justinian I. (482–565) auf einem Mosaik zu sehen.

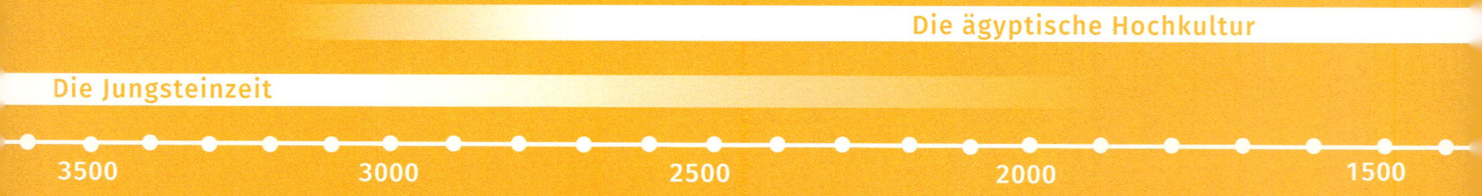

Die Hagia Sofia (der Name bedeutet „heilige Weisheit“) im heutigen Istanbul wurde zwischen 532 bis 537 in nur fünf Jahren als christliche Kirche gebaut. Später machte man sie zur Moschee, heute ist sie ein Museum.

Rechts siehst du ein Gelehrtenzentrum in Istanbul in einer Buchmalerei aus dem 16. Jahrhundert und das Weltbild des Geografen Idris (um 1100). Gelehrtenzentren gab es in Bagdad und anderen großen Städten der islamischen Welt schon seit dem 9. Jahrhundert.

Das Mittelalter

Die römische Antike

Die griechische Antike

Auszug Mohammeds nach Medina

Christi Geburt

1000 — 500 — 500 — 1000

ZEITREISE Ein Pilger-Tagebuch

1 – Köln, im Haus meiner Eltern, April 805

Morgen früh werden wir also endlich aufbrechen. Zusammen mit den anderen Pilgern werde ich die sichere Stadt Köln verlassen und zum Grab unseres Herrn Jesus Christus nach Jerusalem aufbrechen. Heute Abend wurden wir schon in einem feierlichen Gottesdienst verabschiedet. Der Segen des Priesters und die Gebete der Gemeinde werden uns auf unserem gefährlichen Weg begleiten. Ob ich meine Eltern und Geschwister jemals wiedersehen werde? Wie weit der Schutz unseres mächtigen Kaisers wohl reicht? Schon die Wege durchs Frankenreich sollen beschwerlich sein. Zum Glück sind wir eine ganze Gruppe, so können wir uns gegenseitig schützen und behilflich sein.

2 – Regensburg, Kloster Sankt Emmeram, Mai 805

Welch ein prächtiges Kloster! Als einfache Pilger gelangen wir ja nicht ins Innere der heiligen Stätte, aber allein das, was wir sehen, zeugt von der Herrlichkeit Gottes. Wie prachtvoll muss erst der Bereich sein, zu dem nur die Mönche und der Abt Zutritt haben, und welche Schätze birgt wohl die Bibliothek? Welch ein Glück, dass wir auf unserer Reise immer wieder Herberge in den Klöstern finden. Hier können wir uns von den Strapazen der Reise erholen, erhalten eine Mahlzeit und ein sicheres Nachtlager und erfahren von anderen Pilgern viel über unsere bevorstehende Reise. Vieles lockt mich, aber manche Gefahr lässt mich auch mutlos werden. Wie gut, dass ich am Ziel dieser Reise für alles entlohnt werde!

Auf den folgenden Seiten erfährst du, …

- *wie das Römische Reich in mehrere Machtbereiche aufgeteilt wurde und neue Reiche entstanden.*
- *welche Bedeutung die neuen Religionen Christentum und Islam für die neuen Reiche hatten.*
- *warum dem fränkischen König Karl viel daran lag, Kaiser zu werden.*

Außerdem übst du, …

- *in Kleingruppen Geschichtskarten zu vergleichen.*
- *komplizierte Zusammenhänge mithilfe eines Pfeildiagramms zu ordnen und darzustellen.*
- *Quellentexte zu vergleichen und ihre Aussagen zu durchschauen.*
- *selbstständig ein Thema zu erarbeiten und deine Kenntnisse als Experte weiterzugeben.*

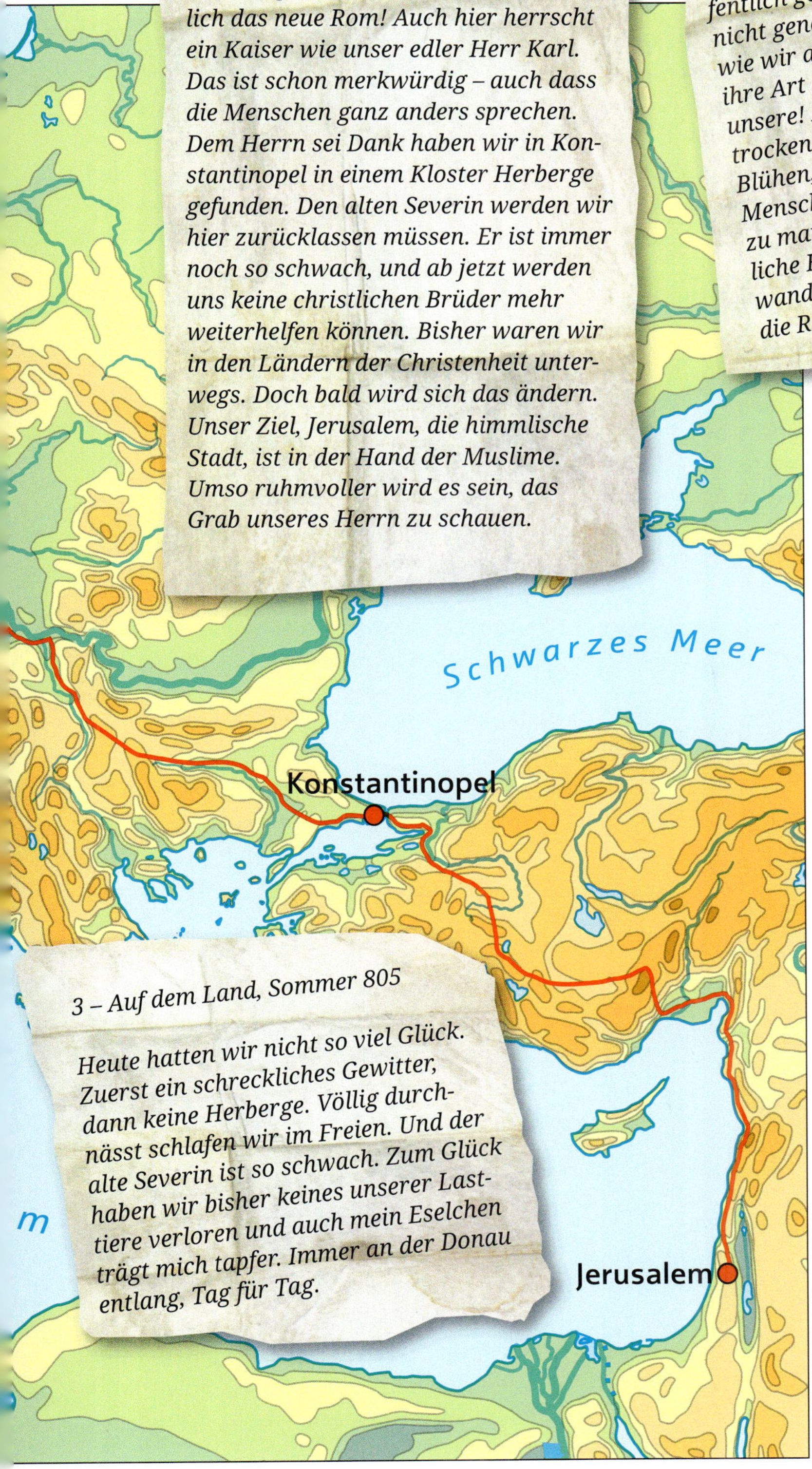

3 – Auf dem Land, Sommer 805

Heute hatten wir nicht so viel Glück. Zuerst ein schreckliches Gewitter, dann keine Herberge. Völlig durchnässt schlafen wir im Freien. Und der alte Severin ist so schwach. Zum Glück haben wir bisher keines unserer Lasttiere verloren und auch mein Eselchen trägt mich tapfer. Immer an der Donau entlang, Tag für Tag.

4 – In Konstantinopel, Juli 805

Nie hätte ich es für möglich gehalten, eine so reiche Stadt zu sehen! Auch Köln, meine Heimat, ist eine Stadt mit festen Häusern und Mauern. Aber hier: Kirchen, Paläste, Mauern und Tore von solch unglaublichem Reichtum! Wahrlich das neue Rom! Auch hier herrscht ein Kaiser wie unser edler Herr Karl. Das ist schon merkwürdig – auch dass die Menschen ganz anders sprechen. Dem Herrn sei Dank haben wir in Konstantinopel in einem Kloster Herberge gefunden. Den alten Severin werden wir hier zurücklassen müssen. Er ist immer noch so schwach, und ab jetzt werden uns keine christlichen Brüder mehr weiterhelfen können. Bisher waren wir in den Ländern der Christenheit unterwegs. Doch bald wird sich das ändern. Unser Ziel, Jerusalem, die himmlische Stadt, ist in der Hand der Muslime. Umso ruhmvoller wird es sein, das Grab unseres Herrn zu schauen.

5 – In Kleinasien, Juli 805

Heute haben wir die Grenzen des Abendlandes überschritten. Dem muslimischen Herrscher mussten wir Geld bezahlen für die Einreise und die Erlaubnis, dass wir uns hier aufhalten dürfen. Als Pilger sind wir dadurch hoffentlich geschützt, aber wir wissen es nicht genau. Die Menschen hier sollen wie wir an nur einen Gott glauben, aber ihre Art zu beten ist so ganz anders als unsere! Allerdings bringen sie dieses trockene und garstige Land hier zum Blühen, und auch sonst scheint es den Menschen an Bequemlichkeiten nicht zu mangeln. Wenn nur diese unglaubliche Hitze nicht wäre! Immer noch wandern wir auf den alten Wegen, die die Römer einst bauten.

6 – In Jerusalem, September 805

Wir sind am Ziel! Ich darf am Grab unseres Herrn beten! Niemand, der nicht solche Strapazen hinter sich hat wie wir, kann begreifen, was das bedeutet. Jerusalem – welch eine Stadt! Die heiligste Stätte der Christenheit, die Stadt, in der unser Herr Jesus gelebt hat. Alles ist voller Menschen: Pilger aus allen Teilen der Christenheit, aber auch Juden und Muslime trifft man hier. Denn auch sie haben ihre Heiligtümer in dieser Stadt! Wir aber gelangten unbehelligt zum Heiligen Grab.

1. Erkläre, weshalb der Pilger die beschwerliche Reise nach Jerusalem auf sich nimmt.
2. Stelle zusammen, auf welche Schwierigkeiten die Pilger treffen.
3. Liste auf, was sich in dem Gebiet, durch das der Pilger zieht, seit der Zeit der Romanisierung Germaniens verändert hat.

\+ Auch heute reisen die Menschen gerne: Was ist anders als im Jahr 805? Was ist noch ähnlich? Tausche dich mit deinem Tischnachbarn aus.

Eine neue Religion: das Christentum

Welche Götter sie verehrten und wie sie dies taten, war den Menschen im Römischen Reich freigestellt. Denn die ↑Kaiser waren überzeugt: Wenn viele Götter angebetet werden, sorgen auch viele für das Wohl des Reiches. So lebten die Anhänger unterschiedlichster Religionen nebeneinander und verehrten ihre Gottheiten mit verschiedenen Ritualen.

Von allen Bewohnern des Römischen Reiches verlangten die Kaiser aber die Ausübung eines bestimmten Kultes: Sie sollten ihnen, den Kaisern, opfern, um ihre Treue zu beweisen. In den ↑Provinzen des Ostens, wo die Herrscher schon früher als Götter galten – wie z. B. in Ägypten die Pharaonen –, führten die Kaiser hiermit einen alten Brauch fort.

***M1** Blick in das Pantheon in Rom, den größten Tempel des Reiches, der allen Göttern gewidmet war. Rekonstruktionszeichnung*

Juden und Christen weigern sich

Nicht alle Bewohner des Römischen Reiches wollten die Anordnungen befolgen: Im östlichen Mittelmeerraum lebte die Religionsgemeinschaft der Juden. Seit Langem schon glaubten sie an einen einzigen allmächtigen Gott. Diesen Eingottglauben nennt man **↑Monotheismus**. Als das Land der Juden unter römische Herrschaft geriet, nannten die Römer ihre neue Provinz „Palästina". Die römischen Besatzer zwangen die Juden aber nicht, ihren Glauben aufzugeben, der so anders war, als ihre eigenen Glaubensrichtungen.

Im Osten des Römischen Reiches verbreitete sich seit dem 1. Jahrhundert n. Chr. noch eine weitere Religion, die die Verehrung mehrerer Götter ablehnte: das **Christentum**. Anfangs galt es als eine unbedeutende Splittergruppe des **Judentums**, die häufig mit der römischen Staatsmacht in Konflikt geriet – wie auch die Juden.

Christen werden verfolgt

Deshalb kam es im Jahr 64 n. Chr. zu einer größeren Verfolgung von Christen, nachdem weite Teile Roms durch einen Großbrand zerstört worden waren: Den Christen wurde die Schuld daran gegeben. Auch in Zukunft machte man sie wiederholt für wirtschaftliche Not oder sich ausbreitende Krankheiten verantwortlich. Um die Ordnung im Reich zu bewahren, wurden Christen ab dem 3. Jahrhundert unter den Kaisern Decius, Valerian und Diokletian sogar reichsweit verfolgt. Wer seinem Glauben nicht abschwor und dem Kaiser nicht opferte, wurde hingerichtet. Christen gaben sich damals untereinander mit Geheimzeichen (M3) zu erkennen und hielten ihre Gottesdienste im Verborgenen ab.

M2 Bekennen oder leugnen?

Der christliche Bischof Eusebios (gestorben 319 n. Chr.) berichtet in seiner Kirchengeschichte über die Christenverfolgung unter Kaiser Decius (250 n. Chr.):*

Kaiser Decius befahl, dass alle dem Kaiser opfern sollten. Alle Christen waren bestürzt. Von den Vornehmeren erschienen viele auf der Stelle vor dem Opferpriester, andere ließen sich von ihren Freunden hinzerren. Namentlich aufgerufen traten sie zu den unreinen und unheiligen Opfern, allerdings bleich und zitternd, sodass sie von der umstehenden Menge verspottet wurden. Ihre Feigheit, sowohl zum Sterben als auch zum Opfern, trat offen an den Tag.
Andere gingen bereitwilliger zu den Altären und behaupteten verwegen, sie seien früher gar keine Christen gewesen. [...] Andere aber flohen. Wieder andere wurden verhaftet. Von diesen ließen sich einige fesseln und einsperren, einige sogar für mehrere Tage. Dann aber, noch ehe sie vor den Richterstuhl geführt wurden, schworen sie ab. Einige der Gefangenen sagten sich, erst nachdem sie Qualen ertragen hatten, vom Glauben los.
Die besonders Mutigen und Gläubigen dagegen wurden, da Gott sie stärkte, bewundernswerte Zeugen seines Reiches.
Eusebios: Kirchengeschichte, 6, 41 (bearbeitet)

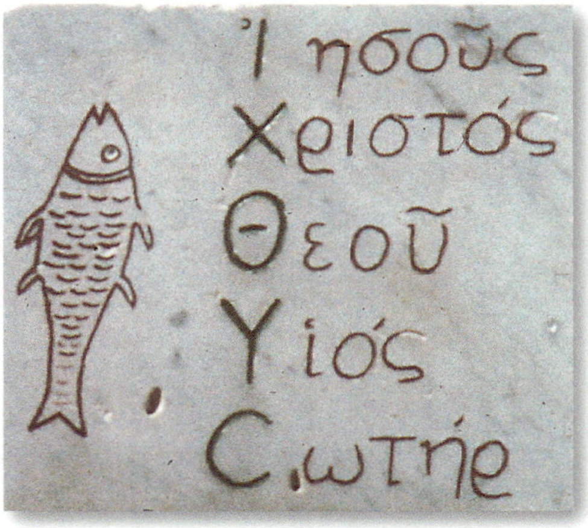

Ι	Χ	Θ	Υ	Σ
I	CH	TH	Y	S
Iesous	*Christos*	*Theou*	*Yios*	*Soter*
Jesus	*Christus*	*Gottes*	*Sohn*	*Erlöser*

** Bischof: hohes kirchliches Amt, ein Würdenträger in einem kirchlichen Gebiet, das „Bistum“ genannt wird*

***M3** Den frühen Christen diente der Fisch als geheimes Erkennungszeichen. „Fisch“ heißt auf Griechisch „Ichtys“:*

i

***Jesus** wurde als Jude zur Zeit der Herrschaft von Kaiser Augustus in Palästina geboren. Als junger Mann predigte er von Gott, und man sagte, dass er Kranke heilen und Wunder vollbringen könne. Er scharte Anhänger („Jünger“) um sich. Anders als die Mehrheit der Juden waren sie davon überzeugt, dass Jesus der von Gott gesandte Messias („der Gesalbte“) sei, den die Propheten angekündigt hätten. „Messias“ wurde ins Lateinische zu „Christus“ übersetzt.*

1. Arbeite aus dem Text und M 1 heraus, wie die Römer mit verschiedenen Glaubensrichtungen umgingen.

2. Finde heraus, wie das Geheimzeichen M 3 zu verstehen ist und welchen Nutzen Christen davon hatten, es zu gebrauchen.

3. a) Erläutere an M 2, welche Möglichkeiten ein Christ hatte, seinen Glauben auszuüben.
Oder:
b) Entwickelt ausgehend von M 2 in Kleingruppen Spielszenen, in denen ein unsicherer und ein überzeugter Christ zu ihrem Glauben befragt und zu Opfern für die Kaiser gedrängt werden.

Das Römische Reich wird christlich

↑Historiker schätzen, dass um 300 n. Chr. trotz der Verfolgungen etwa zehn Prozent der Bewohner des Römischen Reiches Christen waren – in den ↑Provinzen des Ostens sogar mehr als die Hälfte. Sie vermuten, dass sich dies vor allem auf zwei Gründe zurückführen lässt:

- Die Hoffnung auf Erlösung nach dem Tod im christlichen Glauben überzeugte viele Menschen, vor allem diejenigen, die in der ↑Gesellschaft und bei anderen Religionen abseitsstanden – wie ↑Sklaven, aber auch Frauen.
- Das römische Verkehrssystem und der Friede im Reich ermöglichten es den Verkündern des Christentums, den Aposteln, die Provinzen zu bereisen und den neuen Glauben zu verbreiten.

** Legende: Überlieferung mit Ausschmückungen*

Nach und nach erkannten die ↑Kaiser, dass die Unterdrückung des Christentums große Spannungen in der Gesellschaft verursachte. Sie begannen, die Gottesdienste der Christen zu dulden.

M1 *Goldmünze, 313 n. Chr.*

M2 *(rechts) Silbermünze, 315 n. Chr.*

i

M1 *zeigt Kaiser Konstantin (vorn) mit dem Sonnengott Sol invictus (hinten mit Strahlenkranz). Die Umschrift lautet „Invictus Constantinus Max(imus) Aug(ustus)": „Der unbesiegte größte Konstantin, der Erhabene"*

M2 *zeigt Kaiser Konstantin mit dem griechischen X (Ch) und P (R) auf dem Helm. Die Umschrift lautet hier „Imp(erator) Constantinus P(ius) F(elix) Aug(ustus)": „Kaiser Konstantin, der Fromme, Glückbringende, Erhabene"*

Die Wende unter Kaiser Konstantin

Kaiser Konstantin ging noch weiter: Ein Rivale im Streit um die Alleinherrschaft stellte sich ihm 312 n. Chr. in der Nähe von Rom zur Entscheidungsschlacht. Überliefert ist, dass Christus in der Nacht vor dem Kampf Konstantin im Traum erschienen sei. Daraufhin habe dieser seinem Feldzeichen das Christusmonogramm hinzugefügt – und gesiegt. Wenn dies auch eine später erfundene Legende* sein mag, ist jedoch erwiesen, dass Konstantin das Christentum als gleichberechtigte Religion zuließ. Diese Veränderung wird auch als **„Konstantinische Wende"** bezeichnet.

Konstantin hielt es für wichtig, die Einheit der Christen zu fördern, und sah sich als deren Schutzherr. Er glaubte, dass die Christen den Zusammenhalt des Römischen Reiches und die Macht des Kaisers stützen würden. Deshalb griff er sogar persönlich ein, wenn Streit die neue Religionsgemeinschaft zu spalten drohte. Auch sorgte er dafür, dass die höchsten Vertreter der Christen, die Bischöfe, mit der kaiserlichen ↑Verwaltung eng zusammenarbeiteten: Die Bischöfe berieten Konstantin und betätigten sich als Richter.

Das Christentum wird Staatsreligion

Der Anteil der Christen in der Reichsbevölkerung wuchs ständig, andere Kulte wurden verdrängt. Im Jahr 391 n. Chr. erklärte Kaiser Theodosius das Christentum zur **Staatsreligion** und verbot alle heidnischen Kulte, sogar die Olympischen Spiele (Seite 81). Überall entstanden nun große, prachtvolle Kirchen, die den Kaiserpalästen nachempfunden waren. Denn die ↑**Kirche** wurde reich, weil Wohlhabende sie unterstützten.

M3 Das Ende der Verfolgung

Kaiser Galerius erließ 311 n. Chr. diese Verordnung, die auch sein Mitkaiser Konstantin unterzeichnete:

Wir wollten alles nach den alten Gesetzen der Römer regeln und dafür sorgen, dass auch die Christen zur Vernunft zurückkehren. Denn die Christen befolgten aus lauter Sturheit und Dummheit nicht mehr die Bräuche der Vorfahren. Vielmehr gaben sie sich ihre eigenen Gesetze und bildeten aus Angehörigen verschiedener Völker eine eigene Gemeinschaft. Als wir ihnen erfolglos befohlen hatten, zu den Gebräuchen der Vorfahren zurückzukehren, wurden viele vor Gericht gestellt, viele auch vertrieben. Trotzdem blieben die meisten hartnäckig und verehrten nicht die Götter in der angemessenen Weise. Daraufhin haben wir beschlossen, unsere Großzügigkeit auch den Christen gegenüber zu zeigen, sodass sie wieder Christen sein und ihre Versammlungsstätten aufbauen dürfen. Sie dürfen aber keinesfalls gegen die öffentliche Ordnung verstoßen. Als Gegenleistung für unsere Großzügigkeit haben sie die Pflicht, zu ihrem Gott zu beten – sowohl für unser Wohl und das des Staates als auch für ihr eigenes Wohl, damit der Staat in jeder Hinsicht vor Schaden bewahrt wird und sie sicher in ihren Häusern leben können.

Lactanz: De mortibus persecutorum, 34 (bearbeitet)

1. a) Betrachte die beiden Münzen (M 1 und M 2) und stelle ihre Unterschiede heraus. Achte dabei auch auf Kleinigkeiten.
   b) Erkläre mithilfe des Textes auf Seite 170 (ab Zeile 26), warum Konstantin nach 315 n. Chr. neue Münzen prägen ließ.

2. Liste mithilfe von M 3 die Gründe auf, die Kaiser Galerius veranlassten, die Christenverfolgung zu beenden.
   Tipp: Seite 198

3. Erkläre, warum die Olympischen Spiele verboten wurden.

4. a) Zeige an M 4, wie sich die Maßnahmen Kaiser Konstantins auswirkten.
   b) Erkläre: Welche Rolle spielte die Lage vieler Orte am Mittelmeer für die Bildung von christlichen Gemeinden?

***M4** Die Ausbreitung des Christentums vom 3. bis zum 5. Jahrhundert n. Chr.*

Vom Römischen Reich zur geteilten Mittelmeerwelt

Im Verlauf von etwa 400 Jahren veränderte sich der Mittelmeerraum und damit auch das Leben der Menschen grundlegend. In der Zeit des ↑**Imperium Romanum** hatten die Römer das Mittelmeer ganz selbstverständlich als „mare nostrum“ („unser Meer“) bezeichnet. Um das Jahr 800 verstanden die Einwohner von Rom, Köln, Konstantinopel oder Jerusalem diese Bezeichnung dagegen nicht mehr. Die Ereignisse und Entwicklungen, die zu diesem Wandel geführt haben, lassen sich mithilfe von Karten nachvollziehen.

1. Vergleicht die Karten M1 – M3 mithilfe der Methode „Geschichtskarten vergleichen“ in Dreiergruppen.
   a) Jedes Gruppenmitglied beschreibt eine der drei Karten in Stichworten.
   b) Führt danach eure Ergebnisse zusammen, indem ihr die Schritte 2 und 3 gemeinsam bearbeitet. Haltet dabei eure Anworten auf die Fragen schriftlich fest.

2. Versetze dich in einen Einwohner von Rom, Köln, Konstantinopel oder Jerusalem im Jahr 800. Stelle Vermutungen darüber an, wie er die Veränderungen beurteilt, die sich im Laufe der Jahrhunderte vollzogen haben.

3. Betrachte die Karten noch einmal. Formuliere Fragen, die sich angesichts der dargestellten Veränderungen stellen und die aus deiner Sicht durch die folgenden Kapitel beantwortet werden sollten.

4. Formuliere zu jeder Karte Vermutungen, die die Veränderungen erklären könnten.

Geschichtskarten vergleichen

Die Karten M1 – M3 zeigen jeweils eine Momentaufnahme innerhalb der Entwicklung des Mittelmeerraumes vom 5. bis zum 8. Jahrhundert n. Chr. Um den Wandel in diesem Raum genauer beschreiben zu können, müssen sie miteinander verglichen werden.

Schritt 1: Beschreibe zunächst jede einzelne Karte mithilfe der bereits geübten Schritte, wie sie auf Seite 35 dargestellt sind.

Schritt 2: Überprüfe, ob die Karten miteinander vergleichbar sind.
- Werden immer dieselben Räume abgebildet oder stimmen nicht alle der gezeigten Ausschnitte überein?

Schritt 3: Vergleiche nun die Ergebnisse deiner Beschreibungen miteinander:
- Was blieb bestehen? Was hat sich verändert?
- Geben die Karten Hinweise darauf, warum sich bestimmte Entwicklungen vollzogen haben?

M1 Das Römische Reich im 5. Jahrhundert n. Chr.

M2 Germanenreiche und das oströmische Reich im 6. Jahrhundert n. Chr.

M3 Herrschaftsbereiche im Mittelmeerraum im 8. Jahrhundert n. Chr.

Das Römische Reich im Wandel

ZEITREISE Fliehen oder bleiben?

* *Colonia Agrippina: Köln*

* *Mogontiacum: Mainz*

* *Divitia: Deutz*

* *Augusta Treverorum: Trier*

Es ist das Jahr 455. Aemilius aus Colonia Agrippina* blickt nachdenklich über den Rhein. Von dort, aus dem Osten, werden sie kommen, die Germanen, und diesmal gibt es wahrscheinlich keine Rettung mehr für die Stadt. Soeben hat er die Nachricht erhalten, dass der Heerführer Aetius in einer Schlacht umgekommen ist. Aetius hatte lange dafür gesorgt, dass Köln von den germanischen Heeren nicht eingenommen wurde. Ja, unter Aetius hatten vier Jahre zuvor sogar die gefürchteten Hunnen die wohl entscheidende Niederlage erlitten. Ohne ihn ist die Stadt verloren! Aemilius überlegt, ob er mit seinen sechzig Jahren zusammen mit seiner Frau seine Heimat verlassen sollte.

Schon seit Jahren war die reiche und strategisch günstig gelegene Stadt am Rhein Ziel germanischer Eroberer. Aemilius denkt daran, dass es trotz aller Gegenmaßnahmen immer wieder zu Angriffen und Verwüstungen durch Germanen gekommen ist. Dabei hat er diese Geschehnisse im Sinn:

Um das Jahr 400 war Colonia Agrippina ein von Franken eingeschlossener Vorposten des Römischen Reiches. 435 und 446 gelang es dem Heermeister Aetius noch einmal, diese Germanen hinter den Rhein zurückzudrängen.

Nach erfolgreichem Abwehrkampf gegen die Germanen machten die am Rhein stationierten Legionen ihren Heerführer Postumus 259 zum Kaiser. Von Colonia Agrippina aus regierte er fast zehn Jahre lang einen Teil des Reiches und organisierte dort die Abwehr der Germanen. Auch in anderen römischen Provinzen gab es zu der Zeit viele solcher „Soldatenkaiser“.

M1 *Rekonstruktionszeichnung des Kastells Divitia*

Als es unter den Römern am Rhein zu Auseinandersetzungen kam, nutzten verschiedene germanische Stämme, die zusammen Franken genannt wurden, die Gunst der Stunde und eroberten 355 die Stadt – trotz Verteidigungsanlagen. Zum Glück konnten römische Legionäre Colonia Agrippina schon ein Jahr später zurückerobern.

Um Germanen zu bekämpfen, die im Nordosten das Römische Reich bedrohten, waren im Jahr 402 Truppen aus Colonia Agrippina und von der Rheingrenze abgezogen worden. In der Neujahrsnacht 407 griffen germanische Krieger an: Colonia blieb zwar verschont, aber große römische Städte wie z. B. Mogontiacum* wurden völlig zerstört.

An Aetius denkt Aemilius und daran, wie es wohl ohne diesen starken Heerführer in Colonia Agrippina weitergehen wird. Sechzig Jahre sind ein hohes Alter! Soll er wirklich seine Heimatstadt verlassen oder wäre es besser, auf sein Glück zu hoffen, zu bleiben und vielleicht den Sturm der Franken lebend zu überstehen?

Am Ende entschied Aemilius sich zur Flucht. Viele seiner Besitztümer ließ er zurück. Als er fünf Jahre später zurückkam, fand er alles verändert: Colonia Agrippina zerstört und entvölkert, die umliegenden Güter und Siedlungen der Römer von Franken in Besitz genommen.

Im Jahr 310 ließ Kaiser Konstantin auf der anderen Rheinseite das mächtige Kastell Divitia* errichten, um Colonia Agrippina besser zu schützen. Eine lange Brücke über den Rhein verbindet das Kastell mit der Stadt, sodass die Bewohner dort Schutz suchen können.

Um die Grenzen sicherer zu machen, teilte Kaiser Diokletian 293 das Reich in vier Teile und verlagerte die Hauptstädte in die Grenzprovinzen. Eine davon war Augusta Treverorum*, nicht weit von Colonia Agrippina.

1. Wie hättest du an der Stelle von Aemilius entschieden? Begründe.

2. a) Erstelle einen Zeitstrahl mit den Daten, die im Text genannt werden.
Tipp: Seite 198

b) Markiere in dem Zeitstrahl mit unterschiedlichen Farben die Bedrohungen durch Germanen und die Gegenmaßnahmen der Römer.

Bei Ausgrabungen in Köln wurden viele aufwendig gefertigte Gläser aus römischer Zeit gefunden, die von den damaligen Bewohnern zurückgelassen worden waren.

Im Jahr 476 wurde der letzte weströmische ↑Kaiser Romulus Augustulus durch den germanischen Heerführer Odoaker abgesetzt. War nun nach vielen Jahrhunderten das Römische Reich untergegangen oder hatte es sich nur an neue Entwicklungen angepasst?

Reichsgrenzen in Gefahr

Seit dem dritten Jahrhundert kam es vermehrt zu Konflikten an den römischen Grenzen. Im Osten versuchten die Perser, das fruchtbare Mesopotamien zu erobern. Zur gleichen Zeit wurden die Grenzen im Norden immer wieder von germanischen Gruppen, wie Franken oder Alemannen, bedrängt. Einzelne, Familien oder auch größere, gut organisierte Verbände von Kriegern und ihren Angehörigen wanderten ins Römische Reich ein.

Vier Kaiser (einer von ihnen ist Diokletian) teilten sich im Jahr 293 die Verwaltung des großen Römischen Reiches.

Gründe dafür gab es viele: Missernten, Hunger und Überbevölkerung zwangen die Menschen, ihre bisherigen Siedlungsgebiete zu verlassen. Als die Hunnen, ein asiatisches Reitervolk, um 375 immer weiter nach Westen vordrangen und dabei die Goten vertrieben, beschleunigten sie die Entwicklung noch: Immer mehr Menschen flüchteten vor eindringenden Völkerschaften und versuchten, ins Römische Reich zu gelangen. Angezogen wurden sie durch den Reichtum der Römer und die Chancen auf Frieden und Wohlstand.

Die Römer konnten Vorteile aus dieser Entwicklung ziehen: Im Lauf der Zeit wurden ganze germanische Verbände als Verbündete ins Reich aufgenommen, behielten ihre Freiheit und übernahmen wichtige Funktionen im Heer.

Reformversuche

Die Kriege und Verteidigungsmaßnahmen der Römer, aber auch die ↑Verwaltung des großen Reiches belasteten die Staatskasse. Die Kaiser versuchten, die Einnahmen des Staates zu steigern, indem sie Steuern und Abgaben erhöhten. Doch dadurch verarmten viele Menschen.

Im Lauf der Zeit wurde immer deutlicher, dass das riesige Römische Reich nicht mehr allein von Rom aus regiert und verwaltet werden konnte. Um außerdem schneller bei den zahlreichen Grenzkonflikten eingreifen zu können, teilte Kaiser Diokletian die Verantwortung im Jahr 293 mit drei Mitkaisern, die in grenznahen Hauptstädten regierten.

Die Reformversuche des Diokletian konnten die Krise des Reiches nicht lösen, sodass 395 ein neuer Versuch unternommen wurde: Die ↑Herrschaft des Römischen Reiches wurde in zwei getrennte Bereiche unterteilt – **Ostrom** und **Westrom**. Das Christentum, das seit 391 verpflichtende Religion war, sollte dazu beitragen, dass beide Teile des Reiches weiterhin zusammenhielten.

3. Wähle je eine Krisenmaßnahme der römischen Kaiser aus, die du für besonders wirksam bzw. für eher unwirksam hältst. Begründe deine Entscheidung.

\+ Der Aufbruch der Germanen zu neuen Siedlungsgebieten wird in Deutschland häufig als „Völkerwanderung", in Frankreich als „Invasion der Barbaren" bezeichnet. Notiere, was du mit diesen Begriffen verbindest. Suche mögliche Erklärungen, warum so unterschiedliche Bezeichnungen geprägt wurden. Tipp: Seite 198

M2 Maßnahmen des Diokletian

Der aus der Provinz Africa stammende Christ Lactantius schrieb um 300 n. Chr. über Kaiser Diokletian:

Diokletian teilte das Reich in vier Teile und ernannte drei Mitkaiser. Die Heere wurden vervielfacht: Jeder der vier Herrscher wollte eine größere Zahl von Soldaten besitzen als vorher ein einziger Kaiser. Auch die ↑Provinzen wurden aufgeteilt: Viele ↑Beamten mit zahlreichen Unterbeamten regierten über jedes Gebiet und fast jede Stadt. […]
Alle Römer waren dem Unglück und Jammer ausgesetzt, als Kopf- und Vermögenssteuern überall gleichzeitig angeordnet wurden. Die Menge der Steuerbeamten ergoss sich überallhin. Es waren Bilder wie beim Einfall von Feinden und dem Abtransport von Gefangenen. Man vermaß die Äcker und zählte die Weinstöcke und Bäume. […] Man vermerkte die Zahl der Bewohner. Auch für Verstorbene mussten die Steuern bezahlt werden. Umsonst konnte man nicht mehr leben und nicht einmal sterben.

Lactantius: Von den Todesarten der Verfolger 7, 23 (bearbeitet)

M3 Goten bitten um Aufnahme

Der römische Geschichtsschreiber und Offizier Ammianus Marcellinus berichtete um 370 über Verhandlungen zwischen den Westgoten und dem römischen Kaiser:

a) Vertriebene brauchen Hilfe
Folgende Nachricht verbreitete sich unter den Stämmen der Goten: Die Hunnen seien aus einer entlegenen Gegend hervorgebrochen und hätten wie ein Sturmwind aus hohen Bergen alles, was sie erfassten, durcheinandergewirbelt und vernichtet. Die meisten Westgoten suchten deshalb nach einer neuen Heimat in entfernten Gebieten, die den Hunnen völlig unbekannt waren. Sie kamen zu dem Schluss, dass Thrakien für sie ein geeignetes Siedlungsgebiet war. […] Die Westgoten zogen also zum Ufer der Donau, verhandelten mit dem römischen Kaiser Valens und baten ihn demütig um Aufnahme. Sie versprachen, ein friedliches Leben zu führen und, wenn nötig, Hilfstruppen zu stellen.

b) Vorteile für die Römer?
Bei den Römern sah man in dem Geschehen mehr Anlass zur Freude als zur Furcht. Einige meinten nämlich, die von weither kommenden Krieger seien ein Glück für den Kaiser, weil er sie mit seinen Truppen vereinigen könne. Er habe dann ein unbesiegbares Heer. Außerdem würde [durch ihre Abgaben] künftig eine große Menge Gold in die römische Staatskasse fließen. […] Durch die Erlaubnis des Kaiser Valens erhielten die Westgoten damit die Gelegenheit, die Donau zu überqueren und Teile Thrakiens zu besiedeln. […] Zu jener Zeit wurde unsere Grenzverteidigung durchlässig gemacht, und das Barbarenland jenseits der römischen Reichsgrenzen spie Kampfverbände aus wie der Vulkan Ätna die Asche.

Ammianus Marcellinus: Res Gestae, Buch 31, 3,8–4,1 sowie 4,4–4,9 (bearbeitet)

*Germanen kämpfen mit Schleuderbleien in der römischen Armee. Relief aus dem Jahr 113 n. Chr. auf der Trjanssäule in Rom.
Darunter: Schleuderbleie (1. Jahrhundert n. Chr., gefunden in Kalkriese, dem vermuteten Ort der Varusschlacht).*

4. a) Benenne die Reformmaßnahmen Kaiser Diokletians (M 2).
b) Arbeite heraus, wie Lactantius diese Maßnahmen beurteilt. Notiere dir Textstellen, in denen seine Position besonders deutlich wird.

5. a) Erläutere ausgehend von M 3 die Vor- und Nachteile der Ansiedlung der Germanen für beide Seiten: die Römer und die Westgoten.
b) Erkläre, wie der Autor des Textes zu diesen Vorgängen steht.

Darstellung von Konstantinopel, das an einer Meerenge, dem Bosporus, liegt. Buchmalerei aus dem 15. Jahrhundert

Byzanz, das „Neue Rom“

Im oströmischen Reich, das von Konstantinopel aus regiert wurde, wirkten die Veränderungen bald: Kaiser Konstantin hatte die Stadt Byzanz, das heutige Istanbul, zu einem „Neuen Rom“ ausgebaut und nach sich selbst benannt. Die oströmischen ↑Kaiser sahen sich weiter als rechtmäßige römische Herrscher an und bezeichneten sich daher als „Kaiser der Römer“.

In diesem Teil des ehemaligen Römischen Reiches entstand eine eigenständige ↑Kultur, die Wirtschaft blühte. Hohe Steuereinnahmen aus den wohlhabenden ↑Provinzen Ägypten, Syrien und Kleinasien ermöglichten dem oströmischen Reich, sich gegen Angriffe militärisch zu behaupten. Die Herrschaft mächtiger Kaiser und die günstige Lage Konstantinopels bewahrten die Stadt vor Plünderungen. So hatte das oströmische Reich, das auch als **„Byzantinisches Reich“** bezeichnet wird, über tausend Jahre lang Bestand.

Neue Reiche auf weströmischem Boden

Im Gegensatz dazu konnte in Westrom die Krise nicht dauerhaft gelöst werden. Dafür gab es vielfältige Gründe wie die zunehmende Bedrohung durch germanische Gruppen und die Schwäche der weströmischen Kaiser, die häufig sehr jung und unerfahren waren. Dadurch gewannen rivalisierende Heermeister an Macht. Zudem kam es zu Bürgerkriegen und zu einer für die Reichsbewohner sehr unsicheren Lage. Dem weströmischen Kaiser gelang es in großen Gebieten seines Reiches nun nicht mehr, seine Herrschaft durchzusetzen. Der Germane Odoaker entmachtete schließlich im Jahr 476 den letzten weströmischen Kaiser.

Auf dem Boden des weströmischen Reiches konnten im Laufe der Zeit germanische Stämme wie Goten, Vandalen und Sueben eigene Reiche gründen. Manche von ihnen blieben lange bestehen. Am erfolgreichsten waren die Franken. Nachdem sie 455 Köln erobert hatten, erlangten sie nach und nach die Herrschaft über Gallien. Dass sie nicht auch noch Spanien eroberten, lag an der allmählichen Ausdehnung des Islam (ab Seite 188). Arabische Herrscher, die Muslime waren, eroberten im 7. und 8. Jahrhundert Nordafrika und Spanien. Drei „Erben“ teilten sich danach das ehemalige Gebiet des Römischen Reiches: das oströmische, das fränkische und das arabische Reich.

Der um 500 errichtete Herrscherpalast des späteren germanischen Königs Theoderich in Ravenna. Mosaik, 6. Jahrhundert

M4 Eine Botschaft für den oströmischen Kaiser

Der Historiker Malchos berichtete nach 476 über die Ereignisse nach der Absetzung des Romulus Augustulus. Demnach zwang der germanische Heerführer Odoaker den römischen Senat, Gesandte zu dem oströmischen Kaiser Zenon zu schicken und ihm eine Botschaft zu überbringen. Folgendes sollten sie ihm mitteilen:

Sagt ihm, der Senat hat entschieden, dass ein weströmischer Kaiser in Zukunft nicht mehr benötigt wird! Stattdesssen soll Zenon nun selbst über beide Teile des Römischen Reiches – über Westrom und Ostrom – herrschen!

Sagt ihm außerdem, dass der Senat mich, Odoaker, ausgewählt hat, um die Interessen Westroms zu schützen, weil ich ein fähiger Politiker und Heerführer bin. Und dann bittet ihr ihn, mir das höchste aller Ämter im weströmischen Reich zu geben und mir Italien anzuvertrauen.

Wiedergegeben nach: Malchos, fr.10

6. a) Fasse die Vorgänge nach der Absetzung des letzten weströmischen Kaisers (M 4) in eigenen Worten zusammen.
   b) Erläutere: Weshalb wendete Odoaker sich an den oströmischen Kaiser Zenon in Konstantinopel?

7. Veranschauliche den Wandel des Römischen Reiches, indem du die Ursachen und Folgen in ein Pfeildiagramm einzeichnest. →

8. Ging das Römische Reich 476 unter?
   a) Sammelt Argumente, die dafür- und dagegensprechen.
   b) Diskutiert darüber in der Klasse.

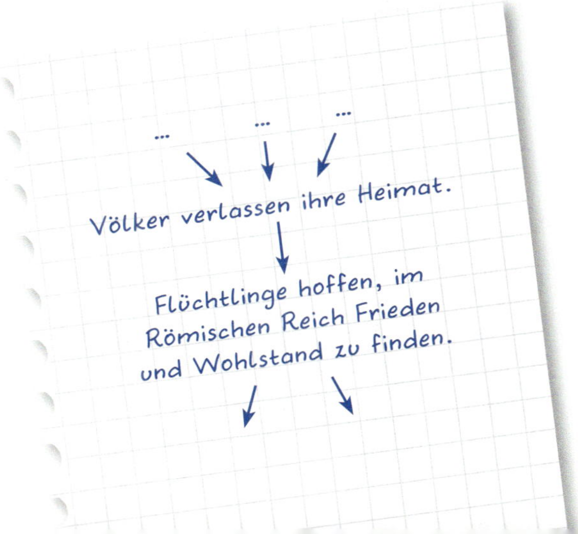

Chlodwig – wilder Krieger oder besonnener Politiker?

Im 1. Jahrhundert v. Chr. hatte Julius Caesar mit seinen Truppen Gallien für das Römische Reich erobert – von den Widerständen der Gallier gegen die Römer erzählt der Comic „Asterix und Obelix". 500 Jahre später gab es in Gallien große römische Landgüter mit komfortablen Villen, reiche Dörfer und Städte. Christliche Gemeinden und Bischofssitze waren entstanden. Die Gallier waren längst mit den Römern zu einer „galloromischen" Bevölkerung verschmolzen.

Auch Germanen siedelten inzwischen in Gallien. Zu ihnen gehörten einige fränkische Gruppen. Als Verbündete Roms hatten sie militärische Ämter übernommen. Nach und nach gelang es ihnen, ihre Macht immer weiter auszudehnen und so die schwache ↑Herrschaft der römischen ↑Kaiser für ihre eigenen Ziele zu nutzen.

M1 Rekonstruktionszeichnung eines fränkischen Königs. Sie ist nach der Entdeckung eines Königsgrabes im heutigen Belgien entstanden. Wie ein römischer Offizier trägt er einen Panzer und darüber einen Militärmantel. Kennzeichen seiner germanischen Herkunft sind das Wurfbeil (die Franziska) und das Kurzschwert an seinem Gürtel. Außerdem trägt er einen Armreif und langes Haar.

Chlodwig – Franke und Christ

Der Franke Chlodwig aus der Familie der Merowinger führte viele Kriege und vereinte nach Kämpfen gegen Rivalen und andere Germanenstämme um 500 n. Chr. alle fränkischen Teilgebiete zu einem einheitlichen großen Reich, dem **Frankenreich** (↑M 2, Seite 182).

M2 Eine neue Kriegstechnik: Fränkischer Panzerreiter. Buchmalerei, um 800

Von seinem Vater hatte Chlodwig das Amt des militärische Befehlshabers über eine römische ↑Provinz sowie die Königsherrschaft über eine fränkische Stammesgruppe übernommen. Deshalb wurde er von allen Bevölkerungsteilen – den römischen und den germanischen – als Herrscher akzeptiert. Zur Stärkung des Frankenreichs trug bei, dass Chlodwig eng mit den gallo-römischen Bischöfen zusammenarbeitete. Diese hatten neben ihren religiösen Funktionen auch wichtige Aufgaben in der ↑Verwaltung und Rechtsprechung der Provinzen übernommen – Aufgaben, die vorher römische Amtsträger ausgeübt hatten.

König Chlodwig und seine Gefolgsleute traten bald zum römisch-katholischen Glauben über. Dadurch wurde die Zusammenarbeit zwischen dem fränkischen König und der ↑Kirche noch gestärkt. Denn Chlodwig konnte nun – wie zuvor die römischen Kaiser – die Leitung der Kirche übernehmen und Bischöfe einsetzen. Außerdem entstand durch den gemeinsamen Glauben eine engere Verbindung zur einheimischen Bevölkerung. Auch dies trug zur Stärke des Frankenreichs bei.

M3 Chlodwig und die Kirche

In einem Brief an den neuen fränkischen König Chlodwig schrieb Bischof Remigius von Reims um 486:

Zu uns ist die wichtige Nachricht vorgedrungen, dass Du die Verwaltung der römischen Provinz Belgica II übernommen hast. Es ist im Grunde nichts Ungewöhnliches, den gleichen Weg seiner Vorfahren einzuschlagen. [...]
Nimm Dir Berater, die Dein Ansehen fördern. Fromm und ehrenwert möge Deine Herrschaft sein. Höre auf Deine Bischöfe, und nimm Dir ihren Rat immer zu Herzen. Wenn Du mit ihnen gute Beziehungen pflegst, kann Deine Provinz besser dastehen.

Epistolae austrasicae, in: MGH Epp. 3, S. 113 (bearbeitet)

M4 Wer sind die Franken?

Agathias, oströmischer Geschichtsschreiber und Dichter, schrieb über die Franken:

Die Franken sind ja keine Nomaden [Hirten- und Wandervölker] wie doch wohl einige von den Barbaren, sondern bedienen sich im Allgemeinen der römischen Staatsordnung und Gesetzgebung. Im Übrigen teilen sie mit den Römern auch das Handels- und Eherecht sowie die Gottesverehrung. Sie sind alle Christen, und zwar ganz rechtgläubige. Sie haben in ihren Städten Beamte und Priester, feiern Feste so wie wir und scheinen mir für ein Barbarenvolk sehr gesittet und gebildet. Nur ihre barbarische Tracht und Sprache unterscheiden sie von den Römern.

Zitiert nach: R. Kaiser: Quellen zur Geschichte der Franken und Merowinger, 2012, S. 125 f.

***M5** Zusammen mit vielen Gefährten ließ sich Chlodwig Weihnachten 498 oder 499 von Bischof Remigius taufen. Die Buchmalerei, die diese Szene zeigt, entstand aber erst um 1375.*

1. Beschreibe die Ausdehnung des Frankenreichs unter den Merowingern mithilfe der Karte M 2 auf Seite 182.

2. a) Beschreibe die Darstellung der Taufe Chlodwigs (M 5).
   b) Erkläre, weshalb diese Taufe auch noch viele Jahrhunderte später in Erinnerung war.

3. a) Stelle Gründe zusammen, weshalb sich das Frankenreich im Westen dauerhaft durchsetzen konnte. Beachte dafür auch M 2 sowie die Texte M 3 und M 4.
   b) Gewichte die Gründe nach ihrer Bedeutung für diesen Erfolg.
   c) Diskutiert zu zweit eure jeweilige Rangfolge und begründet dabei eure Meinung.

\+ Stell dir vor: Chlodwig erläutert einem Chronisten am Ende seines Lebens das Geheimnis seines Erfolges. Berichte aus Chlodwigs Sicht.

Das Frankenreich soll christlich werden

Die ↑**Kirche** strebte an, das Christentum überall in der Welt verbreiten zu lassen. Schon im Jahr 529 hatte der frühere Einsiedler* Benedikt von Nursia in Italien die erste Gemeinschaft von Mönchen gegründet und sie beauftragt, als Missionare* ihren Glauben in den Gebieten zu verkünden, die von „Heiden" – so nannte man alle Nichtchristen – besiedelt waren.

** Einsiedler: ein Mensch, der für sich allein in Armut lebt, um sich ganz auf seinen Glauben zu konzentrieren*

** Missionar: vergleiche „Mission": Auftrag*

M1 *Vorder- und Rückseite des Grabsteins eines fränkischen Kriegers**

** Links ist der Verstorbene mit seinem Schwert gezeigt. Er ist von Schlangen (der Unterwelt) umringt. Das weist auf heidnische Vorstellungen hin. Die Rückseite aber zeigt Jesus in einem Strahlenkranz mit einer Lanze.*

Germanen werden bekehrt

Ins Frankenreich, wo östlich des Rheins noch viele „heidnische" Stämme lebten, kamen im 6. Jahrhundert Mönche aus Schottland und Irland. Dort war das Christentum bereits stark verwurzelt. Sie gründeten Klöster in Nordgallien und Alamannien (im heutigen Südwestdeutschland), um Andersgläubige zum Christentum zu bekehren. Die fränkischen Könige unterstützten als Schutzherren der Kirche und des Christentums die ↑Missionierung der germanischen Volksstämme und konnten auch dadurch ihre Machtstellung festigen.

Gegen Ende des 7. Jahrhunderts folgten den schottischen und irischen Mönchen auf päpstliche Anordnung Missionare aus England. Sie begannen, die germanischen Stämme im Gebiet zwischen Rhein und Elbe zum Christentum zu bekehren, unter ihnen die Sachsen, Friesen und Hessen. Durch Klostergründungen und die Einrichtung von kirchlichen Verwaltungsbereichen entstanden im 8. Jahrhundert auch hier Zentren der königlichen Macht.

M2 *Das Frankenreich der Merowinger*

M3 Der Missionar Bonifatius wurde 754 von Friesen umgebracht. In dieser Buchmalerei aus dem 10. Jahrhundert sind zwei Szenen aus seinem Leben dargestellt.

M4 Mission bei den Hessen

Zu den bekanntesten angelsächsischen Missionaren des 8. Jahrhunderts zählte Winfried, der nach seiner Taufe den Namen Bonifatius angenommen hatte. Von dem Mönch Willibald, einem Schüler des Bonifatius, ist die folgende Legende überliefert:*

Nachdem Bonifatius bei den Friesen missioniert hatte, begab er sich unter Gottes väterlichem Schutz in die anderen Länder Germaniens, um dort zu predigen. Der ↑Papst* stellte unseren heiligen Bischof Bonifatius durch eine Urkunde unter den Schutz und Schirm der ↑Herrschaft des fränkischen Herzogs Karl Martell. Damals aber brachten viele Hessen heimlich Bäumen und Quellen ihre Opfer dar, andere taten dies ganz offen. [...]
Da unternahm es Bonifatius, eine ungeheure Eiche, die mit dem alten heidnischen Namen „Eiche des Gottes Donar" genannt wurde, im Beisein der ihn umgebenden Diener Gottes zu fällen. Als ob eine höhere Kraft eingegriffen hätte, zerbarst sie sofort in vier Teile.
Als dies die vorher fluchenden Heiden gesehen hatten, wurden sie bekehrt, priesen Gott und glaubten an ihn. Darauf baute er aus dem Holz dieses Baumes eine Kirche und weihte sie dem Apostel Petrus.
Da nun allmählich die Menge der Gläubigen zunahm und auch die Zahl der Prediger sich vervielfachte, wurden auch weitere Kirchen errichtet und die Bekehrungspredigten nahmen zu.

Zitiert nach R. Rau: Ausgewählte Quellen zur Geschichte des deutschen Mittelalters, 1995, S. 117f. (bearbeitet)

* *Legende: eine aus alter Zeit überliefert Geschichte, ähnlich wie ein Märchen*

* *Papst (von lateinisch „papa": Vater): Titel des Bischofs von Rom. Er erhebt den Anspruch, Oberhaupt der katholischen Christen zu sein.*

1. Beschreibe die Wege der Missionare anhand der Karte M 2.

2. Formuliere einen Auftrag zur Missionierung, den der Papst und der König gemeinsam gegeben haben könnten. Er könnte so beginnen: „Geht in das Gebiet ... und ..."
Stütze dich dabei auf den Text auf Seite 182 und die Karte M 2.

3. Arbeitet aus den Materialien M 1, M 3 und M 4 heraus, wie jeweils das Verhältnis von heidnischer Religion und Christentum dargestellt wird.

\+ Informiert euch im Internet über die Geschichte eines Klosters in eurer Nähe.

Karl und sein Reich – Erben Roms?

M1 *Zwei Münzen: Die linke stammt aus der römischen Kaiserzeit und zeigt Kaiser Augustus, die rechte zeigt den Franken Karl den Großen.*

1. Vergleiche die beiden Münzen und die Bildunterschrift.
   Notiere dazu eine Frage, die dieses Kapitel klären sollte.

„Hausmeier“ – so wurde der oberste ↑Beamte des fränkischen Königs genannt. Er war eine Art Regierungschef, der die ↑Verwaltung des Reiches leitete und auch militärische Aufgaben hatte. Eine Familie unter den Hausmeiern gewann immer größere Bedeutung: die Karolinger. Sie schafften es, das Amt an ihre Familie zu binden. Dadurch wurden die Karolinger im Frankenreich immer einflussreicher. Auch militärisch waren sie besonders erfolgreich: So siegte ein Karolinger im Jahr 732 mit seinen Kriegern über arabische Heere und verhinderte deren Vordringen ins Frankenreich.

Pippin und der Papst

Um 751 gelang es dem Karolinger Pippin, den merowingischen König zu entmachten und selbst König zu werden. Karolingische Geschichtsschreiber überlieferten, dass dies mit Zustimmung des ↑Papstes, des höchsten Bischofs der ↑Kirche, geschah. Seit dieser Zeit wurde der König nicht nur durch das fränkische Volk, sondern unter Beteiligung der Kirche in sein Amt eingesetzt: Er war von nun an gesalbter König „von Gottes Gnaden“. Pippin dankte dem Papst, indem er ihm gegen seine Feinde in Italien half und ihm die eroberten Gebiete um Rom und Ravenna schenkte. Diese bildeten künftig den Kirchenstaat (M3). Damit wurden die fränkischen Könige zu Schutzherren des Papstes und der Kirche.

Ein Franke wird Kaiser

Pippin sicherte den Königstitel für seine Familie, indem er mithilfe des Papstes seine Söhne zu Nachfolgern erhob. Die Regierungszeit seines Sohnes Karl, der später als „Karl der Große“ in die Geschichte einging, dauerte insgesamt 47 Jahre. In dieser Zeit führte Karl zahlreiche Kriege und erweiterte das fränkische Herrschaftsgebiet (M2). Daher galt er bald als mächtigster Herrscher auf dem gesamten Gebiet des früheren weströmischen Reiches.

↑Historiker gehen davon aus, dass Karl sich darum bemühte, die Titel der römischen ↑Kaiser zu übernehmen und „imperator“ und „augustus“ genannt zu werden. Dahinter steckte die Idee, das Erbe der Römer anzutreten und ihr glanzvolles Reich im eigenen Frankenreich fortzuführen. Damit war auch die Vorstellung verbunden, dass *ein* Herrscher, der Kaiser, der über Königen und Fürsten stand, alle christlichen Völker unter seiner Macht vereinen sollte.

Um 800 wurde Karl in Rom unter Beteiligung des Papstes zum Kaiser erhoben. Anders als bei den römischen Kaisern der Antike und anders als in Ostrom spielte im Frankenreich von nun an der Papst eine entscheidende Rolle als „Kaisermacher“.

Auf dem Boden des ehemaligen Römischen Reiches gab es danach zwei Kaiser: einen im Frankenreich und einen in Byzanz im oströmischen Reich. Sie konkurrierten um die Anerkennung als bedeu-

Diese Bronzefigur aus dem 9. Jahrhundert gilt als Bildnis Karls des Großen. Schon in der römischen Antike war die Darstellung eines Kaisers als Reiter eine besondere Ehre.

tendste Herrscher auf Erden. Erst im Jahr 812 erkannten sich beide gegenseitig als Kaiser zweier nebeneinander bestehender Reiche an.

Anknüpfen an die Kultur der Antike

Das Frankenreich sollte auch in Belangen der Wissenschaften, der Kunst und Architektur das Erbe des Römischen Reiches antreten. Als Kaiser führte Karl daher Gelehrte aus allen Teilen Europas zusammen. Latein, die Sprache der römischen Antike, wurde zu ihrer Schriftsprache. Sie sammelten und kopierten die Texte von antiken Dichtern, Philosophen und Naturwissenschaftlern, die uns dadurch erhalten blieben. Auch germanische Heldenlieder und religiöse Texte zeichneten sie auf. Klöster wurden mit Schulen für junge ↑Adlige ausgestattet und mit ihren Bibliotheken zu Wissenszentren.

__M2__ Das Frankenreich zur Zeit Karls des Großen

*Die Karte M2 zeigt die Ausdehnung des Frankenreichs unter Karl. Wie gelang es ihm, ein so großes Reich zu regieren? Der Mittelpunkt des Reiches war dort, wo der König sich gerade aufhielt. Es gab also keine Hauptstadt. Vor Ort regierte der König, indem er Urkunden ausstellte, Streitigkeiten schlichtete oder Gericht hielt. Daher war der König mit seinem Gefolge meist auf der Reise durch sein Reich. Diese Art der Regierung nennt man **Reisekönigtum**. Quartier bezog der reisende Tross in **Pfalzen**, großen Gutshöfen des Königs, die als Aufenthalts- und Gerichtsorte genutzt wurden.*

2. Welche Bedeutung hat der Papst für die Karolinger? Welche Bedeutung hatten die Karolinger für den Papst? Klärt die beiden Fragen zunächst arbeitsteilig. Erstellt dann auf der Grundlage eurer Ergebnisse gemeinsam ein Schaubild.
   Tipp: Seite 198

3. a) Erkläre, weshalb die Kaiserwürde für Karl wichtig war.
   b) Diskutiert, inwiefern Karl und sein Frankenreich als „Erben Roms“ bezeichnet werden können.

\+ Finde eine Erklärung dafür, weshalb Karl auch in den Wissenschaften und den Künsten an die römische Antike anknüpfen wollte.

M3 Die Kaiserkrönung – der Mönch Einhard berichtet

Der Mönch Einhard lebte um 770–840. Er war ein enger Vertrauter Karls. Möglicherweise hat er ihn im Jahr 800, dem Krönungsjahr, nach Rom begleitet. Nach dem Tod des Herrschers diente er dessen Nachfolger als Ratgeber und verfasste eine Biografie über Karl. Darin berichtete er:

Während seiner ganzen Regierungszeit lag Karl nichts so sehr am Herzen als der Wunsch, die Stadt Rom durch seine Bemühungen wieder zu ihrem alten Ansehen zu bringen […]. Seine letzte Reise nach Rom hatte mehrere Gründe. Die Römer hatten ↑Papst Leo schwer misshandelt, sodass er sich gezwungen sah, den fränkischen König, Karl, um Schutz zu bitten. Daher begab sich Karl nach Rom, um die verworrenen Zustände der ↑Kirche zu ordnen. Das dauerte den ganzen Winter. Bei dieser Gelegenheit erhielt er [am Weihnachtsfeiertag] den Kaiser- und Augustus-Titel, der ihm anfangs sehr zuwider* war.

Karl behauptete, er hätte die Kirche selbst an jenem hohen Feiertag nicht freiwillig betreten, wenn er die Absicht des Papstes geahnt hätte. […]

Die Eifersucht der oströmischen ↑Kaiser, die ihm die Annahme der Titel schwer verübelten, ertrug er dann allerdings mit erstaunlicher Gelassenheit. Er überwand ihren Widerstand […], indem er ihnen zahlreiche Botschaften sandte und sie in den Briefen immer als Brüder anredete.

Zitiert nach: W. Hartmann: Deutsche Geschichte in Quellen und Darstellung, Bd. 1, 1995, S. 56, S. 58 (bearbeitet)

* *etwas ist jemandem zuwider: jemand steht diesem ablehnend gegenüber*

***M4** Die Umstände der Kaiserkrönung Karls sind in einer mittelalterlichen Weltgeschichte mit den hier abgebildeten Buchmalereien aus der Gothaer Weltchronik (um 1270) wiedergegeben.*

M5 Die Kaiserkrönung – ein Bericht aus päpstlicher Sicht

Der „Liber Pontificalis" („Buch der Päpste") ist eine Sammlung von Lebensbeschreibungen verschiedener Päpste. Sie wurde um 530 begonnen und immer weiter fortgesetzt. Die Lebensbeschreibung Leos III., der Karl zum Kaiser krönte, wurde nur wenige Jahre nach der Krönung – spätestens 816 – verfasst. Darin heißt es über dieses Ereignis:

Am Tage der Geburt unseres Herren Jesu Christi [dem Weihnachtsfeiertag] waren alle in der Basilika des heiligen Apostels Petrus [der Hauptkirche in Rom] versammelt. Und da krönte der ehrwürdige und Segen spendende Papst Leo ihn, Karl, eigenhändig mit der kostbarsten Krone. Die gläubigen, dem Papst treuen Römer verstanden, dass Karl der römischen Kirche und dem Papst Schutz und Liebe gewährte. Sie riefen einmütig mit lauter Stimme [...] aus: „Karl, heiligster Kaiser, von Gott gekrönter großer und friedensstiftender Herrscher, Heil und Sieg!" Unter Anrufung vieler Heiliger [ist] dies dreimal ausgerufen worden, und von allen ist Karl als Kaiser der Römer eingesetzt worden. Auf der Stelle salbte der Papst mit heiligem Öl seinen hervorragendsten Sohn Karl.

W. Hartmann: ebd. S. 53 f. (bearbeitet)

4. a) Untersuche die beiden Quellen mithilfe des Methodentrainings.
Tipp: Seite 198

b) Beurteile, ob die Ereignisse um die Kaiserkrönung Karls des Großen heute überhaupt noch zu klären sind.

5. Betrachte die Abbildungen M 4. Passen sie zu den Berichten M 3 und M 5? Begründe!

Textquellen vergleichen – Perspektiven erkennen

Kennst du das? Zwei deiner Freunde haben etwas erlebt und erzählen dir davon, zuerst der eine, dann der andere. Doch obwohl sie von demselben Ereignis sprechen, erzählen sie dir nicht dasselbe.

Auch Historiker stehen oft vor diesem Problem. Denn ihnen begegnen in verschiedenen Quellen häufig abweichende Darstellungen. Das liegt daran, dass auch die Autoren von Quellen aus längst vergangenen Zeiten meist aus ihrem eigenen Blickwinkel, ihrer **Perspektive**, erzählt haben: Sie haben ausgewählt, was sie berichten wollten, haben eigene Schwerpunkte gesetzt oder sie wollten bestimmte Einzelheiten besonders betonen. Nun heißt es, diese verschiedenen Darstellungen zu vergleichen und die jeweilige Perspektive zu erkennen. Das kannst du ebenfalls – z. B. mit den beiden Quellen zur Krönung Karls des Großen. Gehe dabei in folgenden Schritten vor:

Schritt 1: Lies beide Quellen genau durch.

Schritt 2: Fertige eine dreispaltige Tabelle an.
a) Trage in die mittlere Spalte die Informationen ein, die in beiden Quellen gleich sind.
b) Trage dann in die rechte und die linke Spalte die Informationen ein, die sich nur bei einem der Autoren finden.

Schritt 3: Benenne die Unterschiede.

Schritt 4: Versuche, die Unterschiede zu erklären. Bestimme dafür die Perspektive der Autoren. Dabei helfen dir folgende Fragen:
- Wie stehen die Autoren zum dargestellten Ereignis bzw. zu den handelnden Personen? Haben sie den Text vielleicht für einen Auftraggeber verfasst?
- Welche Aussageabsichten werden an ihren Texten erkennbar?

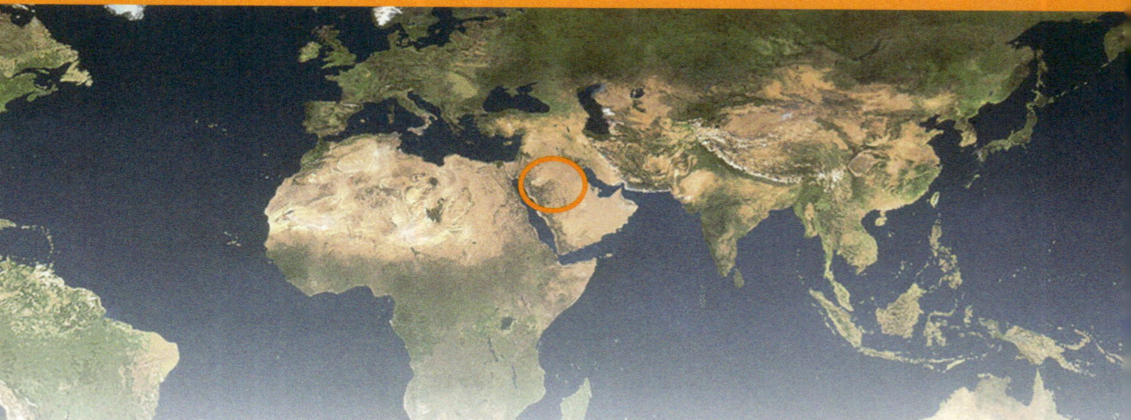

Der Islam - Entstehung, Ausbreitung, Einflüsse

Mohammed reitet auf einem Kamel, neben ihm Jesus auf einem Esel. Buchmalerei, um 1400

Auf der arabischen Halbinsel lebten um 600 n.Chr. vor allem Beduinenstämme, die als Nomaden mit ihren Kamelherden durch die Wüste zogen. An Orten, wo Händler zusammentrafen, hatten sich aber auch Städte herausgebildet, von denen Mekka die bedeutendste war. Dort lebte der weit gereiste Kaufmann Mohammed. Überliefert ist, dass er Eingebungen hatte, die für ihn so deutlich waren, dass er sie als göttliche Botschaften verstand.

Die Menschen in Mekka glaubten an eine Vielzahl von Göttern. Ihre Standbilder waren in der Kaaba, einem schwarzen, würfelartigen Gebäude, aufgestellt. Gegen die Verehrung dieser Götter richtete sich nun Mohammed. Er war überzeugt, dass es einen allmächtigen Gott – arabisch: „Allah“ – gebe. Mohammed warnte die Menschen: Gott würde in einem „Jüngsten Gericht“ über ihre Lebensführung richten. Doch die meisten nahmen ihn nicht ernst.

Nach vergeblichen Bemühungen, die Menschen in Mekka zum Nachdenken über seinen neuen Glauben zu bewegen, verließ Mohammed mit einigen Gefährten Mekka und zog in die Oase Medina. Das geschah im Jahr 622. Dieser Auszug Mohammeds nach Medina wird „Hedschra“ genannt und ist bis heute der Anfangspunkt der muslimischen Zeitrechnung. Wie um Mohammed eine neue Glaubensrichtung entstand, wie diese verbreitet wurde und welche Auswirkungen dies auf Europa hatte, erfährst du auf den folgenden Seiten.

Arbeiten im Gruppenpuzzle

Bei einem Gruppenpuzzle werdet ihr gemeinsam zu Experten und tauscht euch anschließend mit anderen Experten aus. So geht's:

Schritt 1 Bildet zuerst sogenannte Stammgruppen, in denen ihr die zu erarbeitenden Themen untereinander aufteilt.

Schritt 2 Nun wird gepuzzelt: Diejenigen, die dasselbe Thema gewählt haben, bilden kleine Arbeitsgruppen, die sogenannten Expertengruppen. Hier setzt ihr euch mit den gegebenen Materialien und Aufgaben auseinander:
- Notiert, was ihr nicht versteht.
- Klärt mithilfe eurer Notizen offene Fragen.
- Bearbeitet die Aufgaben.

Schritt 3 Es geht zurück in die Stammgruppen: Hier ist nun jedes Mitglied Experte für ein Thema und informiert die anderen Experten in einem kurzen Vortrag über das eigene Thema. Formuliert zum Schluss gemeinsam zu jedem Thema zwei bis drei zusammenfassende Sätze.

Gruppenarbeit

1. Erarbeitet im Gruppenpuzzle die folgenden Seiten über den Islam.

2. Besprecht abschließend, welche Einflüsse des Islam auf das heutige Europa sich feststellen lassen.

Thema 1 Eine neue Religion entsteht

Mohammed gründete in Medina mit seinen Gefährten aus Mekka zunächst eine kleine Gemeinde von Gläubigen. Wie Juden und Christen glaubten sie an *einen* Gott (↑Monotheismus). Ihren neuen Glauben nannten sie „**Islam**“. Das bedeutet „Ergebung in den Willen des einen Gottes, Allahs“. In ihrem neuen Glauben sollten alle Menschen vereint und alte Stammesfeindschaften überwunden werden. Während aber die Christen ihren Religionsstifter Jesus als Sohn Gottes sahen, bekannten die Anhänger Mohammeds, dass dieser ein Prophet*, ein Gesandter Gottes, sei.

Mohammed und seine Anhänge bildeten bald ein großes Heer, das im Jahr 630 Mekka eroberte. Daraufhin ließ Mohammed die alten Götterbilder zerstören und erklärte die Kaaba zum „heiligen Tempel des Islam“. Dort sollten nun alle Gläubigen, die Muslime, Allah verehren.

Nach Mohammeds Tod im Jahr 632 n. Chr. sammelten und ordneten seine Anhänger dessen Verkündigungen. Dadurch entstand die Heilige Schrift des Islam, der Koran. Der Koran enthält für Muslime die Worte Gottes, die sie immer wieder hören und im Gebet wiederholen. Das hat sich seit dieser Zeit nicht verändert.

M2 *Mohammed (im grünen Gewand) und sein Schwiegersohn Ali (auf Mohammeds Schultern) in der Kaaba, persische Buchmalerei, um 1485. Viele Muslime meinen, Mohammed stehe Gott so nahe, dass er nicht wie ein gewöhnlicher Mensch abgebildet werden sollte. Deshalb wird er oft ohne Gesicht gezeigt.*

M1 Bekehrt von Mohammed

Nach Mohammeds Tod erklärten Anhänger des Propheten, warum sie sich seiner Religion zugewendet haben:

Wir waren ein Volk von Götzendienern, das schreckliche Taten beging, [...] bis Gott uns einen Gesandten aus unserer Mitte erweckte, den wir als Mann der klaren Rede, als gerecht, vertrauenswürdig und rechtschaffen erkannt haben.
Er hat uns aufgerufen, den einzigen Gott zu verehren und die Götzenbilder aus Stein zu verwerfen, die unsere Väter und wir selbst [...] angebetet haben.
Er mahnte uns, wahrheitsliebend und zuverlässig zu sein, den Blutsverwandten und den Nachbarn zu achten und uns davor zurückzuhalten, unerlaubte Handlungen zu begehen.
Er hat uns angewiesen, Gott zu verehren, ohne ihm andere Götter zuzugesellen, und die Gebote des Gebets, des Almosens* und des Fastens einzuhalten. Und wir haben unser Vertrauen in ihn gesetzt und sind ihm gefolgt.

Zitiert nach. F. Gabrieli: Mohammed und der Islam. Historia mundi, Band. 5, 1956, S. 339 (bearbeitet)

* *Prophet: Person, die eine göttliche Offenbarung erhält und an andere Menschen als Botschaft Gottes weitergibt*

* *Almosen: Spende für die Armen*

1. Benennt mithilfe des Textes und M 1 wesentliche Kennzeichen des Islam.

2. Beschreibt M 2 und erklärt dann mithilfe des Textes das Verhalten von Mohammed und Ali in der Kaaba.

Thema 2 Der Islam wird verbreitet

Seit Jahrhunderten hatten arabische Nomadenstämme Kriegszüge gegen verfeindete Stämme unternommen, um Beute zu machen. Diese benötigten sie für ihr Überleben in den Wüstengebieten. Der Islam erlaubte es ihnen aber nicht, Glaubensbrüder anzugreifen. Ihre Kriegszüge richteten sie daher nun vereint gegen ferner lebende, nichtmuslimische Völker. Innerhalb kürzester Zeit stießen die islamischen Kämpfer in verschiedene Richtungen vor: ins oströmische Reich, nach Asien und Afrika, schließlich sogar nach Spanien in Europa.

Bereits um das Jahr 750 hatten die muslimischen Heere riesige Gebiete rund um das Mittelmeer unter ihre ↑Herrschaft gebracht. Dabei ging es ihnen weniger darum, Andersgläubige zum Islam zu bekehren, als Gebiete zu erobern und Untertanen für die eigene Versorgung zu gewinnen. Mekka war Mittelpunkt der neuen Religion. Weitere Zentren wurden die großen Städte Jerusalem, Damaskus, später auch Bagdad, Kairo und Cordoba.

In den eroberten Gebieten wurden Kalifen eingesetzt. Sie waren sowohl Vertreter der Muslime wie auch hohe ↑Beamte des Arabischen Reiches.

M2 Unterworfen

Ein islamischer Heerführer schloss 639 einen Vertrag mit jüdischen und christlichen Unterworfenen. Darin hieß es:

Ihr erhaltet Schutz und wir verpflichten uns, euch zu verteidigen unter der Bedingung, dass ihr jedes Jahr für jeden erwachsenen Mann Steuern gemäß euren Möglichkeiten entrichtet. Wenn wir jemanden von euch um Unterstützung bitten, so gilt diese Unterstützung anstelle der Bezahlung als Steuer. Die Bewohner erhalten Sicherheit für sich und ihren Besitz, ihre Religionen und ihre Gesetze. Alles wird beibehalten wie bisher, solange ihr Abgaben [Steuern] leistet.

Zitiert nach: B. Lewis: Der Islam, S. 329

1. Beschreibt an M 1 die Ausbreitung des Islam. Listet mithilfe der Karte hinten im Buch die heutigen Namen der Länder auf, die unter arabische Herrschaft geraten sind.
   b) Zeigt anhand des Textes, wie es zu dieser Ausbreitung gekommen ist.

2. Erklärt mithilfe von M 2, wie die muslimischen Heerführer mit den unterworfenen Völkern umgingen.

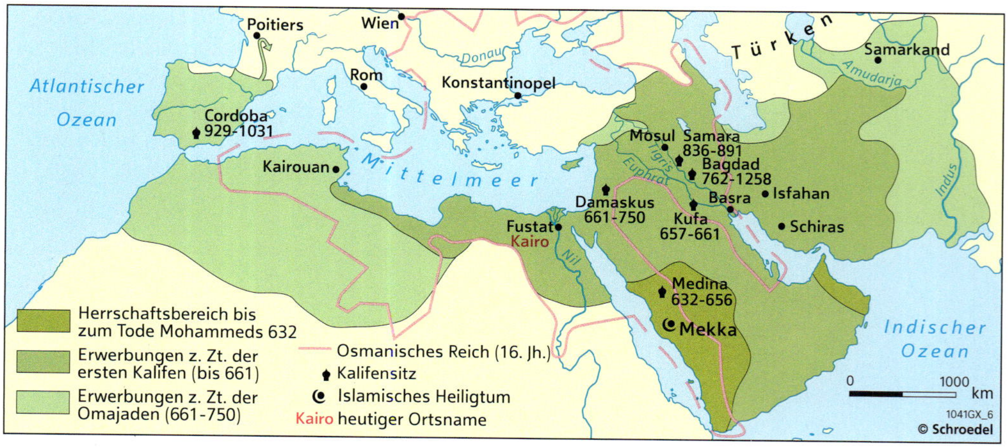

M1 Die Ausbreitung des Islam

Thema 3 Arabische Einflüsse auf Europa

„sukka", „kittara" oder „sifr" – kommen dir diese arabischen Worte nicht bekannt vor? Tatsächlich haben einige deutsche Wörter **Lehnwörter** aus dem Arabischen, unter anderem eben „Zucker", „Gitarre" und „Ziffer". Denn seit dem 8. Jahrhundert gab es zahlreiche Kulturkontakte der Europäer mit den Arabern. Die iberische Halbinsel – das heutige Spanien – gehörte zum Machtbereich arabischer Herrscher, die Muslime waren. Bei Eroberungszügen waren sie immer weiter nach Norden vorgedrungen. Erst nach über 300 Jahren wurde das Gebiet von christlichen Heerführern zurückerobert.

In dieser Zeit lebten Christen, Juden und Muslime dort weitgehend friedlich zusammen, und die arabische ↑Kultur nahm Einfluss auf die europäische: Arabische Händler brachten bisher unbekannte Waren – wie Zucker oder Kaffee – nach Europa, und handwerkliche Techniken aus dem arabischen Kulturkreis wurden bekannt, etwa die Papierherstellung. Aber auch landwirtschaftliche Neuerungen brachten Nutzen: So schufen Araber im trockenen Spanien leistungsfähige Bewässerungssysteme. Hier konnten nun Pflanzen angebaut werden, die viel Wasser benötigen: Zuckerrohr, Baumwolle, Orangen, Auberginen, Artischocken, Aprikosen und Reis.

Seit dem 12. Jahrhundert wurden Schriften arabischer Gelehrter (↑Info) ins Lateinische übersetzt, sodass die Forschungen und Aufzeichnungen in ganz Europa bekannt werden konnten.

***M1** Ein muslimischer und ein christlicher Musiker spielen auf Instrumenten, die im Orient entwickelt und über Spanien in Europa bekannt wurden. Buchmalerei aus dem 13. Jahrhundert*

i

*Durch Eroberungszüge muslimischer Heere gelangten Schriften aus der Antike in die Hände von arabischen Gelehrten. Sie studierten altgriechische und persische Texte – z. B. über naturwissenschaftliche, mathematische, philosophische oder geografische Forschungen – und übersetzten sie ins Arabische. So sorgten sie nicht nur dafür, dass altes Wissen gesichert wurde, sondern sie entwickelten die **Wissenschaften** auch weiter. In der Folge entstanden in der muslimischen Welt große Bibliotheken und Universitäten. Vor allem die medizinischen Kenntnisse waren enorm. Um 930 gab es in Bagdad bereits öffentliche Krankenhäuser, sogar Spezialkliniken. Operationen unter Narkose waren dort möglich. Auch über umfassende Kenntnisse in der Herstellung von Arzneien verfügten die arabischen Ärzte.*

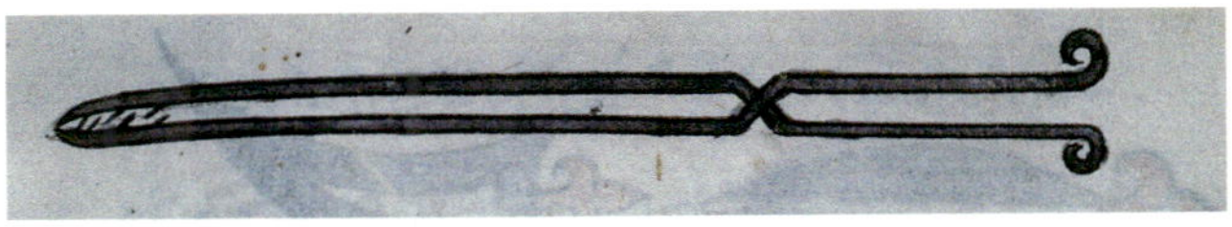

***M2** Ein Operationsinstrument, dargestellt in einem arabischen Lehrbuch aus dem 10. Jahrhundert*

1. a) Listet auf, in welchen Lebensbereichen Menschen in Europa Erkenntnisse und Leistungen aus der arabischen Welt übernahmen.

   b) Arbeitet heraus, wie Angehörige unterschiedlicher Religionen in Spanien miteinander umgingen.

Wenn du die vorangegangenen Seiten bearbeitet hast, solltest du folgende Aufgaben lösen bzw. Fragen beantworten können. Schreibe die Lösungen in dein Heft. Ob du richtigliegst, erfährst du auf den Seiten 206/207.

***M1** Chlodwig und Bischof Remigius von Reims als Skulpturen am Portal (dem Haupttor) der Kathedrale von Reims.*

Die Kathedrale wurde im Mittelalter über den Resten der ersten Bischofskirche der Stadt gebaut. Die Skulpturen stammen aus der Zeit um 1200.

1. Zu Beginn des Kapitels hast du in einem Kartenvergleich Vermutungen darüber angestellt, weshalb sich die Mittelmeerwelt so sehr gewandelt haben könnte (S. 173, M 1 – M3). Überprüfe jetzt dein Wissen:
a) Ordne die Begriffe am Rand der passenden Karte zu. Beachte, dass manche Begriffe zu mehreren Karten passen.

Karl der Große   Missionierung
Frankenreich   Mare Nostrum   Kaiserkrönung
Imperium Romanum   Chlodwig
arabischer Herrschaftsbereich   Ostrom   Germanenreiche
Byzantinisches Reich   Westrom

b) Erkläre nun die Veränderungen, die an M 1, M 2 und M 3 auf Seite 173 deutlich werden. Verwende dabei die vorgegebenen Begriffe und erläutere die historischen Hintergründe.

2. a) M 1 zeigt König Chlodwig und Bischof Remigius am Haupteingang der Kathedrale (Bischofskirche) von Reims. Erkläre als Reiseführer einer Touristengruppe die beiden Skulpturen.
b) Chlodwig und Remigius unterhalten sich darüber, warum die Taufe stattfinden soll und was sie davon erwarten, dass die Franken Christen werden. Entwirf dieses Gespräch.

3. a) Stelle dar, wie der Frankenkönig Karl Kaiser werden konnte.
b) Begründe, weshalb Kaiser Karl als „Karl der Große" in die Geschichte eingegangen sein könnte.

4. Ein Verlag sucht Autoren für ein neues Jugendlexikon. Es sollen kurze Artikel zur frühen Geschichte des Christentums und des Islam geschrieben werden. Wähle aus, welchen du schreiben möchtest, und verfasse ihn.

Neue Religionen – neue Reiche

Das Römische Reich hatte 117 n. Chr. seine größte Ausdehnung erreicht. Einige Jahrhunderte später sah die Landkarte jedoch ganz anders aus. Zahlreiche Entwicklungen hatten dazu geführt:

Viele Menschen wurden von dem Reichtum Roms angezogen und wanderten in grenznahe Gebiete ein. Immer häufiger gefährdeten kriegerische Auseinandersetzungen – vor allem mit **germanischen Gruppen** – das Römische Reich. Die Kaiser versuchten daraufhin mit unterschiedlichen Reformen, ihr Reich zu stabilisieren. Um das riesige Herrschaftsgebiet besser kontrollieren zu können, wurde es im Jahr 395 in ein **weströmisches** und ein **oströmisches Reich** geteilt.

Die Römer hofften, die Bevölkerung in allen Teilen des Reiches durch die christliche Religion zusammenhalten zu können. Anfangs hatten die Römer versucht, die Ausbreitung des **Christentums** einzudämmen, doch zu Beginn des 4. Jahrhunderts hatte Kaiser Konstantin es als neue Religion geduldet (**Konstantinische Wende**). Später war es sogar zur **Staatsreligion** erhoben worden.

Die Kaiser im weströmischen Reich konnten jedoch ihre Herrschaft nicht sichern. Deshalb gelang es Germanen, wie Franken oder Goten, eigene Reiche zu gründen. Der fränkische König Chlodwig, der sich später taufen ließ, war am erfolgreichsten: Er vereinte nach Kämpfen verschiedene Teilreiche zu einem großen Herrschaftsgebiet und gründete damit das **Frankenreich**. Unter dem Schutz der Nachfolger Chlodwigs verbreiteten Mönche unter den Germanen im Frankenreich das Christentum (**Missionierung**). Sie gründeten Klöster und kirchliche Verwaltungsbezirke (Bistümer). Damit trug die **Kirche** zur Festigung dieses Frankenreiches bei.

Der fränkische König **Karl der Große** aus der Familie der Karolinger, der von 768 bis 814 regierte, führte viele Kriege und erweiterte das Reichsgebiet vor allem im Norden und Osten. Er regierte sein großes Reich, indem er es bereiste und vor Ort Urkunden ausstellte, Gericht hielt oder Streitigkeiten schlichtete (**Reisekönigtum**). Im Jahr 800 wurde er vom Papst zum **Kaiser** gekrönt. Karl sah sein Kaiserreich in der Nachfolge des Römischen Reiches. Auch das kulturelle Erbe der Römer wollte er wiederbeleben und führte deshalb berühmte Gelehrte aus ganz Europa zusammen.

Seit dem 7. Jahrhundert dehnte sich zudem der arabische Herrschaftsraum nach Norden aus. Dort war der **Islam** als neue monotheistische Religion entstanden. Damit gab es am Ende des Wandels drei „Erben“ des ehemaligen Römischen Reichs: das Frankenreich, das Byzantinische Reich und das Arabische Reich.

- **3./4. Jahrhundert n. Chr.** Die Zahl der Einwanderer ins Römische Reich nimmt zu. Es kommt vermehrt zu Grenzkonflikten.
- **313** Kaiser Konstantin gewährt Religionsfreiheit; das Christentum breitet sich aus.
- **395** Das Römische Reich wird geteilt in ein weströmisches und ein oströmisches (byzantinisches) Reich.
- **5. Jahrhundert** Germanische Stämme errichten Reiche auf weströmischem Boden.
- **476** Der letzte weströmische Kaiser wird abgesetzt.
- **um 500** Der fränkische König Chlodwig errichtet das Frankenreich und stützt sich dabei auf die Kirche.
- **ab 590** Mönche aus Irland, Schottland und England missionieren im Frankenreich.
- **7. Jahrhundert** Der arabische Herrschaftsbereich dehnt sich nach Norden aus.
- **768–814** Karl der Große regiert das Frankenreich und wird im Jahr 800 vom Papst zum Kaiser gekrönt.

Tippkarten

Alles hat Geschichte

Seite 13, Aufgabe 3
zu Schritt 1 des Methodentrainings:
- Fasse deine Beobachtungen in Worte. Genaues Beschreiben hilft, sich Zusammenhänge klarzumachen.

zu Schritt 2 des Methodentrainings:
Frage z. B.:
- Welche Bedeutung könnten die Größe und das Gewicht des Gegenstands haben?
- Welche Energie war nötig, um den Gegenstand zu benutzen: elektrische Energie, menschliche oder tierische Kraft?

zu Schritt 3 des Methodentrainings:
- Überlege, was du anhand des Gegenstands über das Leben früher mit Sicherheit sagen und was du nur vermuten kannst.

Seite 14, Aufgabe 1. a)
Unterscheidet zunächst zwischen bearbeiteten, also von Menschen hergestellten, und unbearbeiteten Gegenständen. Auch eine Unterscheidung z. B. zwischen Werkzeug oder Schmuck kann euch weiterhelfen.

Seite 17, Aufgabe 4. b)
Orientiere dich an der Tabelle auf Seite 11. Die Überschriften müssten nun lauten:
Was gesichert ist – Was vermutet wird

Seite 21, Aufgabe 1
Bedenke, dass die damaligen Menschen ihr Alltagsleben ganz auf die Natur und die verschiedenen Jahreszeiten ausrichten mussten.

Die ägyptische Hochkultur

Seite 35, Aufgabe 1
Lege in deinem Heft eine Tabelle an. Links nennst du das Symbol, rechts schreibst du auf, wo es in der Karte vorkommt. So kannst du z. B. übersichtlich festhalten, ob bestimmte Bodenschätze im Süden oder im Norden vorkommen.

Seite 37, Aufgabe 3 +
Überlege, wo du und deine Eltern z.B. hingehen würdet, wenn
- ihr verreisen wollt und einen neuen Pass braucht,
- ihr ein Haus bauen wollt,
- bei euch eingebrochen wird,
- wenn es zu einem Rechtsstreit mit euren Nachbarn kommt,
- wenn ihr mit einem Gesetz unzufrieden seid.

Seite 39, Aufgabe 1
Was wäre, wenn die Ägypter die Schrift nicht erfunden hätten? Denke über die Folgen für die damalige Zeit nach.

Seite 45, Aufgabe 3
Achte besonders auf die Überschriften des Kapitels. Sie geben dir Hinweise auf das Selbstverständnis des Pharaos. Auch der Text auf den Seiten 42/43 kann dir weiterhelfen.

Seite 47, Aufgabe 2. b)
Denkt darüber nach, welche Entwicklungen für die gesamte Gesellschaft durch die Arbeitsteilung möglich wurden.

Seite 53, Aufgabe 3. b)
Überlegt, welche Probleme es geben könnte, wenn es keine schriftlichen Rechtssätze und Gesetze gäbe. Wer könnte dann Strafen bestimmen und diese ausüben?

Seite 53, Aufgabe 4
Macht euch klar, welches die wichtigsten Gemeinsamkeiten beider Hochkulturen waren.

Seite 55, Aufgabe 2
Organisiere deine Informationen in Form einer dreispaltigen Tabelle wie im Beispiel unten. Formuliere danach deine Antwort, indem du die Ergebnisse der dritten Spalte zusammenfasst.

Gott	zuständig für	Verbindung zum Alltagsleben
Anubis	Bewachen der Grabstätten	Totenruhe schützen, das Andenken Verstorbner bewahren

Seite 59, Aufgabe 1. b)
Verdeutliche dir den Inhalt von M 1, indem du die Quelle wie eine Handlungsanweisung an den verstorbenen Pharao umformulierst, z. B.:

1. Steh auf.
2. Sammle deine Knochen zusammen.
3. Schütte die Erde ab, in der du gelegen hast.

Seite 59, 1. c)
Die Ägypter hielten die Auferstehung im Totenreich für möglich, glaubten aber, dass ein unversehrter Körper dafür nötig war. Die Unversehrtheit des toten Körpers ist Thema beider Texte. Finde die Textstellen.

Seite 61, Aufgabe 1
Hunefer ist an seiner Kleidung zu erkennen. Er trägt ein weißes Gewand. Achtung: Er ist nicht immer gleich groß dargestellt.

Seite 61, Aufgabe 2
Die Ägypter selbst haben sich solche Antworten überlegt und in sogenannte Totenbücher geschrieben, die sie mit in den Sarkophag legten. Sie sollten den Verstorbenen helfen, beim Totengericht die richtigen Antworten zu geben. Beispiele:
„Ich habe Menschen kein Unrecht getan."
„Ich habe nicht gestohlen." ...

Seite 63, Aufgabe 1. b)
Überlege, welche Vorteile Häuser haben, wenn sie über dem Boden bzw. oberhalb der Wasseroberfläche errichtet sind. Welche Vorteile bieten Häuser am Flussufer?

Seite 65, Aufgabe 4
Der eine übernimmt die Rolle des Menschen aus der Altsteinzeit, der andere die Rolle des Jungsteinzeitmenschen. Schreibt zuerst auf, worin ihr die Vorteile eurer jeweiligen Lebensweise seht. Stellt euch die Stichpunkte vor und überlegt, wie sie sich direkt aufeinander beziehen lassen. Entwickelt dann eine Reihenfolge für euer Rollenspiel.

Seite 67, Aufgabe 8
Wenn ihr über die Bedingungen, die der jeweilige Lebensraum bot, unsicher seid, lest auf den Seiten 62/63 nach.

Leben in der griechischen Polis

Seite 73, Aufgabe 2
Lege dazu eine Tabelle an:

Kategorie	Stadtkind Jason	Landkind Phaedra
Wohnen		
Arbeiten		
Lernen		

Unterstreiche dann Gemeinsamkeiten mit einer Farbe, Unterschiede mit einer anderen. Formuliere einen kurzen Satz, der deine Ergebnisse zusammenfasst.

Seite 77, Aufgabe 2. c)
Suche im Text weitere Informationen über die Auswanderungen, die die Karte nicht vermittelt.

Seite 79, Aufgabe 3
Zeus z. B. könnte schreiben:
Hier ist er, dein Traummann! Ich bin der starke, mächtige Vater der Götter auf dem Olymp. Ich herrsche über das Wetter, während meine Brüder über die Meere und die Unterwelt herrschen. Von den Menschen werde ich verehrt, damit …

Seite 79, Aufgabe 4
Denke an Eigenschaften, die den Göttern zugeschrieben werden – wie Gutmütigkeit, Hinterlist, Rachsucht, Hilfsbereitschaft.

Seite 82, Aufgabe 3. a)
Lies nach in M 2, Seite 81. Einige der dort genannten Sportarten findest du in M 5 wieder.

Seite 89, Aufgabe 1
Denke daran, wie du im Deutschunterricht einen Bericht schreibst (sachlich und im Präteritum). Orientiere dich an den Fragen: Wer? Was? Wann? Wie? Warum?

Seite 89, Aufgabe 3 a)
Das Schaubild soll zeigen, welche Gruppen eine übergeordnete und welche eine untergeordnete Stellung hatten. Frage dich: Wer kann wem befehlen? Wer hat mehr Rechte als andere? Versuche, dies durch Symbole (z.B. Pfeile) und Beschriftungen zu verdeutlichen.

Seite 93, Aufgabe 3
Der Artikel könnte so beginnen:
Heute sehen wir uns das Theater genauer an. Dies ist einer der interessantesten Orte in Athen, die Einwohner kommen hierher, um Feste zu feiern, sich zu treffen und um gute Unterhaltung zu genießen. …

Seite 95, Aufgabe 3
Untersuche die Rede des Perikles mithilfe der Schritte im Methodentraining auf Seite 82. Kläre dabei:
- Wie bewertet Perikles die Leistung der gefallenen Soldaten?
- Was erwartet er von den lebenden Soldaten?
- Erkläre zum Schluss, wie Perikles seine Erwartung begründet.

Seite 97, Aufgabe 2
Bedenkt, dass die Ämter beim Losen auf Menschen mit sehr verschiedenen Fähigkeiten verteilt werden.

Seite 101, Aufgabe 2. b)
Du kannst das Gespräch so beginnen:
Bürger: *Themistokles, warum willst du Metöken und Handwerker von der Steuer befreien? Du meinst, dies würde der Polis nützen? Ist es nicht eher so, dass der dem Staat am meisten nützt, der Steuern zahlt? …*

Das Römische Reich

Seite 111, Aufgabe 1
Bedenke, dass Faustulus selbst beteiligt war, dass das Ereignis lange zurückliegt und dass er seinen Hörern die Bedeutung des Ereignisses für sein Leben verdeutlichen will. Die Enkel wollen sicher auch eine spannende Geschichte hören.

Seite 113, Aufgabe 3
Lies noch einmal genau im zweiten und dritten Absatz des Textes nach (ab Zeile 20), welche Maßnahmen und Leistungen der Etrusker bekannt sind.

Seite 119, Aufgabe 2.c)
Untersuche die Karte daraufhin, welche Staaten an der Küste des Mittelmeeres liegen. Beziehe weiterhin ein, wie ihr Verhältnis zu Rom war. Der Text gibt dir dazu einige Hinweise.

Seite 119, Aufgabe 3
So kannst du vorgehen:
- Teile deine Skizze in zwei Teile: Skizziere zuerst die Situation vor der Schlacht, im zweiten Teil die Wende zum Sieg der Karthager.
- Verwende für die Römer und die Karthager verschiedene Farben.
- Setze außerdem Symbole ein: Kästchen für die Truppenteile und Pfeile für die Bewegungen.

Seite 129, Aufgabe 1
Bedenkt, dass viele Bewohner der römischen Provinzen ähnlich lebten wie die Menschen in der Jungsteinzeit, auch wenn sie schon Werkzeuge und Waffen aus Metall besaßen.

Seite 133, Aufgabe 3
Wenn du unsicher bist, was die Merkmale einer Demokratie sind, lies noch mal auf den Seiten zur athenischen und zu unserer Demokratie nach (96/97, 102/103). Oder lies die Erklärung im Lexikon (Seite 208).

Seite 141, Aufgabe 2
Lies noch einmal in dem Abschnitt „Caesar als Alleinherrscher“ (Seite 138) nach. Überlege dann, welche „Fehler“ Augustus vermieden hat.

Seite 143, Aufgabe 3
Für die Vorbereitung der Diskussion bedenke Aspekte wie
- Verschönerung der Stadt,
- Gewinn an Ansehen,
- Schaffen von Arbeitsplätzen,
- Verdeutlichen von Macht,
- Verbessern der Lebensqualität.

Bringe die Aspekte in eine Reihenfolge, in der deutlich wird, was du für einen wichtigen Grund hältst und was du für weniger wichtig hältst. Mache diese Gewichtung in der Diskussion deutlich.

Seite 151, Aufgabe 4
Bedenke dabei, wie solch ein Gutshof die Natur und das Alltagsleben in der jeweiligen Gegend verändert und beeinflusst hat, z. B. durch seine Architektur, aber auch die Bereitstellung von Lebensmitteln und anderem.

Seite 155, Aufgabe 5
Erinnert euch daran, was ihr über das Leben in der Jungsteinzeit erfahren habt. Viele Merkmale dieser Zeit treffen auch noch auf die Germanen der Römerzeit zu.

Seite 155, Aufgabe +
Zeichne dazu ein Kreuz und trage in die oberen Felder ein, was für das Leben in der römischen Provinz spricht und was für eine Rückkehr ins heimische Dorf spricht. In die untere Hälfte trage die Gründe ein, die dagegen sprechen.

Seite 157, Aufgabe 2
Die Länge kannst du leichter bestimmen, wenn du einen Faden nimmst und ihn entlang der Grenze legst. Anschließend misst du ihn aus und ermittelst mithilfe des Kartenmaßstabs die Gesamtlänge der Grenze.

Seite 161, Aufgabe 1
Hinweise zur Durchführung eines Vergleichs findest du auf Seite 67. Schau dir vor allem noch einmal an, wie hier die Tabelle angelegt wurde.

Neue Religionen – neue Reiche

Seite 171, Aufgabe 2
Beziehe vor allem den Textabschnitt der Quelle ab Zeile 10 in deine Überlegungen ein.

Seite 175, Aufgabe 2. a)
Dein Zeitstrahl muss etwa den Zeitraum von 250 bis 410 n. Chr. abbilden. Das sind 160 Jahre. Ein Maßstab von einem Zentimeter für 10 Jahre müsste in dein Heft passen.

Seite 176, Aufgabe +
Bedenke dabei, welche Grenzen das Römische Reich hatte. Schau dir dazu z. B. die Karten auf Seite 173 an.

Seite 185, Aufgabe 2
Überlege, inwiefern der Papst den Karolingern helfen konnte. Inwiefern konnten andererseits die Karolinger dem Papst helfen?

Seite 187, Aufgabe 4. a)
Du erleichterst dir die Arbeit, wenn du die Buchseite kopierst und die Übereinstimmungen in einer, die Unterschiede in einer anderen Farbe markierst.

Methoden zum Umgang mit Materialien

Textquellen verstehen und erschließen

Um Textquellen (wie Berichte, Briefe, Urkunden, Verträge, Inschriften) zu verstehen, solltest du sie nach folgenden Schritten untersuchen:

Schritt 1: **Erfasse den Inhalt des Textes.**
a) Benenne das Thema. Achte dazu auf die Überschrift und die Einführung. Oft werden darin Personen, Orte, Daten und Handlungen genannt.
b) Lies den Text Satz für Satz und mach dir den Inhalt klar. Dabei ist wichtig, unbekannte Begriffe zu klären.
c) Achte nun auf Sinnabschnitte. Versuche, Überschriften dafür zu formulieren. Welches Thema steht jeweils im Mittelpunkt dieser Abschnitte?
d) Gib dann den Inhalt der Quelle in eigenen Worten wieder.

Schritt 2: **Beachte den Autor. Ermittle seine mögliche Absicht und seine Glaubwürdigkeit.**
a) Informiere dich über den Verfasser der Quelle. (Wo und wann lebte er? Welchen Beruf und welche gesellschaftliche Stellung hatte er?)
b) Wenn möglich, beachte: Woher hat der Verfasser seine Kenntnisse? Z. B.: aus eigener Anschauung, durch mündliche Überlieferungen, von anderen Autoren?
c) Hat der Autor seinen Text unter Umständen mit großem zeitlichem Abstand zum beschriebenen Ereignis verfasst?
d) Gibt der Autor sein Thema sachlich wieder? Findest du literarische Ausschmückungen oder Übertreibungen im Text? Achte auf die Wortwahl.
e) Um die Aussagen des Quellentextes beurteilen zu können, solltest du zusätzlich etwas darüber wissen, an wen der Autor sich wendete (Adressaten). Nun kannst du einschätzen, welche Absicht der Autor mit seinem Text verfolgte.

Bilder untersuchen und deuten

Bilder (z. B. Gemälde, Zeichnungen, Holzschnitte, Vasenbilder) können zum einen darüber Auskunft geben, was Menschen zu früheren Zeiten wichtig und „bildwürdig" war. Sie können zum anderen aber auch Auskunft über das Alltagsleben (z. B. über Haushalt und Kleidung) geben. Folgende Schritte helfen, Bildern Informationen zu entnehmen:

Schritt 1: **Achte auf den ersten Eindruck, den das Bild auf dich macht.**
Wie wirkt es auf dich? Welche Einzelheiten fallen dir auf?

Schritt 2: **Beschreibe das Bild genau.**
Benenne die Figuren und ihre Handlungen. Gehe auf den Ort ein. Versuche, genau zu sein, damit du nichts übersiehst, was später für die Deutung wichtig ist.

Schritt 3: **Untersuche, wie das Motiv dargestellt wurde.**
Beachte z. B.: Was ist im Vorder-, Mittel- und Hintergrund platziert? Wird eine dargestellte Person oder ein Bildbereich besonders hervorgehoben, z. B. durch Licht und Schatten oder durch den Blickwinkel, aus dem er gezeigt wurde? Wie wirkt diese Person/dieser Bildbereich dadurch (mächtig, ruhig – unruhig, chaotisch ...)

Schritt 4: **Deute das Bild.**
Achte darauf, ob Zeichen (Symbole) eingesetzt wurden. Unterschiedliche Größen von Figuren, ihre Körperhaltung und Kleidung können symbolisch gemeint sein. So werden in ägyptischen oder mittelalterlichen Bildern wichtige Figuren meistens größer dargestellt als weniger bedeutende Figuren.

Um besondere Bedeutungen zu verstehen, brauchst du Zusatzinformationen. Bei manchen Bildern findest du sie in der Bildunterschrift.

Mit Rekonstruktionen umgehen

Erkenntnisse der Forschung werden oft durch Rekonstruktionen veranschaulicht. Sie sollen es dem Betrachter leichter machen, sich etwas vorzustellen, das nicht mehr existiert.

So kann an **Modellen** z. B. gezeigt werden, wie ein Gebäude konstruiert war oder wie ein Werkzeug vermutlich funktionierte. Manche Modelle geben den rekonstruierten Gegenstand in Originalgröße wieder und machen Einzelheiten deutlich. Andere Modelle zeigen einen Gegenstand in verkleinertem Maßstab und mit weniger Details. Sie geben dem Betrachter eher einen Überblick, z. B. über eine ganze Siedlung. Auch **Zeichnungen** eignen sich hierfür. Weil archäologische Funde nicht immer eindeutig sind, müssen beim Rekonstruieren oft Vermutungen weiterhelfen. Wenn wir mit Rekonstruktionen umgehen, sollten wir daher fragen:

- Schritt 1: **Erfasse den Inhalt der Rekonstruktion.**
  a) Was ist dargestellt? Achte dazu auf die Bildunterschrift.
  b) Benenne die Art der Rekonstruktion. Handelt es sich um ein Modell oder um eine Zeichnung?

- Schritt 2: **Ermittle, mit welcher Absicht die Rekonstruktion gestaltet wurde.**

- Schritt 3: **Erkläre, auf welcher Grundlage die Rekonstruktion erfolgte.**
  Was konnte der Zeichner/der Modellbauer wohl genau gewusst haben? Was könnte er frei ergänzt haben, um dem Betrachter einen vollständigen Eindruck zu verschaffen?

Eine Geschichtskarte untersuchen

Entwicklungen, die sich in bestimmten Gebieten – wir sprechen von „Räumen“ – abgespielt haben, können in Geschichtskarten dargestellt werden. Um eine Karte zu verstehen, helfen folgende Schritte:

Schritt 1: **Benenne die Bestandteile der Karte.**
Die Über- oder Unterschrift nennt das Thema der Karte. Um die Ausdehnung des Gebietes zu bestimmen, sieh dir den Maßstab der Karte an. Mach dir klar, wofür die in der Legende aufgeführten Symbole und Flächenfarben verwendet werden.

Schritt 2: **Bestimme die Art der Karte.**
Wird ein Ist-Zustand oder eine Entwicklung dargestellt? Im zweiten Fall spricht man von einer dynamischen Karte.

Schritt 3: **Kläre, worüber die Karte Auskunft gibt.**
Für Fortgeschrittene: Bedenke, dass eine Karte immer auf der Grundlage ausgewählter Informationen entsteht. Nicht alle bekannten Erkenntnisse, die zu einem Sachverhalt zusammengetragen wurden, können in eine Karte einfließen. Du kannst also auch danach fragen, worüber die Karte keine Auskunft gibt.

Rekonstruktion: Modell einer Hütte aus römischer Frühzeit

Eine Sachquelle untersuchen

Gegenstände, die früher gebraucht wurden und die wir heute gefunden haben, nennen wir **Sachquellen**. Das können z. B. Spielzeuge, Werkzeuge, Kleidung oder Münzen sein. Weil Fundstücke aber meist nicht in den Zusammenhängen auftauchen, in denen sie früher gebraucht wurden, ist oft schwer zu erkennen, was sie uns „erzählen" könnten.

Schritt 1: **Betrachte den Gegenstand genau.** Um die Besonderheit eines Fundstücks zu erkennen, kann es auch helfen, den Gegenstand zu messen, zu wiegen oder sogar zu zeichnen, da man beim Zeichnen ganz genau hinsehen muss.

Schritt 2: **Überlege, wofür der Gegenstand wohl gebraucht wurde.**
Wie funktionierte er? In welchen Lebenszusammenhängen wurde er eingesetzt, z. B. bei der Jagd, im Haushalt, bei der Feldarbeit, bei Begräbnissen oder zum Spielen.

Schritt 3: **Frage zum Schluss, was der Gegenstand über die Vergangenheit verrät.**

Ein Schaubild auswerten

In einem Schaubild werden komplizierte Zusammenhänge, z. B. Machtverhältnisse, mithilfe von Zeichen und Stichworten dargestellt. Um ein Schaubild auszuwerten, ist es notwendig, die Zeichen zu verstehen und ihre Anordnung zu deuten:

- Schritt 1: **Benenne die Elemente des Schaubildes und ihre inhaltliche Bedeutung.**
- Schritt 2: **Beschreibe, wie die Elemente zueinander angeordnet sind, und erkläre, welche Beziehungen dadurch deutlich werden.**
- Schritt 3: **Formuliere zusammenfassend die Kernaussage des Schaubildes.**

Einen Vergleich durchführen

Um einen Vergleich durchzuführen, muss zuerst festgelegt werden, welche Aspekte – sogenannte Kategorien – verglichen werden sollen. Zu jeder Kategorie werden dann Fragen gestellt und Informtionen gesammelt, die diese Fragen beantworten.

Schritt 1: **Bestimme die Kategorien**, die du vergleichen willst. Formuliere passende Fragen dazu.

Schritt 2: **Suche und bearbeite Materialien**, die dir Antworten auf deine Fragen geben.

Die gesammelten Informationen lassen sich am besten vergleichen, wenn man sie auf einen Blick erfassen kann – z. B. in einer Tabelle. Lege eine Spalte für die Kategorien an, je eine weitere für jedes Thema und ganz rechts eine Spalte für die Auswertung:

Kategorien	(Thema 1)	(Thema 2)	Auswertung
Kategorie A			
Kategorie B			
...			
...			

Schritt 3: **Lege eine Tabelle auf einem großen Format an**, in der du die Ergebnisse einander gegenüberstellst.

Schritt 4: **Formuliere für jede Kategorie ein Zwischenergebnis.** Trage in Stichworten ein, welche Gemeinsamkeiten und Unterschiede du feststellst.

Arbeitsweisen für den Unterricht

Ein Cluster erstellen

Das Wort Cluster (englisch, sprich: „Klaster") bedeutet Anhäufung oder Bündel. Ein Cluster ist geeignet, um eine Begriffssammlung zu erstellen, und kann helfen, Ordnung in Gedanken zu bringen. Um ein Cluster anzulegen, gehst du folgendermaßen vor:

- Du nimmst ein leeres Blatt, am besten im Querformat, und schreibst einen Begriff oder einen Satz in die Mitte des Blattes. Dann ziehst du einen Kreis um den Begriff oder den Satz.
- Du schreibst weitere Begriffe, die zu dem Begriff oder Satz passen, drum herum. Auch ihnen kannst du nun weiter passende Begriffe zuordnen.

Wenn du zusätzlich Verbindungslinien zwischen Begriffen ziehst, die sich aufeinander beziehen, erhältst du eine sogenannte Mindmap (englisch, sprich: „Meindmäp"). Die Abbildung unten zeigt Begriffssammlungen als Cluster (links) und als Mindmap (rechts).

Ein Lernplakat gestalten

Lernplakate sind eine Möglichkeit, Gruppenarbeitsergebnisse in übersichtlicher Weise vorzustellen. Dafür benötigt ihr einen Bogen stärkeres Papier im Format A2, Filzstifte, Schere und Klebstoff. Überlegt zunächst, was die wichtigsten Ergebnisse eurer Arbeit sind. Erstellt dann einen Entwurf für das Plakat auf einem A4-Blatt.

Beachtet bei der Plakatgestaltung folgende Regeln:
- Beschränkt euch auf wichtige Informationen.
- Arbeitet mit Schlüsselbegriffen, Stichworten oder kurzen Sätzen.
- Die Schriftgröße sollte ca. 3 cm betragen.
- Benutzt zeichnerische Elemente, um z. B. Bezüge zu veranschaulichen (Pfeile, Blitz für Konflikt, Krone für Herrschaft o. Ä.). Zusätzlich könnt ihr Bilder oder Zeichnungen verwenden.
- Gestaltet das Plakat sauber und fehlerfrei.
- Setzt am Schluss eure Namen darunter.

Beispiel für eine Plakatgestaltung

Einen Galeriegang machen

Bei einem Galeriegang werden Gruppenarbeitsergebnisse, z.B. Plakate, gemeinsam betrachtet. Die fertigen Plakate werden im Klassenzimmer gut verteilt an der Wand angebracht oder auf Tischen ausgelegt (Tischgalerie).

Nun beginnt der Galeriegang: Mit jeweils einer Person aus jeder Gruppe werden dafür zuerst neue Gruppen gebildet, die dann von Plakat zu Plakat gehen. In jeder Gruppe gibt es daher für jedes Plakat einen Experten, der an der Erstellung beteiligt war und das Plakat erklären kann. So könnt ihr wie bei einer Museumsführung alle Plakate und damit alle Themen kennenlernen und anschließend in der Klasse darüber sprechen.

Einen Kurzvortrag halten

Mit einem Referat stellst du Arbeitsergebnisse in einem kurzen Vortrag vor. Aber Achtung: Es geht nicht nur darum, andere über dein Thema zu informieren, sondern auch darum, das Interesse der Zuhörer wecken.

- Mach dir dein Thema klar. Formuliere Fragen dazu und sammle Informationen, die deine Fragen beantworten.
- Entwickle eine Gliederung: Entscheide, was du erzählen willst, und bring dies in eine sinnvolle Reihenfolge.
- Bereite deine Präsentation vor. Suche passende Bilder für deinen Vortrag aus. Berücksichtige auch, wie viel Zeit zum Vortragen du hast. Stelle sicher, dass die benötigten Geräte zur Verfügung stehen, z. B. ein Beamer.
- Übe, mit einem Stichwortzettel frei zu sprechen.
- Nenne beim Vortragen zuerst dein Thema. Sprich frei und deutlich. Schau deine Zuhörer beim Vortragen an.

Arbeiten im Gruppenpuzzle

Bei einem Gruppenpuzzle werdet ihr gemeinsam zu Experten und tauscht euch anschließend mit anderen Experten aus.

- Bildet zuerst **Stammgruppen**, in denen ihr die zu erarbeitenden Themen untereinander aufteilt. X X / X X
- Nun wird gepuzzelt: Diejenigen, die dasselbe Thema gewählt haben, bilden kleine Arbeitsgruppen, die sogenannten **Expertengruppen**. Hier setzt ihr euch mit den Materialien und Aufgaben auseinander. X O / V I
- Dann geht es zurück in die **Stammgruppen**: Hier ist nun jedes Mitglied Experte für ein Thema und informiert die anderen Experten in einem kurzen Vortrag darüber. Formuliert zum Schluss gemeinsam zu jedem Thema zwei bis drei zusammenfassende Sätze. X X / X X

Mögliche Lösungen zu den Selbstüberprüfungen

Die ägyptische Hochkultur (Seite 68)

1. Der Nil bot den Ägyptern die Grundlage für ihre Ernährung (Landwirtschaft, Jadgtiere). Auch war der Fluss eine wichtige Verkehrsader für den Handel. Allerdings konnte eine Überschwemmung die Ernte zerstören. (Seiten 30–34)

2. a) Die Szene aus einer Grabmalerei von 1390 v. Chr. zeigt drei Männer: Einer sitzt auf einem hohen Getreideberg, die beiden anderen knien hinter ihm auf dem Boden.

   b) Die Knienden halten Schreibmaterial; sie notieren etwas. Es sind Schreiber. Der Mann auf dem Getreideberg hat die rechte Hand ausgestreckt. Er scheint etwas zu zählen. Er ist ein Beamter, der die Ernte erfasst. (Seiten 46–48)

   c) Die Beamten und ihre Schreiber erfassten die Ernteerträge und zogen die Steuern ein. So stellten sie den Reichtum des Pharaos und seines Staates sicher. Die Beamten setzten überall die Gesetze des Pharaos durch.
   (Seiten 36/37, 42, 46)

   d) Das Bild ist Teil einer Malerei aus einem Grab eines hohen Beamten des Pharaos. Die Ägypter glaubten daran, dass die Darstellungen auf Grabmalereien im Jenseits Gestalt annehmen können. So sollte der hohe Beamte auch im Totenreich über seine Hilfsbeamten verfügen können. (Seite 44/Methode)

3. Ägypten gilt als frühe Hochkultur, weil es den Menschen gelungen war, die Nilschwemme durch das Anlegen eines Systems von Bewässerungskanälen für eine reichhaltige Landwirtschaft zu nutzen. So entwickelten sie einen Staat, der mithilfe seiner Beamten die Ernte des gesamten Landes verwaltete und Steuern für den Herrscher, den Pharao, einzog. Von diesen Steuern wurden z. B. der Bau von Tempeln und Pyramiden bezahlt. Grundlage der Verwaltung war eine Schrift. (Seiten 34–39)

4. Bei den Ägyptern spielte der Totenkult eine große Rolle. Sie glaubten an ein Leben im Jenseits. Das ging auf den Mythos von Isis und Osiris zurück, demzufolge Osiris durch die Hilfe seiner Frau Isis im Totenreich wiederauferstehen konnte. Deshalb ließen sich alle, die es sich leisten konnten, riesige Gräber bauen – darunter auch die Pyramiden von Gizeh, in denen manche der Pharaonen bestattet wurden. In den Grabanlagen warteten ihre als Mumien einbalsamierten Körper auf die Wiederauferstehung. Dazu mussten sie zuerst die Gewissensprüfung beim Totengericht bestehen. (Seiten 54–61)

5. Die Pyramide steht für wichtige Merkmale der ägyptischen Hochkultur: Um sie zu bauen, braucht man eine genaue Planung, unter anderem mithilfe der Schrift. Zudem muss man eine große Baustelle organisieren können. Zugleich erkennt man an den Pyramiden besonders gut die Bedeutung der Religion, da diese Bauten als Grabstätten für die Pharaonen dienten. Die Beschriftungen und Wandmalereien in den Pyramiden stellen wichtige Text- und Bildquellen dar und berichten über das damalige Leben.

   Das jungsteinzeitliche Haus ist ein Beleg dafür, dass die Menschen der Jungsteinzeit im Unterschied zur Altsteinzeit nun sesshaft wurden und Ackerbau und Viehzucht betrieben. Es gab zwar noch keine Schrift, aber viele handwerkliche Fähigkeiten lassen sich anhand von Sachfunden – wie Reste von Gebäuden und Werkzeugen – belegen.

Leben in der griechischen Polis

1. Das überlebensgroße Bild der Göttin weckt in den Menschen, die den Tempel betreten dürfen, Ehrfurcht. Sie erkennen, dass sie – so mächtig Athen auch sein mag – letztlich doch schwache und sterbliche Menschen sind. Durch Geschenke und Feste (Panathenäenfest) versuchten sie, die Göttin für die Polis Athen günstig zu stimmen. (Seiten 78/79, 92/93)

2. Auch wenn die Griechen in vereinzelten Poleis lebten, hatten sie ein starkes Gefühl der Zusammengehörigkeit. Es entstand durch
   - ihre Sprache, in der sich alle Griechen untereinander verständigen konnten,
   - den Glauben an die Götter,
   - gemeinsame Veranstaltungen wie die Olympischen Spiele und
   - ihre Kultur (Theater, Dichtung und Philosophie). (Seiten 76/77, 78/79, 80, 84/85)

3. Die Olympischen Spiele der Antike waren nicht nur Sportveranstaltungen, sondern auch Wettkämpfe von Dichtern und Musikern. Vor allem aber waren sie religiöse Feste. Nur männliche freie Griechen durften daran teilnehmen. Heute handelt es sich um einen internationalen Sportwettkampf mit viel mehr Disziplinen als in der Antike. Auch Frauen nehmen daran teil. (Seiten 80–83)

4. Das heutige Athen ist die bei Weitem größte Stadt Griechenlands. Auch wenn Athen in der Antike eine große und reiche Polis war, so war es doch nur eine Polis von vielen. Jede Polis war eigenständig, es gab keine griechische Hauptstadt. Da aber von der athenischen Demokratie viel überliefert ist, kommt es einem manchmal so vor. (Seiten 78/79)

5. a) Die Quelle stammt vom Geschichtsschreiber Thukydides, der im 5. Jahrhundert v. Chr. in Athen lebte. Er war ein Zeitgenosse des Strategen Perikles. In seiner Rede lässt er Perikles die Demokratie Athens loben.

   b) Perikles sagt, Athen sei Vorbild für ganz Griechenland. Jeder athenische Bürger interessiere sich für die Polis. Jemand, der sich nicht für Politik interessiere, sei für die Athener ein „schlechter" Bürger (Zeile 8).

   c) Es ist wahr, dass sich die Athener Bürger sehr für Politik interessierten. Dies zeigt sich daran, dass sie sich an den Volksversammlungen beteiligten und Ämter übernahmen. Außerdem besuchten viele Athener das Theater, wo Probleme der Stadt zur Sprache gebracht wurden. Aber Menschen, die nicht aus Athen stammten (Metöken), Sklaven und Frauen konnten sich an der Demokratie nicht beteiligen. Heutige Historiker sagen, dass nie wieder so viele Menschen sich an einer Demokratie beteiligt hätten wie damals. Wir sind heute überzeugt davon, dass alle Menschen gleiche Rechte haben sollen.

\+ Thukydides musste Athen verlassen. Man könnte vermuten, dass er Athen so positiv darstellte, weil er hoffte, wieder in seine Heimat zurückzukehren zu dürfen, wenn er die Polis lobt.

Das Römische Reich

1. a) Forum Romanum (Seite 142)– b) Senator (Seite 133) – c) Veto (Seite 132) – d) Provinzen (Seite 116) – e) Pater familias (Seite 130) – f) Proletarier (Seite 134)

2. <u>Romulus:</u> nach dem Gründungsmythos war er Gründer der Stadt Rom (Seiten 110/111),
   <u>Hannibal:</u> karthagischer Heerführer, der mit seinen Truppen die Römer besiegte (Seite 117),
   <u>Tiberius Gracchus:</u> Volkstribun, der im 2. Jahrhundert v. Chr. die Krise in Landwirtschaft und Militärwesen durch Reformen zu beenden versuchte (Seite 136),
   <u>Augustus:</u> erster römischer Kaiser. Er schuf eine neue politische Ordnung: den Prinzipat (Seiten 126/127)

3.

Ägypten	Rom
Gemeinsamkeiten:	
• Monarchie (Pharao)	• Monarchie (Kaiser)
• hierarchische Gesellschaft	• hierarchische Gesellschaft
• Religion mit vielen Göttern	• Religion mit vielen Göttern
• Gesetzgebung durch den Staat	• Gesetzgebung durch den Staat
• Verwaltung durch Beamte	• Verwaltung durch Beamte
Unterschiede:	
• Besiedlung war nur entlang des Nils möglich	• Besiedlung war im ganzen Reichsgebiet möglich
• das Reich bestand lange in derselben Größe	• Römisches Reich wurde weit ausgedehnt (Expansion)

4. Fortschrittlich sind:
   - die technischen Erfindungen und Entwicklungen, z. B. das Straßennetz, die Wasserversorgung durch Aquädukte, Fußbodenheizungen, die großen Bauwerke wie Theater und Paläste (Seiten 128/129, 142–151);
   - die gut ausgebildete und gut organisierte Armee (Seiten 124/125);
   - die Verwaltung des großen Reiches durch Beamte (Seiten 116, 153);
   - die Freizeitangebote wie Thermen, Theater, Spiele (Seiten 145–147).

5. Auf dem Bild ist sehr viel von dem zu sehen, was zum antiken römischen Leben gehört:
   - das Militär (die marschierenden Soldaten),
   - die Technik (Straßenbau, Vermessungswesen und Aquädukte),
   - der Reichtum einiger Römer (die Sänfte),
   - einfache Lebensbedingungen anderer Römer (Mutter und Kind),
   - die Möglichkeit, zu reisen und Handel zu treiben (die Fuhrwerke),
   - die Landwirtschaft (ein Gutshof im Hintergrund).

+ Es gibt ein paar Dinge, die unwahrscheinlich erscheinen, z. B. dass Soldaten in einer so breiten Aufstellung auf einer solchen Straße marschieren. Sie hätten Fuhrwerken nicht ausweichen können. Man kann sich auch fragen, wie weit Menschen in Sänften getragen werden mussten, denn hier ist ja keine Stadt zu sehen.

Neue Religionen – neue Reiche

1. a) Zu den Karten auf Seite 173:
   - M 1: Imperium Romanum, Mare Nostrum, Westrom, Ostrom
   - M 2: Westrom, Ostrom, Germanenreiche, Frankenreich, Chlodwig, Missionierung
   - M 3 Karl der Große, Frankenreich, Kaiserkrönung, byzantinisches Reich, arabischer Einflussbereich

   b) Veränderungen:
   - Seit dem 3. Jahrhundert wurde das Imperium Romanum immer stärker durch Krisen erschüttert. Die Krisen führten dazu, dass sich ein langsamer Wandel vollzog, der zu einer Teilung in zwei Reiche führte: in Westrom und Ostrom. Trotzdem blieb auch im 4. Jahrhundert das Mittelmeer das „Mare Nostrum“ der Römer. Sie beherrschten alle angrenzenden Gebiete (M1). (Seiten 176)
   - Das änderte sich im Verlauf der nächsten Jahrhunderte, denn auf dem Gebiet Westroms entstanden viele Germanenreiche. Diese Entwicklung führt dazu, dass es seit dem Ende des 5. Jahrhunderts keinen weströmischen Kaiser mehr gab. Dem fränkischen König Chlodwig gelang es, ein mächtiges Reich aufzubauen: das Frankenreich. Dabei stützte er sich auf die Kirche und trieb die Missionierung der nichtchristlichen Germanen voran. Das Ergebnis dieser Entwicklung zeigt die Karte M2: Das weströmische Reich verschwindet, Ostrom kann sich dagegen behaupten. (Seiten 178, 180)

- Im Verlauf des 8. Jahrhunderts veränderte sich der Mittelmeerraum weiter: Das Frankenreich dehnte sich unter Karl dem Großen aus, der durch die Kaiserkrönung zum Nachfolger der weströmischen Kaiser wurde. Im Süden des Mittelmeerraumes dehnte sich gleichzeitig der arabische Herrschaftsbereich immer weiter aus. Am Ende dieser Entwicklung war der Mittelmeerraum dreigeteilt: Das Frankenreich, das byzantinische Reich und der arabische Machtbereich erstreckten sich auf dem Gebiet des ehemaligen Römischen Reiches (M 3). (Seiten 184/185, 190/191)

2. a) Über Chlodwig könntest du sagen:
- Er war ein König der Franken aus der Familie der Merowinger.
- Er konnte in der römischen Provinz Gallien nach vielen Kämpfen das Frankenreich errichten und ausdehnen.
- Er trat zum Christentum über und konnte sich dadurch auf die einheimische Bevölkerung und die Kirche stützen. Deshalb ist er hier mit dem Bischof Remigius, der ihn getauft hat, dargestellt.

Über Remigius könntest du sagen:
- Er hatte das wichtige Kirchenamt des Bischofs von Reims inne.
- Er förderte die enge Zusammenarbeit zwischen Chlodwig und der Kirche. (Seiten 180/181)

b) Folgende Aspekte sollten angesprochen werden:

Chlodwig:
- Er will derselben Religion angehören wie die gallorömischen Bewohner des Landes, das er regiert. Dadurch soll seine Herrschaft auch von diesen akzeptiert werden und Franken und Galloromer sollen zusammenwachsen.
- Er will ein Bündnis mit der Kirche eingehen. Er braucht die Bischöfe, um eine funktionierende Verwaltung aufbauen zu können.

Remigius:
- will das Christentum verbreiten.
- will den Einfluss der Kirche sichern.
- will den Frieden in seinem Kirchenbezirk (Bistum) sichern. (Seiten 180/181)

3. a) Karl wurde durch zahlreiche Kriege zum mächtigsten Herrscher auf dem Gebiet des ehemaligen weströmischen Reiches. Wie schon sein Vater Pippin schützte er den Papst und erhielt im Gegenzug dafür die Unterstützung der Kirche. Unter Beteiligung des Papstes gelang es ihm, nach dem Vorbild der antiken römischen Herrscher zum Kaiser gekrönt zu werden. (Seiten 184/185)

b) Mögliche Antworten:
- Er vergrößerte das Frankenreich.
- Er war ein erfolgreicher Kriegsherr.
- Es gelang ihm, sein großes Herrschaftsgebiet zu organisieren, z.B. mittels Verwaltung und Reisekönigtum.
- Er gilt als Nachfolger der römischen Kaiser.
- Sein Reich knüpfte an die Kultur der Antike an.

(Seiten 184/185)

4. Das Christentum ging aus dem Judentum hervor und war wie das Judentum eine monotheistische Religion. Zuerst wurde es von den Römern bekämpft, weil die Christen sich weigerten, den römischen Kaisern zu opfern. Trotzdem konnte sich die neue Religion immer weiter verbreiten. Im 4. Jahrhundert n. Chr. erkannte Kaiser Konstantin das Christentum als gleichberechtigte Religion an; später wurde es sogar Staatsreligion – im Römischen Reich. Die Kaiser hofften, das große, schwer regierbare Reich durch eine einheitliche Religion zusammenzuhalten. (Seiten 168, 170, 176)
Der Islam ist eine monotheistische Religion. Sie wurde durch den Propheten Mohammed gegründet. Mohammed verkündete seinen neuen Glauben in seinem Geburtsort Mekka. Weil er sich damit aber Feinde machte, floh er nach Medina. Später unterwarf er mit muslimischen Kämpfern Mekka und machte die Kaaba, das Heiligtum der Stadt, zum zentralen Heiligtum des Islam. Nach Mohammeds Tod wurde die neue Religion weit verbreitet. Arabische Heere eroberten auch den größten Teil des heutigen Spaniens. Über längere Zeit lebten dort Muslime und Christen friedlich miteinander. Dadurch kamen viele Kenntnisse arabischer Gelehrter, die Muslime waren, nach Europa. (Seiten 188,190)

Lexikon

Adel, Adlige: vornehme Familien, die besondere Rechte in einer ↑Gesellschaft hatten. Viele Adlige waren reich und besaßen große Ländereien. Manche hatten ihre führende Stellung aufgrund besonderer Leistungen im Krieg erhalten.

Antike: Bezeichnung für den Zeitabschnitt der griechischen und römischen Geschichte zwischen etwa 1200 v. Chr. bis zum Ende des weströmischen Reiches um 500 n. Chr.

Arbeitsteilung: die Aufgliederung der Arbeiten in einer ↑Gesellschaft in verschiedene Berufe, z. B. in Händler, Handwerker und Bauern. Arbeitsteilung ermöglicht Spezialisierungen, sodass sich Berufe für verschiedene Techniken und Aufgaben entwickeln konnten, z. B. Hufschmied oder Messerschmied. Dadurch wurden immer bessere Ergebnisse in Technik, Kunst und Wissenschaft möglich.

Archäologe: Wissenschaftler, der Überreste vergangener menschlicher Kulturen seit der Altsteinzeit erforscht. Archäologen führen Grabungen durch und werten – oft zusammen mit Naturwissenschaftlern – ihre Funde aus, um herauszufinden, wie Menschen früher wohl gelebt haben.

Aristokratie (von griechisch „aristoi": die Besten, „kratein": herrschen): ↑Herrschaft des ↑Adels, d. h., wenige vornehme Familien mit großem Grundbesitz regieren. Als Staatsform bestand die Aristokratie in den griechischen ↑Poleis des 8. bis 6. Jahrhunderts v. Chr. Auch in der römischen Republik hatten wenige Adelsfamilien den größten Einfluss.

Beamte: Sie übernehmen Aufgaben für den ↑Staat, indem sie z. B. Steuern einziehen. Im alten Ägypten waren die Beamten gut ausgebildete, reiche und mächtige Personen. Der höchste Beamte war der Wesir. In den römischen ↑Provinzen waren hohen Beamte als Stellvertreter („Statthalter") der Regierung in Rom eingesetzt.

Bürger: In der ↑Antike galt als Bürger nur derjenige, der das Bürgerrecht einer ↑Polis oder eines Staates besaß. In der athenischen ↑Demokratie durften nur Bürger Mitglieder der ↑Volksversammlung sein und über die Gesetze der Polis Athen mitbestimmen.

Demokratie (von griechisch „demos": Volk und „kratein": herrschen): Gesellschaftsform, in der die ↑Bürger darüber entscheiden, wer regieren soll und welche Gesetze gelten. Die bekannteste Demokratie der Antike ist die der ↑Polis Athen. Dort durften alle männlichen Bürger in der ↑Volksversammlung mitbestimmen. In heutigen Demokratien wählt die Bevölkerung Vertreter, die an ihrer Stelle politische Entscheidungen treffen.

Diktator, Diktatur (von lateinisch „dictare": diktieren): In Zeiten großer Bedrohung gaben die Römer alle Regierungsgewalt einem einzigen Diktator, dessen Amtszeit spätestens nach sechs Monaten wieder endete. Caesar bekam als Erster diese Position auf Lebenszeit. Seitdem ist Diktatur gleichbedeutend mit willkürlicher Alleinherrschaft – bis heute.

Epoche Abschnitt der Geschichte. Um sich in der vergangenen (historischen) Zeit besser orientieren zu können, teilt man sie in Epochen – Zeitabschnitte – ein. Eine Epochengrenze setzt man dort, wo sich die Lebensweise der Menschen merklich verändert hat. Die Entwicklung vom Leben als Jäger und Sammler hin zur Sesshaftigkeit wird als eine solche Veränderung in der Geschichte verstanden.

Gesellschaft: ein Zusammenschluss von Menschen, die ein Gefühl der Gemeinschaft ausbilden. Um das Zusammenleben der Menschen zu erleichtern, gibt sich eine Gesellschaft meist Regeln und Gesetze.

Herrschaft Der Begriff beschreibt die Über- und Unterordnung von Menschen in einer Gesellschaft, die von vielen als richtig anerkannt wird. Herrschaft braucht Regeln, die für alle gleichermaßen gelten. Trifft dies nicht zu, so spricht man von Gewaltherrschaft.

Hierarchie (griechisch: „heilige Ordnung"): Ordnung, in der das Verhältnis der einzelnen Menschen zueinander durch eine klare Rangfolge bestimmt ist. In einer hierarchischen Gesellschaft gibt es über- und untergeordnete Personengruppen. Bei den oben stehenden liegt die Befehlsgewalt über die untergeordneten.

Historiker (von lateinisch „historia": Geschichte): Wissenschaftler, die sich mit der Geschichte der Menschen von der Urzeit bis in die Gegenwart beschäftigen. Historiker untersuchen ↑Quellen aller Art (Sach-, Text-und Bildquellen). Unter bestimmten Fragen – z. B.: Wie lebten die Menschen im alten Rom? – stellen sie ihre Ergebnisse zusammen und berichten über zurückliegende Entwicklungen und Ereignisse.
Neben dem Verfassen eigener Geschichtsdarstellungen untersuchen Historiker auch die Ergebnisse ihrer Kollegen und überprüfen sie. Sie setzen sich dabei auch mit der jeweiligen ↑Perspektive anderer Historiker, z. B. auch römischer Geschichtsschreiber aus der Vergangenheit, auseinander.

Hochkultur: ↑Gesellschaften, die in unterschiedlichen Teilen der Welt zu verschiedenen Zeiten existierten, werden Hochkulturen genannt, wenn sie folgende Merkmale aufweisen:
- Eine Regierung schafft Gesetze und eine zentrale ↑Verwaltung organisiert das Zusammenleben der Menschen.
- Eine Schrift wird genutzt.
- Die anfallenden Arbeiten werden aufgeteilt; es entstehen verschiedene Berufe.
- Techniken werden entwickelt und weitergegeben; die Menschen schaffen Bauwerke sowie Kunst.
- Es gibt gemeinsame Glaubensvorstellungen.

Erste Hochkulturen entstanden um 3000 v. Chr. an großen Flüssen in Ägypten und Mesopotamien.

Imperium (von lateinisch „imperare": befehlen): Bei den Römern bezeichnete dieser Begriff ursprünglich die unbeschränkte Befehlsgewalt eines Heerführers (Imperator) über das Heer. Weiterhin wurde der Begriff auch für das Gebiet verwendet, über das die Römer herrschten.
Zur Kaiserzeit bedeutete „Imperium Romanum" daher „Römisches Reich"; „Imperator" bedeutete schließlich „Kaiser" (vgl. englisch: „emperor").

Kaiser (von lateinisch „caesar", gesprochen: Kaisar): Der Name Gaius Julius Caesars wurde in der römischen Kaiserzeit zum Herrschertitel, den alle römischen „Kaiser" trugen. Auch mittelalterliche Könige ließen sich zu Kaisern krönen. Damit machten sie deutlich, dass sie sich als Nachfolger der römischen Kaiser verstanden.

Kirche Der Begriff ist abgeleitet vom griechischen „kyriakon": dem Herrn gehörig. Er wurde seit dem 4. Jahrhundert gebraucht, um die Glaubensgemeinschaft der Christen zu bezeichnen. Heute verwendet man den Begriff für alle größeren christlichen Religionsgemeinschaften und spricht z. B. von der „katholischen Kirche" und von der „evangelischen Kirche".

Kultur (von lateinisch „cultura": Bearbeitung, Pflege, Ackerbau): Der Begriff bezeichnet im weitesten Sinne alles, was der Mensch selbst gestaltend hervorbringt, im Unterschied zu der von ihm nicht geschaffenen und nicht veränderten Natur. Darüber hinaus wird auch die besondere Lebensform von Menschen einer Gegend oder einer ↑Epoche Kultur genannt. Erkennbar ist sie daran, was die Menschen schaffen (z. B. Geräte, Waffen, Kleidung, Kunstwerke, Bauten) und an den Formen ihres Zusammenlebens. Dazu gehört auch ihre Religion.

Missionierung: die Anstrengungen von christlichen Mönchen, das Christentum zu verbreiten. In fränkischer Zeit wagten sich Mönche in die Gebiete östlich des Rheins, um heidnische Stämme zu bekehren und Klöster zu gründen.

Monarchie (von griechisch „monos“: allein und „archein“: herrschen): ↑Herrschaft, die durch einen Einzelnen, „Monarch“ genannt, ausgeübt wurde, z. B. einen König oder einer Königin. Ein Monarch erbte in der Regel die Macht von seinem Vater. Ihre besondere Stellung in der ↑Gesellschaft führten Monarchen auf göttlichen Willen zurück.

Monotheismus Religion, die davon ausgeht, dass es nur einen Gott gibt (der Gegensatz von Monotheismus ist ↑Polytheismus, der Glaube an viele Götter). Eine der frühesten monotheistischen Religionen der Menschheit ist das Judentum. Aus ihm ist das Christentum hervorgegangen: Jesus Christus ist als Jude geboren worden. Beide Religionen stützen sich auf eine „heilige Schrift“: die Juden auf die Thora, die Christen auf die Bibel. Daneben ist der Islam die dritte große monotheistische Schriftreligion. Die wichtigsten Aussagen des Islam wurden über den Propheten Mohammed überliefert und sind im Koran niedergeschrieben.

Mythos (Plural: Mythen): alte Erzählungen und Sagen, die von vergangenen Zeiten handelten, und mit denen sich Menschen die Welt erklärten. Die Erzählungen wurden von Generation zu Generation weitergegeben und dabei auch immer wieder leicht verändert. In vielen Mythen spielten Götter und Helden eine große Rolle.
Spricht man im Alltag von einem Mythos, so ist damit meist etwas Erfundenes, Märchenhaftes gemeint.

Oikos die Haus- und Wirtschaftsgemeinschaft, die in der griechischen ↑Antike die Lebensgrundlage bildete. Zum Oikos gehörten die Familienmitglieder, Knechte, Mägde und ↑Sklaven. Oberhaupt war der Familienvater. Das Land und die Gebäude waren die Grundlage, mit der alles für den Lebensunterhalt Notwendige erarbeitet wurde. Die Männer leisteten Feldarbeit und Tierzucht, die Frauen verarbeiteten die Nahrungsmittel und stellten Kleidung her. Von „Oikos“ abgeleitet sind die Begriffe „Ökonomie“ (Wirtschaft) und „Ökologie“ (Lehre von der Umwelt).

Papst/Papsttum der Bischof von Rom. In der Zeit der Spätantike hatte er auf dem Gebiet des weströmischen Reiches unter allen Bischöfen den höchsten Rang in der ↑Kirche und wurde Papst (lateinisch „papa“) genannt. In der Bibel wird beschrieben, dass Jesus seinen Apostel Petrus zum Stellvertreter Gottes auf der Erde gemacht hat. Der Papst wird in der katholischen Kirche als Nachfolger des Petrus verstanden.

Perspektive (Sichtweise, Blickwinkel): wichtiger Teil der Geschichtsforschung: Jeder ↑Historiker hat eine eigene Sicht auf die Geschichte und deutet Ereignisse entsprechend. Deshalb ist es wichtig, dass Historiker ihre Forschungen für andere gut nachprüfbar gestalten, z.B. indem sie ihre ↑Quellen nennen und gute Argumente nutzen. So werden ihre Forschungsergebnisse glaubwürdig.

Polis (Mehrzahl: Poleis): griechische Stadt, die wie unsere heutigen ↑Staaten ihre Angelegenheiten (ihre „Politik“) selbstständig regeln konnte. In Griechenland und in den von Griechen besiedelten Gebieten gab es mehrere Hundert Poleis von ganz unterschiedlicher Größe. Athen war die größte und bedeutendste. Aber auch Sparta, Theben oder Korinth waren mächtig. Zu einer Polis gehörte nicht nur der Kern der Stadt, sondern immer auch das Umland. In den Städten gab es in der Regel eine befestigte Burg (Akropolis) als Zufluchtsort und einen Marktplatz (Agora) als politisches Zentrum.

Polytheismus (von griechisch „poly“: viel und „theoi“: Götter): Diesen Begriff kann man mit „Vielgötterei“ übersetzen. Er meint die religiöse Verehrung mehrerer Götter wie z. B. im alten Ägypten oder in der griechischen Götterwelt.

Provinz (lateinisch: provincia): ursprünglich die Bezeichnung für den Aufgabenbereich eines römischen ↑Beamten. Als die Römer neue Gebiete eroberten, wurden diese von römischen Statthaltern verwaltet. Das waren Beamte, die „an

↑Kaisers statt" vor Ort regierten. Die Römer bezeichneten nun diese Gebiete als Provinzen. Bis heute wird der Begriff für Verwaltungsbezirke eines Staates verwendet.

Quellen: Alle Überlieferungen aus der Vergangenheit bezeichnen wir als Quellen. Dabei werden schriftliche von nichtschriftlichen Quellen unterschieden (Seite 14). Hinzu kommen mündliche Überlieferungen von Zeitzeugen (z. B. Großeltern berichten über frühere gesellschaftliche Verhältnisse).
Quellen dienen ↑Historikern dazu, Erkenntnisse über Ereignisse und Entwicklungen in vergangenen Zeiten zu gewinnen. Um aus ihnen Informationen zu gewinnen, müssen bei ihrer Auswertung die Zusammenhänge, aus denen sie ursprünglich stammen, mitberücksichtigt werden (Quellenkritik).

Republik (von lateinisch „res publica": öffentliche Angelegenheit): So nannten die Römer ihren Staat nach dem Ende der etruskischen Königsherrschaft. Als Republiken gelten heute alle Staaten, die keinen König an ihrer Spitze haben.

Romanisierung: der Vorgang, durch den sich allmählich römische Sitten, Gesetze und Technik, aber auch die Sprache in den eroberten ↑Provinzen durchsetzten. Dabei passten sich die unterworfenen Völker mehr oder weniger freiwillig an die Römer an. So entstanden auch die romanischen Sprachen (z. B. Italienisch, Französisch, Spanisch).

Sklaven: Im Altertum gab es die Auffassung, dass Kriegsgefangene, auch Frauen und Kinder, Eigentum der Sieger wurden und als Sklaven verkauft werden konnten. Auch deren Kinder waren Sklaven. Von ihren Besitzern konnten sie aber freigelassen werden und – in der römischen Kaiserzeit – die gleichen Rechte wie andere ↑Bürger erlangen.

Staat: In einem Staat bilden Menschen eine politische Einheit. Das bedeutet, sie erkennen eine Macht an, die ihr Zusammenleben durch Gesetze ordnet.

Steinzeit: Name des längsten Zeitabschnitts der Menschheitsgeschichte (ca. 3,3 Millionen Jahre), den ↑Historiker und ↑Archäologen auf der Grundlage von Sachquellen erforschen.
In der **Altsteinzeit** war Stein das wichtigste Material für die Herstellung von Werkzeugen. Sowohl in früheren eiszeitlichen als auch späteren warmzeitlichen Phasen lebten die Menschen als Jäger und Sammler: Um sich zu versorgen, sammelten sie essbare Pflanzen und jagten Wildtiere. Sie hatten vergängliche Behausungen (z. B. Zelte) und zogen auf der Suche nach Nahrung dem Wild hinterher.
Im letzten Abschnitt der Steinzeit, der **Jungsteinzeit**, waren die Menschen sesshaft – als Bauern und Viehzüchter. Sie entwickelten viele Werkzeuge und Arbeitstechniken und legten Vorräte an. Die Jungsteinzeit begann im Nahen Osten um 9 000 v. Chr. und breitete sich von dort langsam nach Europa aus.

Verwaltung: Das ist die Organisation des Zusammenlebens vieler Menschen. Sie wird ausgeführt von Beamten. Diese erheben Steuergelder, mit denen dann Gebäude (z. B. Tempel, Häfen und Straßen), Veranstaltungen (große Feste an Feiertagen) und Unterstützungen für die Allgemeinheit (z. B. für Arme und Kranke) bezahlt werden.

Volksversammlung Einrichtung der Antike, in der die Bürger eines Staates – z. B. Athens oder Roms – über die Angelegenheiten aller mitbestimmen durften. Wenn eine Volksversammlung in der Politik das letzte Wort hat, spricht man von ↑Demokratie (Volksherrschaft).

Zeitrechnung: Zeit verstehen wir als fortlaufend. Um sich in ihr zu orientieren, haben Menschen Zeitrechnungen entwickelt. Dazu gehören Kalender, die Abschnitte festlegen: Jahre, Monate, Wochen, Tage. Wie und ab wann die Zeitabschnitte gezählt werden, ist weltweit nicht einheitlich geregelt. Wir setzen z. B. das Jahr null bei der Geburt von Jesus Christus an und zählen die Jahre davor – vor Christus oder „v. Chr." – und die Jahre danach, also „n. Chr.". In anderen Kulturen gibt es jedoch auch andere Zeitrechnungen (Seite 21). Sie alle haben nebeneinander Gültigkeit.

Register

Das Register hilft dir, Begriffe und Themen im Buch zu finden. Hinter manchen Seitenangaben steht die Abkürzung „f.“. Sie bedeutet „folgende“. Damit ist gemeint, dass das Stichwort oder Thema nicht nur auf der angegebenen, sondern auch auf der folgenden Seite vorkommt.
„ff.“ bedeutet, dass es auf weiteren der folgenden Seiten zu finden ist.

Quellenverzeichnisse

Bildquellen

Ägyptisches Museum, Kairo: 27 u. (J. J. Scherschel);
akg-images, Berlin: 3 o. + 9 u. li., 5 o. (M Portfolio/Electa), 5 u. + 170 M 2, 8 u. li. + re., 27 o. re. (E. Lessing), 31 M 4 re., 33 M 8 (F. Guénet), 43 M 3 (E. Lessing), 47.2–5 (E. Lessing), 50 M 1 (F. Guénet), 50 M 3 (A. Held), 53 M 3 (E. Lessing), 55 M 2 D (E. Lessing), 55 M 2 E (Science Photo Library), 55 M 2 G (Rabatti–Domingie), 60 M 2, 65 M 5 u. li., 66 M 7 o., 68 M 1 (E. Lessing), 71 o. re. (P. Connolly), 75 M 4, 79 B, 83 M 5 re. (2. v. o.) + li. (E. Lessing), 85, 88 (E. Lessing), 91 M 4 (P. Connolly), 95 M 4 (J. Hios), 97 M 3, 104 M 1, 105 M 2, 106 M 1(P. Connolly), 110 M 2 (Electa), 114 M 1 (Bildarchiv Steffens), 118 (Album/Oronoz), 124 M 1, 125 M 2 (P. Connolly), 129 M 4 (2) (E. Lessing), 131 u. (Nimatallah), 132 M 1 li. (Electa), 132 M 1 re., 133 M 2 (P. Connolly), 135 M 3, 137 o. (T. Lafranchis), 138 M 1, 139 M 5, 154 M 2 li. (De Agostini Picture Library), 164 o. (British Library), 164 u. (E. Lessing), 165 li. (R. u. S. Michaud), 169 M 3 (Bible Land Pictures), 177, 177 u. (Museum Kalkriese), 179 (E. Lessing), 181 M 4, 182 M 1 (2), 183 M 3, 185 li., 188 M 1 li. (R. + S. Michaud), 191 M 1 (Album/Oronoz), 191 M 2 (R. + S. Michau), 192 M1 (CDA/Guillot);
alamy images, Abingdon/Oxfordshire: 28 (GFC Collection), 57 M 3 (M. P. Shepherd), 116 M 1 (The Art Archive), 147 (N. Barrett), 168 M 1 (North Wind Picture Archives);
American School of Classical Studies, Athen: 97 M 2 (M. + C. Mauzy), 99 M 5;
Ansichtskartenverlag, Villach: 109 u.;
Arco Images, Lünen: 161 M 2 (K. Stange);
Askani, B., Schwetzingen: 151 M 2;
ASTERIX®- OBELIX®/LES EDITIONS ALBERT RENE/GOSCINNY – UDERZO, Vanves: 126 M 1, 138 M 2;
Astrofoto, Sörth: 52 o., 160 o., 188 o.;
Augusta Raurica, Augst: 109 re. (S. Schenker);
Baumgärtner, U. , Puchheim: 96 M 1;
Bildagentur Schapowalow, Stuttgart: 20 M 1 (R. Harding);
Blickwinkel, Witten: 161 M 3 (imagesandstories);
bpk – Bildagentur für Kunst, Kultur und Geschichte, Berlin: 12 M 1, 31 M 5, 48 (RMN/F. Raux), 65 M 5 li. Mi. (RMN/J. Schormans), 71 o. li. (RMN – Grand Palais/H. Lewandowski), 71 u. (SMB/Antikensammlung/R. Saczewski), 77 (SMB/Antikensammlung/J. Laurentius), 78 A, 78 M 1 (F. Faillet), 81, 83 M 5 o. re. (SMB/Antikensammlung/I. Geske), 83 M 5 u. (SMB/Antikensammlung/J. Liepe), 84 M 1 (Alinari Archives/G.Tatge), 84 M 2 (RMN – Grand Palais/H. Lewandowski), 87 M 2 (RMN – Grand Palais/Les frères Chuzeville), 94 M 1 (RMN – Grand Palais/H. Lewandowski), 100 (SMB/Antikensammlung/J. Laurentius), 101 M 3 (Archäologisches Nationalmuseum, Athen), 136 re. o., 163 (Scala/mit freundl. Genehmigung des Ministero Beni e Att. Culturali), 175 (F. Faillet), 189 M 2 (SMB/Museum für Islamische Kunst/W. Selbach);
Bridgeman images, Berlin: Titel (de Agostini Picture Library/G. Dagli Orti), 27 o. li. (W. Forman), 38 M 2 (Ashmolean Museum, University of Oxford), 42 M 2 (Ägyptisches Nationalmuseum, Kairo), 50 M 5 (Louvre, Paris), 54 M 1 (Giraudon/Deir el-Medina, Thebes), 57 M 2 (National Geographic Creative/C. Klein), 60 M 1 (Ashmolean Museum, Oxford), 131 M 2 (Louvre, Paris), 146 M 1, 165 re. (University Library, Istanbul), 178 (British Library, London);
British Museum, London: 44 M 4, 55 M 2 A, B, C, + H, 61 M 1, 127 M 4;
Deutsches Architekturmuseum, Frankfurt/M.: 62 M 2;
Domkapitel Aachen: 184 M 1 re.;
Druwe & Polastri, Cremlingen: 65 M 5 o. re.;
Eckhardt, H.-W., Hameln: 156 M 1;
Feist, J., Pliezhausen: 14 M 2 o.;
Fnoxx, Stuttgart: 24 M 3;
Fotex, Hamburg: 157 (R. Knoell);
fotolia.com, New York: 9 o. li. (M. Langer), 10 u. li. (L. Hansdottir), 68 M 2 (M. Krumm), 92 M 1 (Panos), 128 M 2 (Vector) 153 o. (T. Schon), 159 M 3 (T. Binder);
Gemeinnützige Stiftung Leonard von Matt, Buochs: 117;
Grohe, M., Kirchentellingsfurt: 150 M 1;
Hass, B., Kusterdingen: 24 M 2, 68 M 3;
Heyden, A. A., van der, Naarden: 30 M 1
Institut für Ur- und Frühgeschichte und Archäologie des Mittelalters – Eberhard Karls Universität, Tübingen: 3 Mi. + 14 M 2 u. (H. Jensen);
INTERFOTO, München: 13 M 2, 63 M 3 o. li.;
iStockphoto.com, Calgary: 129 M 5 (Freeartist);
JOKER, Bonn: 63 M 3 u. re. (H. Lohmeyer);
Kesper, I., Salzkotten: 102 M 1;
Kunsthistorisches Museum, Wien: 79 C;
Landesmuseum Württemberg, Stuttgart: 155 M 4;
Lehnhof, I., Braunschweig: 64 re., 128 M 1 + M 3, 129 M 6;
Liepe, J., Berlin: 51 M 10;
Lotos Film, Kaufbeuren: 3 u. + 42 M 1, 47.1, 51 M 6 + M 8, 122 M 1, 134 M 1;
mauritius images, Mittenwald: 18 M 2, 19 M 3 (Dr. Pott), 24 M 1 (Alamy), 24 M 4 (Alamy), 28 M 1 u. (Alamy);
Meyer, K., Braunschweig: 40 li., 176;
Mizzi, A., Buxtehude: 65 M 5 u. re.;
Müller, B., Bartensleben: 80 M 2;
Museum für Kunst und Gewerbe, Hamburg: 75 M 3;

Musée d'Art et d'Histoire, Genève: 9 o. re.;
NASA, Houston: 29 M 2;
National Archäologisches Museum, Athen: 90 M 2;
Neuhaus, F., Osnabrück: 23 (3), 41 re.;
Niedersächsisches Landesamt für Denkmalpflege, Hannover: 14 M 1 (P. Pfarr);
Österreichische Nationalbibliothek, Wien: 8 o. re.;
Otto, W., Oberhausen: 46 M 1;
Pfannenschmidt, D., Hannover: 16 M 6, 30 M 2, 34 M 1, 38 M 3, 58 M 2, 107, 112 M 1, 130 M 1;
Picture Press, Hamburg: 15 M 5 (STERN/T. Ungemach/ K. Maibaum);
Picture-Alliance, Frankfurt/M.: 9 u. re. (dpa/H. Ossinger), 17 M 7 (Mary Evans Picture Library/Ferrero-Labat), 26 (dpa/Scholz), 31 M 4 li. (Impact Photos/A. Keohane, 36 M 4 (akg/W. Forman), 52 M 1 (united archives), 63 M 3 u. li. (ZB/P. Zimmermann), 74 M 1 (dpa/HOP), 80 o. (dpa/epu), 102 M 2 (Sven Simon), 108 (MAXPPP/© Costa/Leemage), 158 M 1 (XAMAX);
PLAYMOBIL, geobra Brandstätter, Zirndorf: 8 o. li;
Rizzoli, Mailand: 136 re. u.;
Römisch-Germanisches Zentralmuseum, Mainz: 136 M 1;
Römisches Freilichtmuseum Hechingen-Stein: 150 M 1 re. (2), 151 M 3;
Rosgartenmuseum Konstanz: 14 M 4 o.;
Scala Archives, Florenz: 4 u. + 200 (mit freundl. Genehmigung Ministero per i Beni e le Att. Culturali), 66 M 7 u., 83 M 5 re. 2. v. u. (mit freundl. Genehmigung Ministero Beni e Att. Culturali), 95 M 3, 110 M 1 (mit freundl. Genehmigung Ministero Beni e. Att. Culturali), 113 M 2, 141 M 2, 148 M 1, 149 M 1 (mit freundl. Genehmigung Ministero Beni e Att. Culturali), 199 (mit freundl. Genehmigung Ministero per i Beni e le Att. Culturali);
Schmudlach, D., Kasendorf: 202;
Schröfel, K., Belm: 8 Mi.;
Schweizerisches Landesmuseum, Zürich: 65 M 5 o. li.;
Spangenberg, F., Konstanz: 162 M 1;
Staatliche Antikensammlungen und Glyptothek, München: 79 E, 89 M 4;
Staatliche Münzsammlung , München: 121 M 2;
Steffens Bildarchiv, Mainz: 70, 89 M 3 (D. Riemann);
Studio Schmidt-Lohmann, Gießen: 22;
Tegen, H., Hambühren: 14 M 3;
Thüringisches Landesamt für Denkmalpflege und Archäologie, Weimar: 14 M 4 u.;
Tonn, D., Bovenden: 34 M 2;
TV-yesterday, München: 41 li. (W. M. Weber);
Überseemuseum Bremen: 19 M 4;
Universitäts- und Forschungsbibliothek, Gotha: 186 M 4;
wikipedia.org: 54 u., 56 M 1 (R. Liberato), 66 M 6 (Stadtmuseum Wels/Oberösterreich/W. Sauber), 153 u. (Hannibal21);
Willi, P., Paris: 79 D;
Wissenschaftliche Buchgesellschaft, Darmstadt: 137 u.
Württembergische Landesbibliothek, Stuttgart: 180 M 1
Zaddach, B., Lehre: 10 (4)

Textquellen

S. 32, M 6 zit. nach Jan Assmann (Hg.): Ägyptische Hymnen und Gebete, Zürich: Unionsverlag 1999, 2. Aufl., S. 200 ff.
S. 33, M 7 zit. nach Manfred Clauss: Der Pharao, Stuttgart : Kohlhammer 2012, S. 12
S. 37, M 5 zit. nach Wolfgang Helck: Zur Verwaltung des Mittleren und Neuen Reiches. Leiden/Köln: Brill Verlag 1958, S. 29 ff.
S. 45, M 5 a) zit. nach Gottfried Guggenbühl (Hg.): Quellen zur Geschichte des Altertums, Zürich: Schulthess 1964, S. 16; M 5 b) zit. nach Gerd Prause: Zu jeder Mahlzeit tranken die Ägypter Bier, in: DIE ZEIT, Nr. 10, 1980, S. 76
S. 48, M 3 a) u. b) zit. nach Friedrich Wilhelm Freiherr von Bissing (Hrsg.): Altägyptische Lebensweisheiten, Zürich: Unionsverlag 1955, S. 67 ff.
S. 49, M 5 zusammengest. nach Susanne Bickel: Eine vielschichtige Gesellschaft, in: In ägyptischer Gesellschaft. Aegyptiaca der Sammlungen Bibel + Orient an der Universität Freiburg Schweiz, Freiburg/Schweiz 2004, S. 14 f.
S. 50, M 2 zit. nach Alessia Fassone/Enrico Ferraris: Ägypten. Hochkultur am Nil, Berlin: Parthas 2007, S. 299, Übers.: Franziska Kristen; M 4 zit. nach François Trassard: Leben im alten Ägypten, Stuttgart: Theiss 2005. Übers.: Isa Odenhardt-Donvez
S. 51, M 7: Herodot: Historien 2, 77. Deutsche Gesamtausgabe, Hg.: H. W. Haussig, Übers.: A. Horneffer, Stuttgart: Alfred Kröner Verlag, 1971[4] (i. F. Herodot: Historien); M 9 zit. nach Regina Schulz/Matthias Seidel: Das alte Ägypten, Meyers Lexikonverlag 1999, S. 110;
S. 53, M 2 zit. nach Wilhelm Eilers (Hg.): Codex Hammurabi. Die Gesetzesstele Hammurabis, überarb. nach der 5. Aufl. der Ausg. Leipzig 1932, Wiesbaden: Marix 2009
S. 59, M 1 zit. nach Wolfgang Kosack: Die altägyptischen Pyramidentexte in neuer deutscher Übersetzung. Berlin: Brunner 2012 (Sprüche 373, S. 115, und 252, S. 60)
S. 60, M 3: Herodot: Historien 2, 85, a.a.O.

S. 75, M 2: Xenophon. Die sokratischen Schriften, Hg. u. Übers.: Ernst Bux, Stuttgart: Reclam 1956, S. 63 f.
S. 77, M 2: Herodot, Historien, ebd., 4, 150–159
S. 82, M 3: Isokrates: Panegyrikos, 43–44, Übers.: Autor
S. 83, M 4: Pausanias – Reisen in Griechenland. Gesamtausgabe in drei Bänden. Hg.: Felix Eckstein. Bd. II, Olympia. München und Zürich: Artemis 1987³, S. 43 f., 56–58
S. 85, M 3: Curriculum Geschichte I. Altertum. Schülermaterial 1. Hg.: Gustav Adolf Süß u. a. Frankfurt am Main: Diesterweg 1975, S. 75
S. 87, M 1: Homer: Ilias. Übers.: Wolfgang Schadewaldt, Frankfurt/Main: Insel 1975 (6, 207–211); M 3: Solon: Eunomia-Elegie 6–25, Übers.: Autor
S. 89, M 2: Aristoteles: Politik. Schriften zur Staatstheorie, Hg. und Übers.: Franz F. Schwarz, Stuttgart: Reclam 2010 (1253 b ff.)
S. 93, M 4: Aristophanes: Die Frösche. Hg. u. Übers.: Heinz Heubner, Stuttgart: Reclam 1951 (4, 2)
S. 95, M 2: Thukydides: Der Peloponnesische Krieg, Übers.: August Horneffer, Wiesbaden: Marix 2010, II, 35–43
S. 98, M 4 a) www.kinderzeitmaschine.de/index.php?id=216&no_cache=1&ht=3&ut1=7&kat=61&que=356&st=perikles (20.06.2015); M 4 b) http://www.planet-wissen.de/geschichte/antike/das_klassische_athen/pwwbdasklassischeathen100.html (20.06.2015); M 4 c) zit. nach: Platon Werke, Band 1 [Elektronische Ressource]. Hg.: Gunther Eigler, Darmstadt Wissenschaftliche Buchgesellschaft (WBG) 2015
S. 101, M 2: Jan N. Bremmer: Götter, Mythen und Heiligtümer im antiken Griechenland, Berlin: Ullstein TB 1998, S. 90 ff.
S. 103, M 1 zusammengest. nach: Wolfgang Schuller: Griechische Geschichte, München: Oldenbourg 1995 (4), S. 37 f.
S. 105, M 3: Jostein Gaarder: Sofies Welt. Roman über die Geschichte der Philosophie, München: Carl Hanser Verlag 1993, S. 19 ff. Übers.: Gabriele Haefs
S. 106, M 1: Thukydides: Der Peloponnesische Krieg, ebd., 40 f.
S. 115, M 2 zusammengest. nach Livius 8, 13 f. (Übers.: Autor)
S. 123, M 2 zit. nach Wolfgang Lautemann und Manfred Schlenke (Hg.): Geschichte in Quellen, Bd. 1: Altertum, München: BSV 1965 [i. F. Geschichte in Quellen 1], S. 407, Übers.: Konrat Ziegler
S. 125, M 3 zit. nach Geschichte in Quellen 1, S. 439 f., Übers.: Adolf Friedrich Haakh
S. 127, M 2: Sallust Historiae – Zeitgeschichte. Hg. u. Übers.: Otto Leggewie, Stuttgart: Reclam 1992 (VI, 5); M 3 zit. nach: Geschichte in Quellen 1, S. 456, Übers.: Walter Arend
S. 131, M3: Plutarch: Cato 20. Übers.: Autor
S. 135, M 2 zit. nach Geschichte in Quellen 1, S. 472, Übers.: Konrat Ziegler
S. 141, M 1: Augustus' Tatenbericht 1–3; 5; 20; 34, Übers.: Autor
S. 145, M 2: Seneca: Epistulae morales ad Lucilium ep. 56,1–2, S. 20–23, Übers.: Autor
S. 146, M 2: Plinius der Jüngere: Briefe IX, 6, Übers.: Autor
S. 147, M 1: Ovid: Ars amatoria, Vers 185 ff., Übers.: Autor
S. 148, M 2: Martial: Epigramme XII, 57, Übers.: Autor
S. 149, M 2: Plinius: Epistulae II, 6, Übers.: Autor
S. 155, M 5: Tacitus: Germania, 5, 16–17, 2, Übers.: Autor
S. 169, M 2 zit. nach Geschichte in Quellen 1, S. 722, Übers.: Philipp Häuser
S. 171, M 3 zit. nach Karen Piepenbrink: Konstantin der Große und seine Zeit. Darmstadt 2002, S. 33; S. 178
S. 177, M 2 zit. nach www.unifr.ch/bkv/kapitel500-22.htm; M 3: Ammianus Marcellinus: Res Gestae 31.3,8–4,1 sowie 4,4–4,9, zit. nach: www.thelatinlibrary.com/ammianus/31.shtml, Übers.: Michael Brabänder
S. 181, M 2: Epistolae austrasicae. In: Monumenta Germaniae Historica (MGH) Epp. 3, S. 113, Übers.: Michael Brabänder; M 3 zit. nach: Reinhold Kaiser/Sebastian Scholz: Quellen zur Geschichte der Franken und Merowinger vom 3. Jahrhundert bis 751, Stuttgart: Kohlhammer 2012, S. 125 f.
S. 183, M 4 zit. nach Willibald: Das Leben des Bonifatius. Hg. u. Übers.: Reinhold Rau, in: Ausgewählte Quellen zur Geschichte des deutschen Mittelalters, Darmstadt: WBG 1995, S. 117–119
S. 186, M 3 zit. nach Wilfried Hartmann: Deutsche Geschichte in Quellen und Darstellung Bd. 1, Stuttgart. Reclam 1995, S. 56, 58
S. 187, M 5 zit. nach ebd., S. 53 f.
S. 189, M 1 zit. nach Francesco Gabrieli: Mohammed und der Islam als weltgeschichtliche Erscheinungen. Historia mundi, Band. 5, Bern: Francke 1956, S. 339
S. 190, M 2 zit. nach Bernard Lewis (Hg.): Der Islam von den Anfängen bis zur Eroberung von Konstantinopel, Bd. 2, Zürich: Artemis Verlag 1982, S. 329. Übers.: Helmut Fähndrich

Was verlangen die Aufgabenstellungen?

Beschreibe | Was ist dargestellt? Um welchen Inhalt geht es?
Formuliere in eigenen Worten, was du auf einem Bild wahrnimmst oder was du aus einem Text erfährst. Versuche, geordnet vorzugehen, sodass jemand, der das zu Beschreibende nicht sieht oder kennt, eine Vorstellung davon bekommt. Nenne aber nicht jedes Detail, sondern versuche, dich auf das Wichtigste zu beschränken.

Beurteile | Welchen Stellenwert hat eine Handlung / ein Ereignis im historischen Zusammenhang?
Prüfe mithilfe deines Wissens, ob eine Handlung angemessen war, eine Behauptung zutreffend ist oder wie ein Ereignis sich auswirkte. Beziehe dich dabei auf die historischen Umstände und das, was die handelnden Personen denken und wissen konnten. Das unterscheidet sich von dem, was du denkst und weißt.

Bewerte | Wie ist meine Ansicht zu einem Ereignis / einer Handlungsweise / einer Aussage?
Hier ist deine Meinung gefragt: Mit einer Bewertung beziehst du von deinem eigenen Standpunkt aus Stellung, z. B. zum Verhalten oder Handeln von Personen in der Vergangenheit. Wichtig ist, dass du deine Ansicht begründest.

Erkläre/Erläutere | Welches sind Gründe oder Bedingungen, unter denen es zu einem Sachverhalt kam, z. B. zu bestimmten Lebensformen oder zu einem Verhalten?
Beim Erklären ordnest du mithilfe deines Vorwissens den Sachverhalt in größere Zusammenhänge ein. Du stellst z. B. dar, was eine bestimmte Lebensform kennzeichnet, und nennst Ursachen für ihr Entstehen. Besonders anschaulich wird eine Erklärung, wenn ein Sachverhalt an Beispielen verdeutlicht wird. Dies nennt man Erläutern.

Erstelle | Wie kann ich Informationen übersichtlich ordnen und veranschaulichen?
„Erstellen" bedeutet so viel wie „Anfertigen". Du gibst Inhalte – z. B. eines Textes – in Form einer Mindmap, eines Clusters, eines Schaubildes oder einer Zeichnung wieder. Dabei kannst du z. B. passende Symbole und/oder Fachbegriffe benutzen. Dies hilft dir, Zusammenhänge zu erkennen und Wichtiges herauszuarbeiten. Zugleich kannst du für andere diese Zusammenhänge anschaulich darstellen.

Fasse zusammen | Was ist das Wesentliche?
Benenne kurz die wichtigsten Inhalte eines Textes oder eines Sachverhalts. Achte darauf, treffende Begriffe und eigene Worte zu benutzen.

Ordne ein/Ordne zu | Wie lassen sich herausgearbeitete Informationen sortieren?
Nachdem du Informationen aus Materialien (z. B. Textquellen) herausgearbeitet hast, stellst du sie in Zusammenhänge. So bringst du beispielsweise ähnliche Aussagen miteinander in Verbindung, indem du auf Übereinstimmungen achtest. Dabei kann es hilfreich sein, Oberbegriffe zu suchen. Zuordnen kann auch bedeuten, dass du neue Informationen zu bereits Bekanntem in Beziehung setzt. Dabei kann es hilfreich sein, mit einer Tabelle zu arbeiten.

Vergleiche | Wo gibt es Übereinstimmungen, wo Unterschiede?
Verschiedene Gegenstände – wie Bilder und Karten, aber auch Aussagen oder Lebenssituationen und Fähigkeiten von Menschen – lassen sich vergleichen. Dabei geht es darum, Unterschiede und Übereinstimmungen festzustellen. Lege dafür zuerst die Aspekte fest, die du vergleichen willst (Kategorien). Arbeite dann die Merkmale jedes Gegenstands heraus. Sortiere sie z. B. mithilfe einer Tabelle. Fasse abschließend Übereinstimmungen und Unterschiede zusammen.

Überprüfe | Ist eine bestimmte Meinung / eine Aussage / ein Vorschlag sinnvoll oder richtig?
Du hast aus einem Material z. B. die Aussagen eines Autors oder einer Autorin zu einer bestimmten historischen Situation herausgearbeitet. Beim Überprüfen geht es darum, festzustellen, ob die Aussagen richtig und logisch sind oder widerlegt werden können. Frage nach dem Zusammenhang, in dem sie stehen: Geht der Autor z. B. von richtigen Voraussetzungen aus? Wusste er vielleicht nichts von Einzelheiten, die wir heute kennen? Begründe deine Ergebnisse.

Island
Norwegen
Schweden
Finnland
Russland
Estland
Lettland
Litauen
zu Russl.
Dänemark
Groß-britannien
Irland
Nieder-lande
Belgien
Lux.
Deutsch-land
Polen
Weiß-russland
Ukraine
Tschech. Rep.
Slowakei
Österreich
Schweiz
Frank-reich
Slowenien
Kroatien
Bos. u. Herzeg.
Serbien
Rumänien
Moldau
Bulgarien
Monte-negro
Albanien
Mazedonien
Griechen-land
Italien
Spanien
Portugal
Malta
Tunesien
Türkei
Georgien
Arme-nien
Aser-baidschan
Kasachstan
Usbekistan
Turkmenistan
Kirgisistan
Tadschikistan
Zypern
Libanon
Israel
Syrien
Irak
Iran
Afghanistan
Pakistan
Jordanien
Kuwait
Bahrain
Katar
V.A.E.
Saudi-Arabien
Oman
Jemen
Indien
Ne
Sri
Malediven
Marokko
Algerien
Libyen
Ägypten
Sahara
(von Marokko besetzt)
Mauretanien
Mali
Niger
Tschad
Sudan
Eritrea
Dschibuti
Senegal
Gambia
Guinea-Bissau
Guinea
Sierra Leone
Liberia
Côte d'Ivoire (Elfenbein-küste)
Ghana
Togo
Benin
Burkina Faso
Nigeria
Kamerun
Zentral-afrikanische Republik
Süd-sudan
Äthiopien
Somalia
D.R. Kongo
Uganda
Kenia